PTマニュアル
スポーツ理学療法

浦辺幸夫 著

医歯薬出版株式会社

[監 修]

奈良　勲　金城大学大学院リハビリテーション学研究科長
　　　　　広島大学名誉教授

[執 筆]

浦辺幸夫　広島大学大学院医歯薬保健学研究院教授
　　　　　統合健康科学部門スポーツリハビリテーション学専攻

This book was originally published in Japanese
under the title of :

PT MANYUARU-SUPŌTSU RIGAKURYŌHŌ
(PT Manual-Physical Therapy for Sports)

URABE, Yukio
　Professor, Physical Therapy Division,
　Graduate School of Biomedical & Health Sciences,
　Hiroshima University

© 2006 1st ed.

ISHIYAKU PUBLISHERS, INC.
　7-10, Honkomagome 1 chome, Bunkyo-ku,
　Tokyo 113-8612, Japan

監修者のことば

　これまで医歯薬出版株式会社より一連のシリーズとして発刊されてきた「ＰＴマニュアル」は，「循環器疾患の理学療法　第2版」(奈須田鎮雄・武村啓住・大久保圭子著)，「脳血管障害の理学療法」(奈良　勲著)，「小児の理学療法」(河村光俊著)，「地域理学療法　第2版」(伊藤日出男・香川幸次郎著)，「関節リウマチの運動療法 第2版」(椎野泰明著)，そして「脊髄損傷の理学療法　第2版」(武田　功・奥田邦晴・岩﨑　洋著)である．

　このたび，その一つとして「スポーツ理学療法」と題したＰＴマニュアルを単著として浦辺幸夫氏に執筆いただき発刊の運びとなったことを，お手伝いしてきた監修者としてたいへん嬉しく感じている．本書が構想されてから発刊されるまで長い年月を要したが，たとえ自分の専門分野であるにせよ，単著として一つの書籍にするプロセスには相当の時間とエネルギー，さらに同僚の支援などを要することをわたし自身も体験している．

　理学療法士としての浦辺氏のキャリアは24年である．その間，浦辺氏は一貫して，「スポーツ理学療法」に関連して多岐にわたり研鑽を重ね，臨床体験はもとより研究成果を国内外の学術大会で数多く発表や講演されている．さらに論文や書籍の共著などの業績も多く，「スポーツ理学療法」の世界では秀でた人材のひとりである．

　浦辺氏とわたしは，広島大学医学部保健学科(現在は広島大学大学院保健学研究科)で共に12年間にわたり仕事をしてきた同僚である．浦辺氏の学生教育への情熱は並々ならぬものであり，学部生の卒業研究，大学院生の研究指導においても「スポーツ理学療法」に関連したテーマに関心を抱く学生・院生が研究室に沢山押し寄せている．

　本書は，上記したように浦辺氏のこれまでの「スポーツ理学療法」に関した集大成であり，「第1章：スポーツ理学療法とは」「第2章：スポーツ外傷・障害の概念」「第3章：測定・評価・治療」「第4章：スポーツ理学療法各論」で構成されている．

　近年，わが国においてもスポーツ人口が増加し，とくに長寿社会になったことにともない，高齢者のスポーツ人口も増加している．さらに，障害者スポーツも盛んになり，スポーツ自体は余暇の過ごし方，quality of life，健康増進という観点からもたいへん喜ばしい現象であるといえよう．しかし，過用症候群などは，主に過度にスポーツを行うことの弊害であり，その症状の発生の年齢層や時期に関係なく十分に留意することが大切である．

　最後になったが，スポーツ理学療法，アスレティック・トレーニングなどを修学している学生，すでにそれらの仕事に従事されている関連職種の方々にとって，本書がよきマニュアルになることを祈念してやまない．

2006年3月

奈良　勲

序　文

　本書は，筆者が理学療法士になるきっかけとなった石川県七尾高校時代の陸上競技の経験，高知リハビリテーション学院で受けた教育，札幌医科大学でのスポーツ医学との出会い，（財）日本体育協会スポーツ診療所での緊張感に満ちた生活，（財）スポーツ医・科学研究所での怪我をした選手達に囲まれて過ごした日々，名古屋市立大学での学友との交流，広島大学での教育・研究・社会活動……などさまざまな経験を通じて学んだことを1冊に集約してまとめたものである．内容的には以下の点に留意しながら執筆した．

- 筆者の臨床経験，研究論文，広島大学医学部および大学院保健学研究科で行ってきた講義，さらに講演，学会発表，シンポジウムなどの骨子を中心にして，不足箇所を追加修正してまとめた．
- スポーツリハビリテーションやスポーツ理学療法士(仮称)を目指す方々を読者として念頭においた．
- 学生のみならず，大学院生には研究の導入として利用していただけるように配慮した．
- スポーツ理学療法学が目指す理念を掲げ，問題点を明らかにすることで，今後のスポーツ理学療法の発展につながることを期待してまとめた．
- 臨床を行うなかで，現在あるエビデンスをできるだけ忠実に踏襲し，さらに持論を加えた．
- 英語による表現が一般的なものにはできるだけ英語を付記した．

　理学療法士を目指し，養成校に入るきっかけとして，「スポーツ・リハビリテーションをやりたい」あるいは「アスレティック・トレーナーになりたい」という若い人々がたくさんいるように思う．しかしながら，もっとも身近な理学療法学教育において，「スポーツ理学療法」に触れることなく，結果として夢が夢のままで実現できなかった人々の実状をみてきた．また，臨床の場でスポーツ選手の治療に関与したが，従来の理学療法学の知識と技術とを駆使しても十分に対応できなかったとの話も耳にする．

　広島大学のオープンキャンパスには受験希望の高校生が毎年大勢やってくるが，それらの人々から，「野球をやっていますが，理学療法士になったら広島カープのトレーナーになれますか？」というような質問がたくさんある．筆者は，「スポーツ現場では，きちんとした仕事ができて，自分の仕事に責任のとれる人間性を持ち合わせた人が切望されていますよ」と答える．そのような人々が本書を読むことによって，スポーツ理学療法士やスポーツ・セラピスト，スポーツ・リハビリテーション，あるいはアスレティック・リハビリテーションについてのイメージをもっていただければと願っている．またスポーツ選手のリハビリテーションに携わりたいという希望を抱いている理学療法士や理学療法学科で学ぶ学生さん，大学院生，さらにアスレティック・トレーナーになりたいという人々にぜひ本書を読んでいただき，実際の活動に役立てていただければと願う次第である．本書を読み終えた時点で，「きちんと仕事ができて責任のとれる専門家になる」ことの意味を十分に認識していただけるとすれば，本書が発刊されることになった意義があると思っている．

本書の構想から発刊までに長い歳月を費やしてしまったが，それは筆者自身の考えを煮詰めていくのに要した時間で，まだ発展途上にあることを自覚している．今後，速やかに改訂して，最善の情報を伝えられる書物にしたいと思っている．多くの読者の皆様からご意見・ご指摘などをいただければ幸甚である．

　最後に，本書の執筆を勧め，スピードアップするように励ましていただいた奈良　勲先生（神戸学院大学教授，広島大学名誉教授），人生の師と仰いできた川野哲英先生（はちすばクリニック副院長），恩師である中屋久長先生（高知リハビリテーション学院長），いつもきちんとした段階的リハビリテーションの効果を提示していただいた小林寛和先生（スポーツ医・科学研究所主任理学療法士），筆者が到底及ばない緻密な物の考え方や資料・文献などの整理の仕方を教わった大成浄志先生（福山平成大学教授，広島大学名誉教授），膝関節治療について多くの示唆を与えてくださった越智光夫先生（広島大学整形外科教授），現在筆者と一緒に仕事に従事していただいている宮下浩二先生（広島大学講師），その他お世話になった数え切れない大勢の先生方に感謝します．学生，大学院生，そして選手にも多くのことを教わったことを付記し，感謝します．

　また，54歳にして脳卒中で急逝した父，郷里七尾で元気に畑仕事を続ける母，遠くから見守ってくれている心強い兄，開拓心旺盛な弟など，人生の前半を支えてくれた家族や友に感謝します．影に日向にいつも筆者を支えてくれている妻，活力を与えてくれている3人の娘にも感謝します．

2006年3月

浦　辺　幸　夫

目　次

監修者のことば …………………………………………………iii
序　文 ……………………………………………………………v

第1章　スポーツ理学療法とは ……………………………………1

1. スポーツ理学療法とは …………………………………………1
   1) 評　価　2　　2) 治療とリハビリテーション　2　　3) スポーツ外傷・障害の予防　2
2. スポーツ理学療法の内容 ………………………………………3
   1) 体力の向上　3　　2) 運動療法　3　　3) 物理療法　4　　4) 補助具，装具，テーピング　4　　5) マネージメント　5　　6) 栄養，心理面のサポート　5
3. スポーツ理学療法士の活動分野 ………………………………5
   1) 各種スポーツ大会への参画　5　　2) スポーツ理学療法士の活躍の場　6　　3) 健康増進と理学療法士の役割　7
4. スポーツ・リハビリテーションとメディカル・リハビリテーションの違い …………13
5. アスレティック・トレーナーとは ……………………………14
   1) アスレティック・トレーナー(AT)の役割　14　　2) (財)日本体育協会公認AT養成講習会　14　　3) 公認ATの活動の場　15

第2章　スポーツ外傷・障害の概念 ………………………………17

1. スポーツ外傷・障害とは ………………………………………17
2. スポーツ種目と発生する外傷の特徴 …………………………19
   1) コンタクトスポーツとノンコンタクトスポーツ　19　　2) 受傷機転としてのコンタクト損傷とノンコンタクト損傷　20　　3) スポーツにおける道具や用具の使用　20
   4) 地面との衝撃が問題になるスポーツ　21　　5) 個人スポーツと団体スポーツ　21
   6) スポーツ外傷の性差　22　　7) スポーツを行う目的による分類　23
3. スポーツ動作と身体各部に加わるストレスの分析 ……………24
   1) 下肢の動作　24　　2) 腰背部の動作　26　　3) 上肢の動作　26
4. スポーツ外傷・障害の発生機序の分析 …………………………26
   1) 伸張ストレスによる損傷　27　　2) 圧縮ストレスによる損傷　27　　3) 曲げ(屈曲)ストレスによる損傷　28　　4) 回旋ストレスによる損傷　28　　5) 剪断ストレスによる損傷　28

5. スポーツ外傷・障害の発生要因 …………………………………………………………… 28
   1）トレーニング要因　*29*　　2）環境要因　*30*　　3）個体要因　*30*　　4）その他の分類方法　*31*
6. スポーツ外傷・障害が身体に与える影響 …………………………………………………… 31
   1）筋力低下　*31*　　2）関節可動域（ROM）の低下　*33*　　3）持久力の低下　*34*
   4）運動感覚の低下　*34*　　5）心理的影響　*34*
7. スポーツ外傷・障害の多い部位 ……………………………………………………………… 34
8. 成長期のスポーツ外傷・障害の予防 ………………………………………………………… 35
   1）成長期のスポーツ　*35*　　2）成長期にみられるスポーツ傷害　*37*

第3章　測定・評価・治療 ………………………………………………………………… 41

1. 効果的な評価・治療を行うための戦略 ……………………………………………………… 41
   1）戦略と決定に基づいた治療プロセス　*41*　　2）評価の進め方　*42*　　3）疾患についての理解を進めておく　*43*　　4）評価を治療計画に結びつける　*43*　　5）目標設定の考え方　*44*　　6）outcome assessment の考え方　*45*
2. 評価のために検査・測定が備えるべき基本条件 …………………………………………… 47
   1）スポーツ理学療法評価の基礎　*47*　　2）問診ならびに基礎情報のとりかた　*47*
   3）評価の基本条件　*48*
3. 形態測定 ………………………………………………………………………………………… 50
4. 疼痛の評価 ……………………………………………………………………………………… 53
   1）疼痛の診かた　*54*　　2）安静時痛　*54*　　3）叩打痛・圧痛　*55*　　4）運動時痛　*55*　　5）荷重時痛　*55*　　6）スポーツ動作時痛　*56*
5. アライメントの評価と治療 …………………………………………………………………… 57
   1）下肢アライメントの概念　*57*　　2）下肢の運動連鎖とアライメント　*67*　　3）マルアライメント　*72*　　4）アライメント評価からアライメントコントロール実施の evidence　*74*　　5）アライメントコントロールの実際　*75*　　6）スポーツと姿勢　*81*
6. 関節可動域（ROM）の測定とエクササイズ ………………………………………………… 82
   1）ROMとは　*82*　　2）ROM測定の原則と注意点　*84*　　3）ジョイントラキシティの測定　*85*　　4）ROMエクササイズの注意事項　*86*　　5）ストレッチング　*87*
7. 筋力の評価と筋力強化エクササイズ ………………………………………………………… 89
   1）筋力とは　*89*　　2）筋力測定の意味と重要性　*92*　　3）筋力測定の各種方法とその意義ならびに特徴　*98*　　4）一般的な筋力測定法　*100*　　5）筋力測定の実施法　*102*
   6）等速性運動測定機器による測定　*112*　　7）筋力増強エクササイズ　*114*
8. テーピング ……………………………………………………………………………………… 119
   1）テーピングの目的　*119*　　2）テープの使用法　*122*　　3）テーピングの evidence

　　　　128　　4）ファンクショナルテーピングの実践と応用　*130*
9. スポーツマッサージの実際 …………………………………………………………*131*
　　1）マッサージの基本概念　*131*　　2）マッサージの生理学的効果　*132*　　3）マッサージの原則・注意点　*133*　　4）マッサージの基本手技　*135*　　5）マッサージのポイント　*137*　　6）肢位別マッサージの実際　*137*

第4章　スポーツ理学療法各論 …………………………………………*141*

1. 急性期スポーツ外傷への対応 ………………………………………………………*141*
　　1）救命救急処置　*141*　　2）出血への対応　*142*　　3）急性スポーツ外傷　*142*
　　4）慢性スポーツ外傷　*144*
2. 足関節・足部疾患とリハビリテーション …………………………………………*144*
　　1）足関節の構造と運動の特徴　*144*　　2）足関節捻挫　*145*　　3）その他の足部疾患　*153*　　4）具体的なエクササイズ　*154*
3. 膝関節疾患の評価とリハビリテーション …………………………………………*157*
　　1）膝関節の構造　*157*　　2）理学療法評価　*158*　　3）運動療法の原則　*165*
　　4）内側側副靱帯損傷　*166*　　5）外側側副靱帯損傷　*168*　　6）前十字靱帯損傷　*168*　　7）後十字靱帯損傷　*191*　　8）膝蓋腱損傷　*193*　　9）半月板損傷　*193*
　　10）膝蓋大腿関節障害　*195*
4. 肩関節疾患の評価とリハビリテーション …………………………………………*207*
　　1）肩関節の構造　*207*　　2）オーバーヘッドスポーツで発生する疾患　*208*　　3）理学療法評価　*208*　　4）肩関節疾患のリハビリテーション　*210*　　5）関節可動域の確保　*213*　　6）筋力強化　*214*　　7）テーピング　*215*　　8）スポーツ復帰　*215*
5. 腰痛の評価とリハビリテーション …………………………………………………*216*
　　1）腰痛の概念　*216*　　2）腰痛の評価　*218*　　3）腰痛のリハビリテーション　*221*

　　　　　　　　　　　索　引 ……………………………………*227*

第1章
スポーツ理学療法とは

1. スポーツ理学療法とは

　スポーツ理学療法の大きな目標は，スポーツ選手あるいは愛好者（高齢者や障害者を含む）の有するさまざまな問題を，理学療法学の知識と手段を用いることで解決に導くことにある．具体的にいうと，スポーツ外傷を受けた選手に対してきちんとした evidence と outcome をもって，もとのスポーツ活動レベルへの復帰に努めることである．スポーツ外傷が生じた際のスポーツ理学療法士（PT）の関わりを図1-1に示す．スポーツ PT の役割を表1-1に示す．多くのスタッフが関わるなかで，スポーツ PT の活動はどの場面でも求められることが理解できるであろ

スポーツ理学療法士

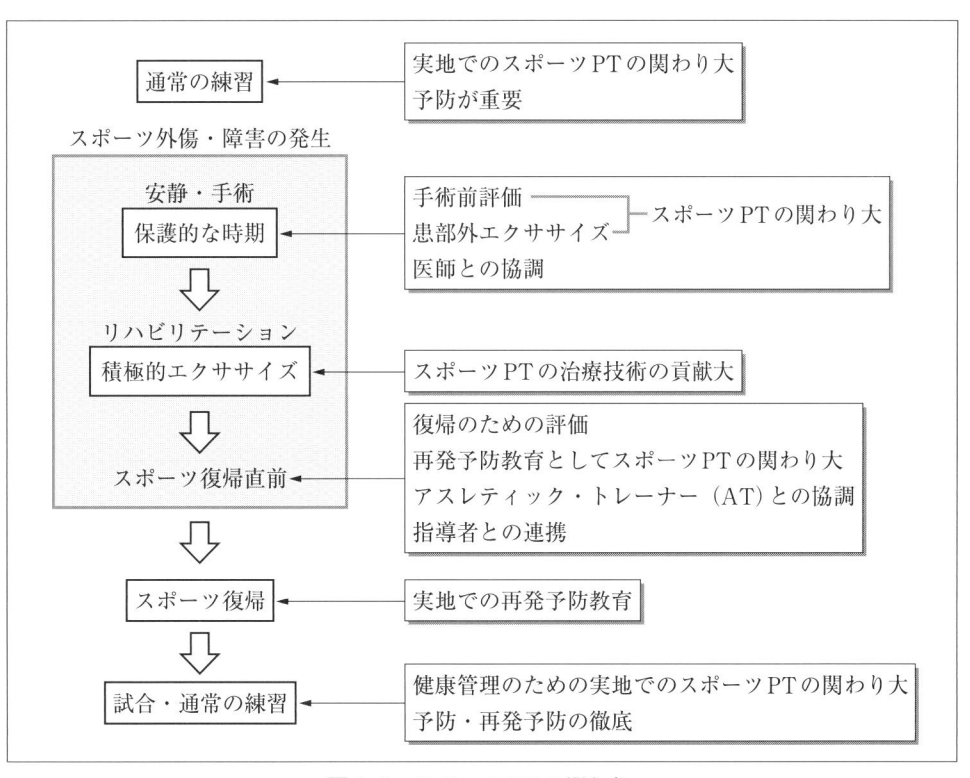

図1-1　スポーツ PT の関わり

表 1-1　スポーツ PT の役割

1. スポーツドクター，AT と協力して選手の健康管理に携わる．
2. スポーツ PT としての実務．
3. スポーツ外傷・障害に対して高い治療技術をもつ．
4. 医療機関で最善のリハビリテーションを実施し，競技復帰のためのリハビリテーションへ移行させていく．

表 1-2　スポーツ復帰の条件

1. 痛みがない．
2. 関節可動域の制限がない．
3. 筋力が十分にある．
4. 持久力の獲得．
5. 不安定性および不安感がない．
6. スポーツ基本動作が可能である．
7. スポーツ応用動作の獲得．
8. その他（十分な後遺症対策がとられている）．

う．また，スポーツ選手を取り巻く人間関係についても認識しておくことが必要である．

1）評　価

まず選手の身体的，心理的な特徴を把握しておく．これによって，損傷部位にある問題を明らかにし，治療計画に結びつける．さらに，身体的な弱点を見つけだし，その部分を補強することによりスポーツ外傷の予防に役立てる．

2）治療とリハビリテーション

スポーツ理学療法の内容は在来の理学療法と共通するところが多いが，スポーツに求められる強さ，スピード，柔軟性，バランスなどを考えると，自ずと outcome として求められるレベルが高くなる．在来の理学療法学の内容に加え，スポーツ理学療法学に求められる知識と技術を修得する必要がある．スポーツ PT にどのような知識と技術があればよいか，あるいは技術をどのように発展させればよいかが課題となるが，3 年とか 5 年という中期的な到達目標を立て，スポーツ PT としての素養を身につけるのが現実的であろう．スポーツ現場での対応も重要であり，実地研修を積極的に行う．

到達目標

3）スポーツ外傷・障害の予防

スポーツ外傷・障害による選手の時間的，経済的な負担や損失は多大

再発防止	である．スポーツ医学やスポーツ理学療法学をさらに進展させることで，この発生を予防することが重要である．再発防止も同様である．前十字靱帯損傷，足関節捻挫，腰痛などの予防は，まだまだ明確なevidenceがないなかで検討が続けられている．**表1-2**にスポーツ復帰の条件を示したが，予防のためにはこれらの機能がその後に損失されないように確認していくことも必要になる．
スポーツ復帰	

2．スポーツ理学療法の内容

体力の向上	**1）体力の向上** 体力の要素のなかで，筋力，持久力，柔軟性，平衡能力などをそれぞれ評価する手段を有し，それに対する治療法を知ることが必要になる．ストレングスコーチがいる場合は相談する．その際にも，その選手の特徴に応じて，リスクになることと目標をはっきりさせて協調して対応することに配慮する．

2）運動療法

筋力増強エクササイズ フリーウエイト マシントレーニング 開放運動連鎖系 閉鎖運動連鎖系	筋力増強エクササイズでは，ウエイトトレーニングとして一般的なフリーウエイトとマシントレーニングの指導が行われる．また，重錘抵抗を用いたエクササイズや体重を利用したエクササイズが行われる．開放運動連鎖系（OKC：open kinetic chain）と閉鎖運動連鎖系（CKC：closed kinetic chain）のエクササイズの知識も必要になる．OKCやCKCの特徴と注意点を把握して，適切に選手に処方・指導できることが必要であろう．
プライオメトリクス	筋に加え腱の機能を意識したプライオメトリクスも，下肢や上肢のエクササイズとして積極的に利用されている．水中運動は浮力と水の抵抗を利用して，さまざまな運動療法上の効果が期待できる．
モビリゼーション	モビリゼーションは運動療法なのか物理療法なのか判断が分かれるところであるが，副運動を含めた関節可動域（ROM）や柔軟性の改善という視点では，運動療法の重要な部分を占める技術となる．
コンディショニング リコンディショニング	コンディショニング（選手がもっとも良い状態で試合，練習に望めるように心身の状態を高めること）とリコンディショニング（疾病状態，後遺症，不調などを立て直し，健全な心身状態を獲得すること）はスポーツ選手，スポーツPT両者にとって非常に重要な課題である．コンディショニングの内容を**表1-3**に示す．

表 1-3　コンディショニングの内容

- 身体的なサポート
  1. 体力の向上（筋力，柔軟性，持久力，瞬発力，敏捷性，調整力，免疫力，他）
  2. 運動療法（ストレッチング，筋力トレーニングなどさまざまな運動形態による健全な関節運動の獲得）
  3. 物理療法（温熱療法，寒冷療法，電気療法，マッサージなど）
  4. 補助的手段（装具，テーピング，足底板）
- 心理的なサポート
- 環境改善

3）物理療法

物理療法
マッサージ

　マッサージは徒手的な治療として，疲労回復の目的でよく利用される．温熱療法，寒冷療法，電気治療，超音波治療など，損傷組織とその修復にどのような治療効果があるかをよく知ったうえで使用する．寒冷療法での凍傷などのような事故は断じてあってはならない．リスク管理を厳密に行って適用するように心がけたい．選手にアイシングの重要性を啓蒙し，実践してもらうことは大きな意味があるが，健康管理をする側でこのような事故は絶対に避ける．

アイシング

低周波治療

　また，除痛が期待できるような低周波治療としてどのような装置と方法が選択できるかによって，スポーツ PT の真価が問われるところである．同じ低周波治療器でも，中周波を低周波的に変調させて筋収縮を促すことで，筋萎縮の防止やあるいは積極的な筋肥大の期待を込めて使用する場合もある．

4）補助具，装具，テーピング

装　具

　装具は足関節，膝関節，腰部などで使用されるが，その他にもオスグッド病や膝蓋腱炎，テニス肘に対する装具も使用されている．サポーターの実質的な効果は疑問もあるが，ネオプレーンを含め，多種類の製品が利用されている．足関節装具はニーズも大きいが，効果の判定と長期使用での弊害がないことを確認することが必要である．機能的な膝関節装具については，効果に疑問があるという研究報告もある．軟部組織の多い部位であり，使用中の装具の緩みやずれがないことが必要であろう．

テーピング

　テーピングはスポーツ現場で多用されている．アスレティック・トレーナー（AT：athletic trainer）の仕事は「テーピングとマッサージ」という人がいるくらいである．テーピングについては解剖学，運動学の知

識に加え，受傷機序やスポーツ外傷・障害の治癒に関する知識が必要である．身体部位ごとにテーピングの特徴を知り，実施していく．

5) マネージメント

スポーツ現場とのコンタクトを含め，スポーツ選手と指導者との連携は重要である．予防の重要性を認識することで，スポーツ成績の向上に寄与することが今後さらに期待される．また，普段からのコンディショニングとして寒冷療法を取り入れることを提唱し，実践することが，結果として障害予防に役立っていると考える．普段の練習では，内科的および整形外科的な問題が生じないように，スポーツドクターと協調しながら，定期的にメディカルチェックを行う．

6) 栄養，心理面のサポート

スポーツ選手の能力の健全な発展のためには，「運動，栄養，休養」のバランスが重要になる．スポーツPTとして栄養の知識を有することと，栄養士とのコンタクトの両者が必要になる．試合時の食事と普段の練習時の食事の違いを認識し，食事の過不足について栄養士と相談するようなシステムを構築することの有用性は大きい．食事は作る側の条件や制約が必ずあるため，サプリメントでの対策などもスポーツPTとしては考慮しておきたい問題である．

サプリメント

問題志向型診療システム

また，スポーツ選手の抑うつ傾向への対応は重要であり，定期的に問題志向型診療システム（POMS：problem-oriented medical system）を行ったり，必要に応じて心理学の専門家にカウンセリングを依頼することも重要である．

3. スポーツ理学療法士の活動分野

1) 各種スポーツ大会への参画

① オリンピック：1976年のカナダ・モントリオールオリンピック以降，複数の理学療法士が日本選手団の医務班として帯同している．現在は冬季オリンピックにも帯同している．国際的にsports physiotherapistが帯同することが義務づけられている．また，各競技団体のATとしてPTが帯同している．

② アジア競技大会：4年ごとに開催される．基本的にオリンピックと同じで，JOC（Japan Olympic Committee）からの派遣のかたちで，日本選手団本部ならびに各競技団体のATとしてPTが帯同し

ている．

③ ユニバーシアード大会：大学生のスポーツの祭典であり，2年ごとに開催される．冬季大会もあるが，JOCから多くのPTが派遣されている．

④ 世界選手権，ワールドカップ，パンパシフィック大会，4カ国対抗大会などの国際試合：競技種目によってさまざまな範囲や名称で国際大会が開催されており，多くのPTが参加している．各競技について専門的な知識や治療技術が問われることはいうまでもない．

⑤ 国民体育大会，インターハイ：国民体育大会は世界でも最大級のスポーツの祭典である．現在2循目に入っており，フェアプレイ精神からドーピングコントロールも導入された．都道府県の競技団体に帯同するトレーナーは増えているが，そのなかでPTの数も増加している．インターハイは国体よりも規模が小さくなるが，やはり多くのPTが参加している．

⑥ 高校野球甲子園大会：本大会では，医務室でPTが選手へのコンディショニングサービスを行っていることは知られているが，現在では都道府県レベルの予選でもPTがサービスを行うようになってきた．これは理学療法サービスが社会からの評価を受けた喜ばしい結果であろう．

⑦ 各種全国大会：さまざまな競技種目で全国大会が行われており，PTの参加が目立っている．競技種目によってATの活動の仕方も異なる．

⑧ 地域スポーツへの貢献：もっともPTが多く活動しているのが地域スポーツであろう．地域の小・中・高校，大学などでの競技スポーツへの支援についてのニーズはたいへん高い．

⑨ 競技団体つきのPT：スポーツ競技を専門的に行っている団体にATを職業として就業しているPTがいる．現場で発生する急性外傷に適正に対応できる知識や能力が問われる．競技復帰のために手術部を保護するフェイスガードを作成したり，選手用のスポーツ飲料水を用意したりもする．

2）スポーツ理学療法士の活躍の場

① スポーツ病院：スポーツ医療を標榜する医療機関が増加している．一般患者に加え，スポーツ選手が多いため，スポーツPTとしての活動がもっともしやすい環境である．

② 整形外科病院：一般的に，スポーツ外傷・障害の選手が治療を行うために訪ねるのは整形外科である．整形外科病院には競技種目や

レベルは別にして多くのスポーツ選手が尋ねてくるため，PTとしてはそれぞれに対応できなくてはならない．

③ スポーツチーム：バブル全盛期にはCI（corporate identity）の一環として，スポーツに大きなマーケットを期待して多くの企業が参入し，スポーツバブルともいえる状態になった．その後，企業スポーツは激しく衰退し，ATとしての雇用自体も非常に少なくなった．しかしながら，プロ野球，サッカーJリーグなどのATとして活躍するPTがおり，常に経験豊かで人間性あふれる治療者が求められている姿は変わらない．スポーツ医療機関や整形外科病院などで，十分な治療実績をもったうえでの参画が望まれる．

④ 開業：PT免許は医療資格の一つであり，医師の指示のもとで業が行われ，現在では開業権はない．しかし近年，PTの資格をもつ者が公認ATとして開業し，スポーツチームをサポートしたり，スタッフを派遣したりする新たな試みが行われ，定着しつつある．

⑤ 大学，教育機関：スポーツ理学療法学の教育を養成校で行うことは重要である．それを実践すべく多くのスポーツPTが，教育機関に勤務し活動している．

⑥ 健康増進施設：41条特例によって，医療機関に健康増進施設が造設され，PTがそこで運動指導を行うケースも増加している．

3) 健康増進と理学療法士の役割

健康増進

スポーツの目標の一つが健康増進であり，現在この分野でのスポーツ医学の大きな貢献がなされている．スポーツ医学は初期には競技スポーツ選手の外傷管理や健康管理に主眼がおかれていたが，現在はそれによって培われたさまざまな知識や技術が多方面に発展しつつある．その一つが健康増進の分野である．健康増進におけるPTの役割を表1-4に示す．スポーツ理学療法学の目標の一つとして健康増進を掲げることは，現在の高齢化社会への対策や運動不足による生活習慣病の予防に必要不可欠なことであり，スポーツを通じて，あるいはスポーツによって得られた知見が，広く国民に恩恵を与えることになる．

平均寿命

日本人の平均寿命は女性85歳，男性78歳となり，男女とも「長寿世

表1-4 健康増進におけるPTの役割

1. 医療機関，保健機関，福祉機関，教育機関などで健康増進教育を促進する（教育による予防効果がもっとも重要である）．
2. PT自身が健康増進の見本になる．
3. 中途障害者のリハビリテーションで効果を示す．
4. 高齢者医療で臨床効果を示す．

界一」の地位を保っている．したがって，長寿を単純に生存の時間という概念から，QOLの高い生活をするという視点で考えることが必要となり，そのためには健康寿命を延長することが必要である．健康寿命はWHOが提唱している概念で，基本的には疾病状態ではなく，ADLが自立した状態と捉えることができる．男女とも平均寿命から5～7歳減じた年齢が健康寿命となる．この年齢まで健康を維持するためには，やはり疾病に対する抵抗力を高めるために，さまざまな運動の実践が必要となる．

（1）子どもの健康増進

栄養の問題は子どもの躾の重要な部分である．濃い味付けや油が多い食事への慣れが肥満，高血圧，高脂血症，糖尿病など生活習慣病予備軍をつくる．食事を提供するのは親の役割であり，適正な食生活を提供できなくなっていることは大きな問題である．

そのようななかで，子どもの運動不足にも拍車がかかり，体力の低下は著しい（表1-5）．ソフトボール投げ，ハンドボール投げ，幅跳びなど全身を使ったパワー系の項目は，20年で10％程度の低下を示した．体前屈に示される柔軟性の低下や長距離走にみられる持久力の低下も著しい．これらは，義務教育期間や高等学校教育期間に身体運動やスポーツ活動が不十分になっていることを示す．

子どもの体力不足は深刻な問題であり，体力の低いまま大人になることは，体力の低い高齢者になるということで，健康寿命の延長には結びつかない．4～5歳から18歳くらいに至るまでの期間は成長期といわれるように，人生のきわめて早い一時期に，ヒトの一生を決めるような発育・発達が起こる大切な時期にある（図1-2）．その時期に，身体に運動・栄養・休養という適正な刺激が加わることは不可欠である．しかし，現在の子どもたちの生活場面をみると，この3つのいずれにも大きな問題がある．すなわち，運動不足，過剰で偏った栄養あるいは必要のないダイエット，そして睡眠不足による生活の不規則性の常態化である．成長

表1-5 子どもの体力低下の理由

1. 運動不足
① 運動する時間が少ない：塾，テレビ，パソコン．
② 運動嫌いの増加：運動しないことによる．
2. 徹底したバリアフリー生活
① 交通機関の充足．
② 徹底した電化生活．
3. 過食・肥満
① 食習慣の崩壊．

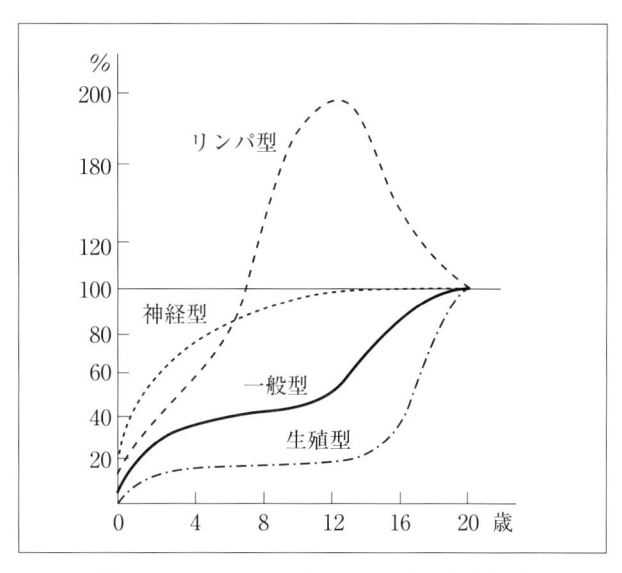

図 1-2　スキャモン（Scammon）の発達曲線
神経系の発達は幼児期，筋力や持久力の発達は一般型に従い 12 歳以降．

期という一生に一度しかない時期を考えると，この成長期にどのように身体器官を発達させるかが，スポーツ医学やスポーツ理学療法学の役割であり，子どもの運動不足の深刻さに目を向ける必要がある．

高齢者の健康増進

（2）高齢者の健康増進

高齢化社会の到来とともに，高齢者の QOL（quality of life）を考慮した対応が必要となってきた．すなわちスポーツ PT は，スポーツ年齢を伸ばすような方策をもつ必要がある．

疾病予防
介護予防

もう一つの視点として，疾病予防と介護予防の観点からも健康増進のために運動療法が重要視されるのは間違いない．その手段としてスポーツが用いられることが考えられるし，あるいはスポーツ理学療法学から発生した知識体系が，新しい高齢者のリハビリテーションに役立つことが十分に考えられる．高齢者ではさまざまな能力が徐々に，あるいは急激に低下することが考えられる．現在，高齢者のバランス能力の低下と

転　倒

その結果起こる転倒について，それを防止しようとさまざまの試みがなされている．高齢者に転倒しないような正しい歩行を指導するためには，スポーツ選手にランニングを指導したり，ジャンプと着地を指導するといったときに使用する，スポーツ理学療法で知り得た知識と技術がおおいに役立つと考えられる．

高齢者の失うものは主に 4 つある．それは①健康，②家族，③社会的役割，④経済的基盤である．このうち健康については運動やスポーツ活動とおおいに関係がある．

国民医療費は 30 兆円を優に超え，その 1/3 強を高齢者が使っている．65 歳以上の高齢者では 15〜24 歳より 10 倍以上も疾患率が高いことは衆知のことである．これは医療費の上昇に拍車をかけている．軽微な疾病で医療機関を受診する行動の問題に加えて，健康増進により疾病状態を予防することが必要である．65 歳以上の高齢者に多くみられる疾患は，①がん，②脳血管障害，③心疾患，④高血圧性疾患，⑤糖尿病などであるが，このような疾患の予防に加え，いわゆる廃用症候群を予防することが重要課題になっている．寝たきりといわれる人の約 70％が脳血管障害を理由にあげているため，高血圧や動脈硬化の予防を考えると運動がいかに重要かがわかる．

> 廃用症候群

高齢者の体力の特徴としては，20〜30 歳代のピークから各項目が漸減し，50 歳代以降に身体機能の個人差が顕著に現れ，60〜65 歳程度はそれまでの生活習慣の影響を受け，体力レベルの高い人と低い人に分かれる．高齢期は個人差の時期ということができる．65〜74 歳を前期高齢者(young-old)，75〜84 歳を後期高齢者(old-old)，85 歳以降は extremity-old あるいは oldest-old と区分けすると，後期高齢者になるとおしなべて一律に体力の低下がみられる．

平成 11 年より文部科学省は高齢者の体力テストとして，① ADL，②握力，③上体起こし，④長座位体前屈，⑤開眼片足立ち，⑥ 10 m 障害歩行，⑦ 6 分間歩行を実施している．その結果，②，④と歩行は他の項目よりも低下が少ないことがわかった．25〜79 歳で運動する人は，しない人より男女とも体力が高い項目が多くなることもわかった．

また，60 歳からは身体の使い過ぎよりも，使わなさすぎの心配をする必要がある．歩行は生活の中心になる動作であり，高齢者の移動を考えたときももっとも重要になるが，速度の平均値は 65 歳男性で 80 m／分，女性で 70 m／分，80 歳男性で 60 m／分，女性で 70 m／分を目標とし，毎日 30 分は歩行したいものである．

(3) 生活習慣病の予防と運動療法

高血圧，肥満，糖尿病，高脂血症などの生活習慣病の危険因子の約 70％が，生活スタイルを変更することによって改善できる．すなわち，生活習慣病の予防には，①適切な食事，②適度なアルコール，③禁煙，④ストレス発散，⑤身体能力に合った運動が必要である．

> 生活習慣病の予防

① 脳血管障害の運動療法

脳血管障害は単一臓器の疾病では，依然として死因の第 1 位となっている．血圧を薬物でコントロールするようになり，脳出血の大発作で死亡する人は減ったが，脳梗塞を含め片麻痺(hemiplegia)をもって生活する人は増えている．高齢になってから片麻痺になると，若い時代のよ

うに身体制御が容易に行えず，精神的な負担も強く，「脳卒中片麻痺は諦めの病気」の感さえある．結果として寝たきりをつくる最大の疾患となっている．片麻痺者の多くの希望は「歩けること」であり，片麻痺者が歩行を再獲得していく過程は，スポーツ選手が競技力を向上させるものとたいへん似ている．

　片麻痺者の運動学習にスポーツ理学療法学が関与する部分は大きい．さらに，片麻痺者の大部分は運動不足になり，廃用症候群の要素も大きいので，運動を行うことがいっそう重要になる．したがって，脳卒中後遺症の障害をもちながら生きるというきわめて辛い状況が長期にわたって続き，医療費もかさむこの疾患に対して貢献できる点は多い．そのためには，効果の疑わしい治療が漫然と行われてきた背景を反省し，多額な医療費を消費してきたこれまでから，outcome の高い運動療法への転換が迫られる．

　身体障害者スポーツという表現があるが，片麻痺者にとっては特別なルールがなくても楽しめるスポーツは多く，「たぶんできない」という先入観や差別意識が，その実施を困難にしているだけであることが多い．水泳にしろゴルフの練習にしろ，血圧などのリスクに配慮しながら指導することは，スポーツリハビリテーションそのものといってよいであろう．

　② 肥満の解消

肥　満　　世界的な規模で肥満（obesity）が問題になっている．アメリカでは BMI 27 以上で全死亡率が 1.2〜1.5 倍，心血管死が 2〜4 倍になるという報告がある．BMI 27 以上を体重過多，30 以上を肥満，40 以上を morbid obesity としている．アメリカでは人口の 1/3 が BMI 30 以上の肥満であり，さらに変形性関節症を惹起しやすいという問題がある．

　肥満症の治療は，①食事のエネルギー制限，②食習慣の改善，③運動療法，④薬物療法などである．「肥満は自己コントロールできないなまけもの」と決めつけるのではなく，「肥満は遺伝的および環境的原因による相対的なエネルギーの過剰摂取のため脂肪の異常蓄積をきたした病態」と認識することが重要で，運動やスポーツを愛好するように行動変

行動変容　容をもたらすことがわれわれの責務である．

　(4) 骨粗鬆症の予防

骨粗鬆症　　骨粗鬆症（osteoporosis）は骨のなかのカルシウムが不足し，すかすかになったような状態である．高齢女性で大腿骨頸部骨折，脊椎圧迫骨折（第 11-12 胸椎，第 3 腰椎），前腕の末端の骨折などが容易に発生する．少し身体をねじったり，しゃがもうとしたり，起き上がろうとしたり，ひどいときには咳をしただけで骨折する場合もある．大腿骨頸部骨折後

10～20％が寝たきりになるといわれていることを考えると，重大な疾患ということができる．65歳以上の女性の1/2，80歳以上の男性の1/2が骨粗鬆症といわれている．骨量は女性ホルモンのエストロゲンの増加とともに10～30歳代がピークになる．骨量はその後，加齢とともに減少し，女性では平均51歳で閉経が起こるが，その後骨折などの重度の疾患を起こすことがあるので注意が必要になる．骨粗鬆症になると虚弱な状態で長く生きていくことになるので，予防が重要である．

最大骨量値 　予防としては最大骨量値（PBM：peak bone mass）を若いときにいかに高く達成しておくかが重要である．40歳代後半以前は運動により骨はかなり強くなる．50～60歳代は骨を強くするというよりも，強度を維持する考えのほうがよい．高齢者の運動は骨を増やす運動ではなく，転倒を防止する運動であるが，栄養的にカルシウム（Ca）を多くとること（乳製品，魚，大豆，ごま，小松菜などの野菜），ビタミンDを多くとることなども必要である．ビタミンDは腸からのCaの吸収を良くし，また腎臓から尿としてCaが体外に失われるのを防止する働きがある．このビタミンD合成は日光照射不足などで不足する．

　いずれにしても，運動習慣をつけることは重要である．運動は骨を刺激し骨の形成を刺激する．膝や腰が痛い人は毎日30分程度，水中運動でもよい．骨粗鬆症は高齢になってからの治療の効果は少ないので，若いときの運動習慣が大切になる．骨粗鬆症は予防がもっとも重要かつ有効な疾患であることに間違いなく，スポーツ理学療法学の視点でも，適正な運動を指導することが望まれる．

（5）変形性膝関節症の予防と治療

変形性膝関節症　　変形性膝関節症（osteoarthritis of the knee：膝OA）は，骨粗鬆症と同様，平均寿命が長い女性に顕著に現れるという特徴があるが，骨粗鬆症は60歳代以降に問題が生じるのに対し，膝OAは40歳代から膝関節痛が起こり，その後特徴的なO脚（内反膝）の変形に進む人が多いというように発症年齢が明らかに異なる．膝OAには膝関節への免荷の視点から水中運動が推奨されてきたが，骨粗鬆症に対しては荷重刺激が骨に加わることが求められ，重力を加えた運動がよいとされているのも両者の成因からみれば興味深い点である．

O脚（内反膝）

　膝OAはスポーツを多く行った人がなりやすいともいわれてきたが，マラソンランナーがスポーツをしない人よりも，短期間で膝関節軟骨が損耗してしまうわけではない．膝関節に小さな損傷を起こした人が，若くして一気に膝OAになってしまうことも多い．結果として，正しい刺激では損傷は起こらないばかりか，むしろ適正な運動は骨を強くする（Wolff's low）ことがわかってきている．

Wolff's low

膝OAの発生機序の分析や運動療法については今後，スポーツ理学療法学の知見が活かされることが大いに期待される．膝関節の疼痛によって歩行速度，歩行距離が減少することをいかにして予防するかがポイントである．

4. スポーツ・リハビリテーションとメディカル・リハビリテーションの違い

<small>メディカル・リハビリテーション</small>

スポーツ外傷・障害を被った選手は，初期には通常の患者と同様なリハビリテーションが必要である．これをメディカル・リハビリテーションと称している．一方，スポーツ・リハビリテーションは，もとの競技復帰をめざして行れる治療全般を指す．スポーツ選手の特徴を考えると，患部以外の能力を低下させないような配慮，すなわち患部外トレーニングが必要である．たとえば，膝関節を損傷した選手ではランニングが禁止されるため，膝関節周囲の筋力や，ひいては全身持久力が低下する．このような体力面の低下を最小限に抑えるために，体幹筋力の強化，腹筋筋力の強化，背筋筋力の強化などにより，全身の運動感覚を維持させる．また，健側の股関節屈曲筋力など，普段は鍛えられないよう

<small>患部外トレーニング</small>

な，あるいは弱点箇所の補強の目的でも，患部外トレーニングの意味は大きい．メディカル・リハビリテーションが優先される時期でも，このような患部以外の機能をできるだけ落とさないことを，スポーツ理学療法では考えておく必要がある．したがって，メディカル・リハビリ

<small>歩行の獲得</small>

テーションが最優先されるのは，移動能力でいえば歩行の獲得という段階と考えればわかりやすいであろう．

<small>スポーツ・リハビリテーション</small>

スポーツ・リハビリテーションになると，患部のエクササイズが積極的に行われるが，疼痛を含めてリスク管理をしっかり行っていく（表1-6）．スポーツに関連した動作の練習や，実際リハビリテーション室内ではなく体育館や屋外で行われる治療も必要になる．

表1-6　疼痛の診かた

1. 安静時痛
2. 叩打時痛，圧痛
3. 運動時痛（他動運動，自動運動，抵抗運動）
4. 荷重時痛（OKC vs CKC の関係）
5. スポーツ活動での疼痛
・他の要因との関連：腫脹，反射性交感神経性ジストロフィー（RSD）
・疼痛の種類：急性期・慢性期，鈍痛・鋭痛
・表記方法の工夫：VAS（visual analog scale）の使用，部位の図示

5. アスレティック・トレーナーとは

1) アスレティック・トレーナー（AT）の役割

ATはスポーツ外傷の予防，リハビリテーション，そしてコンディショニングはもちろん，スポーツ環境の整備，体力評価，トレーニング，栄養，心理などを含め，スポーツ選手が安全に競技や練習に臨めるように健康管理全般を行う専門職である．アメリカでは1950年よりNATA（National Athletic Trainers Association）という団体が養成を行っており3万名近い会員を擁するが，わが国では1995年より公認ATの資格認定制度がスタートし，2004年現在600名余の公認ATが誕生するに至った．

NATAのATC（athletic trainer certified）の目標をみると，**表1-7**のように非常にわかりやすくまとめられている．この内容はスポーツPTにも十分参考になる．ATCはアメリカ合衆国の多くの州で，PTと同じく医療類似行為者として取り扱われている．しかしながら，わが国の公認ATは医療資格ではないことに注意し，倫理観をもって活動する必要がある．

アスレティック・トレーニング（athletic training）はわが国では聞き慣れない表現であるが，単にトレーニングで体力を向上させるだけではなく，ATが健康と安全を目指して行うものを指している．その意味で，ATは指導的あるいは教育的な立場にあることが示され，スポーツPTはもう少し医学的で，sports therapistという表現に近いかもしれない．

2) （財）日本体育協会公認AT養成講習会

公認ATは公認スポーツドクター，コーチと協力のもと，選手の健康管理，傷害の応急処置，アスレティック・リハビリテーション，体力トレーニング，コンディショニングなどを担当する指導者と定義されている．さらにATマスターとしてスポーツドクターおよびコーチとの

表1-7 ATの目標

1. スポーツ外傷・障害の予防
2. メディカルチェック，評価
3. リハビリテーション
4. アスレティック・トレーニング
5. 管理，環境整備，教育
6. 再発予防

表 1-8 AT とは

- (財) 日本体育協会の認定資格 (1994)
- 公認 AT (現在約 600 名) はわが国で唯一の資格
- アメリカでは NATA (1950) が ATC を公認
- 2 つのコースがある
  免除コース：専門学校，体育系大学，短大で 2 年間以上の教育を受け受験資格を得る（全国約 50 校）
  適応コース：都道府県，中央競技団体からの推薦者（約 100 名）が，定められたカリキュラムを終え受験資格を得る

注) 公認 AT は一定の条件であり，その後にさらに研鑽を続けることが不可欠．

緊密な協力のもとに，スポーツ選手の健康管理，障害予防，スポーツ外傷・障害の応急処置，リハビリテーションおよび体力トレーニング，コンディショニングなどを担当するとともに，AT の育成・指導にあたる者の条項を規定している（表 1-8）．

公認 AT 養成講習会

文部科学大臣認定「スポーツ指導者の知識・技能審査事業」として (財) 日本体育協会公認 AT 養成講習会が実施されており，これを受講することによって，(財) 日本体育協会公認 AT (公認 AT) の受験資格を得ることが可能になる．公認 AT 養成講習会を受講するためには 2 種類の方法がある．一つは「適応コース」であり，もう一つは「免除コース」である．「適応コース」は (財) 日本体育協会が直接開講する履修科目（共通科目 17 日間，専門科目 15 日間）を受講し，受験資格を取得することである．都道府県体育協会などの推薦を受けた者が受講できるが，毎年の受講者枠が全国で 100 名という狭き門である．すでにトレーナーとしての活動実績のある人達が受講することが多いため，このコース修了者全体の合格率は約 50％である（受験資格は 4 年以内で合格しなければ失効する）．しかも，職業を有する場合，2 年間で 32 日間の時間を講習会受講のために費やすのは容易でないという問題がある．

免除コースは，(財) 日本体育協会の定めた履修科目（共通科目，専門科目）を受講することで，公認 AT の受験資格が与えられるものである．通常，専門学校や体育系大学・短大で開設され，平成 20 年度で 50 校程度でカリキュラムが実施されている．このコースの特徴は受験者の合格率が極端に低いことである．「免除コース」は共通科目と専門科目に分かれて学習する．

3) 公認 AT の活動の場

公認 AT の活動の場について考えたのものが表 1-9 である．先にも

表 1-9　AT 活動の現場

- 医療機関（一般病院，整形外科病院，スポーツ病院）や治療院でのスポーツ選手やスポーツ愛好者への治療とリハビリテーション
- スポーツ団体・大会の支援
- 地域スポーツへの支援活動
- 身体障害者スポーツへの支援
- 遠征や国際大会への帯同
- プロスポーツなどチームに所属
- AT として開業

述べたように，わが国の公認 AT は医療資格でないことに注意を要する．企業スポーツが衰退するなか，スポーツチームの AT になるという大きな夢をもって公認 AT を取得したものの，実際仕事を得る機会がないという不満をしばしば耳にする．適応コースを終え，公認 AT の資格を有しても，すぐに AT として自立した活動ができるであろうか．公認 AT 自身も，資格は得たものの，まずは実地で勉強して能力を高めたいと考えている．

したがって，ここで両者に相容れない問題が生じる．「何年間かは修行のためにただ働きをするか」となると，簡単に了承できる人は多くないであろう．これが公認 AT の抱える大きな問題であり，一つは公認 AT を取得する前に実地研修を十分積むことと，業として AT を行うために資格取得後の研修システムの構築が必要になる．そのためには，それらをサポートする団体の組織化が急務である．わが国の AT は，マッサージやテーピングなどの技術は世界の AT と比較しても優れていると思うが，システム化したアスレティック・トレーニングという点では不足する点が多い．

第2章
スポーツ外傷・障害の概念

1．スポーツ外傷・障害とは

　スポーツによって起こる故障や障害は英語では sports injury と呼ばれているが，わが国では一般にスポーツ外傷とスポーツ障害という分け方で分類している（表2-1）．1～数回の大きな外力で発生するものをスポーツ外傷あるいは急性スポーツ外傷，さらにスポーツ傷害というような呼び方をする．これに対して1回当たりの外力は小さいものの，それが頻回に加わることによって生じるものをスポーツ障害または慢性スポーツ外傷と呼ぶ．

　急性スポーツ外傷の代表例は，脱臼（dislocation），骨折（fracture），靱帯損傷（捻挫 sprain）などである．急性スポーツ外傷では受傷直後より炎症の5大徴候（腫脹，熱感，発赤，疼痛，機能障害）が現れる．これに対して代表的な慢性スポーツ外傷（スポーツ障害）として疲労骨折（stress fracture），脛骨過労性骨膜炎（シンスプリント shin splint），棘下筋萎縮などがあげられる（表2-2）．

　一般に外力の大きさからスポーツ外傷の方が重症になって難治性のような印象もあるが，スポーツ障害は使い過ぎ（オーバーユース）症候群（overuse syndrome）の要素や誤用性（マルユース）症候群（maluse syndrome）の要素も大きいため，一概にどちらがスポーツ復帰に困難な疾患か区別はつけられない．多くのスポーツ障害は，障害がもたらさ

急性スポーツ外傷

慢性スポーツ外傷

炎症の5大徴候
スポーツ障害

使い過ぎ（オーバーユース）症候群
誤用性（マルユース）症候群

表2-1　スポーツ外傷とスポーツ障害の違い

スポーツ外傷	スポーツ障害
・急性スポーツ外傷 ・スポーツ傷害	・慢性スポーツ外傷 ・使い過ぎ症候群 ・誤用性症候群
・1回または数回の大きな外力によって発生	・頻回に小さな外力が加わって発生

表2-2　スポーツ外傷・障害の例

スポーツ外傷の例	骨折，捻挫（ACL損傷），脱臼，肉離れ，チャーリーホース
スポーツ障害の例	疲労骨折，離断性骨軟骨炎，脛骨過労性骨膜炎（シンスプリント），腸脛靱帯炎，鵞足炎，肉離れ
両者の要素が混在するもの	投球骨折

れた原因を明らかにしておかないと，スポーツ復帰後に再び障害に陥ることが多く，相応の対応が必要である．

投球骨折

また，上腕骨の投球骨折にみられるように，投球の過多による疲労骨折の予兆があったが，ある全力投球の瞬間に骨折を起こすものもあり，これはスポーツ外傷と障害のいずれの要素ももった疾患ということができる．同様に脛骨の跳躍型疲労骨折は難治性であるが，治癒しないままスポーツを行うことで，着地動作の瞬間に脛骨の完全骨折に至るような重大なケースもある．

表2-3に代表的な足関節・足部，膝関節，腰部のスポーツ外傷について示すので，疾患の特徴について理解していただきたい．

表2-3 各部のスポーツ外傷

	急性スポーツ外傷	慢性スポーツ外傷
足関節・足部	・足関節内反捻挫 ・遠位脛腓関節離開 ・アキレス腱断裂 ・足関節骨折 ・足関節脱臼 ・腓骨筋腱脱臼 ・踵骨骨折	・アキレス腱周囲炎 ・有痛性外脛骨 ・離断性骨軟骨炎 ・三角骨障害 ・Impingement exostosis ・足根管症候群 ・扁平足障害 ・足底筋膜炎 ・中足骨疲労骨折 ・Jone's 骨折 ・Morton 神経腫
膝関節	・前十字靱帯（ACL）損傷 ・後十字靱帯（PCL）損傷 ・内側側副靱帯（MCL）損傷 ・外側側副靱帯（LCL）損傷 ・半月板損傷 ・腓骨神経麻痺 ・膝蓋骨骨折 ・外傷性膝蓋骨脱臼 ・チャーリーホース ・ハムストリング肉離れ	・膝蓋大腿関節障害（ランナー膝） ・膝蓋腱炎（ジャンパー膝） ・鵞足炎 ・腸脛靱帯炎 ・オスグッド病 ・膝内障 ・分裂膝蓋骨 ・離断性骨軟骨炎 ・外脛骨障害 ・タナ（ヒダ）障害
腰部	・腰椎椎間板ヘルニア ・腰椎捻挫 ・腰椎横突起骨折 ・棘間靱帯断裂 ・腰椎圧迫骨折 ・仙腸関節捻挫	・腰椎椎間板ヘルニア ・坐骨神経痛 ・腰椎分離症 ・腰椎すべり症 ・腰椎圧迫骨折 ・いわゆる腰痛症 ・筋・筋膜性腰痛症 ・仙腸関節炎 ・特発性側彎症

2．スポーツ種目と発生する外傷の特徴

競技特性

「競技特性」というような表現がよく使われるが，解釈は人によってまちまちである．スポーツ外傷・障害の理学療法では，評価・治療・再発予防・選手教育という一連の流れをスムーズに進行させることが重要であるが，そのためにスポーツ種目や競技について知識をもつこともまた必要である．スポーツ外傷・障害の発生や治療に関係するスポーツのまとめかたはさまざまであるが，いくつかの枠組みで考えてみることにする．

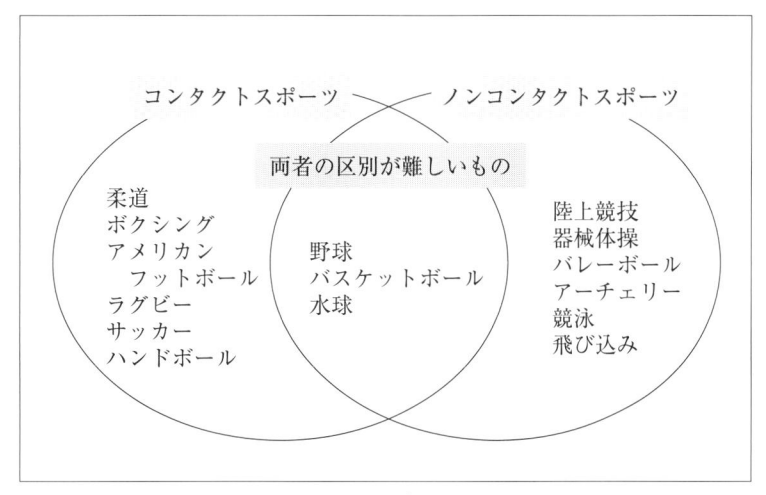

1）コンタクトスポーツとノンコンタクトスポーツ

コンタクト（接触型）スポーツ

ノンコンタクト（非接触型）スポーツ

collision sports

コンタクト（接触型）スポーツとして柔道，相撲，レスリング，ボクシングなどの格闘技，アメリカンフットボール，ラグビー，サッカー，ハンドボールなどの競技があげられる．ノンコンタクト（非接触型）スポーツとして陸上競技（短距離，中距離，長距離，障害，リレー，跳躍，投擲），野球，器械体操などがあげられる（図2-1）．また，わが国ではそのような表現はないが，バスケットボールなどで相手との接触や衝突があるスポーツをcollision sportsと呼ぶことがある．collisionとは衝突や追突という意味であろう．自転車競技の落車や転倒，オートバイや車などのモータースポーツでの転倒や衝突事故，落馬事故，器械体操での落下事故，水上スキーでの転倒，スカイダイビングでの着地ミス，スキーやスノーボードのジャンプ後の着地ミスなど，地面や水面との接触や衝突で身体に大きな外力が加わるスポーツも，広くcollision sportsに含まれるかもしれない．

図2-1 コンタクトスポーツとノンコンタクトスポーツ

2）受傷機転としてのコンタクト損傷とノンコンタクト損傷

相手選手と接触して外傷が生じた場合をコンタクト（接触型）損傷，接触はなくてストップ動作や方向転換動作などで生じた場合をノンコンタクト（非接触型）損傷という．膝内側側副靱帯（MCL）損傷ではコンタクト損傷が多くみられるが，膝前十字靱帯（ACL）損傷の約70％がノンコンタクト損傷であるということはたいへん興味深い．

コンタクト（接触型）損傷

ノンコンタクト（非接触型）損傷

3）スポーツにおける道具や用具の使用

まったく道具を使わないスポーツはほとんどないであろう．相撲やレスリング，柔道でもまわしや胴着（柔道着）を使用する．スポーツウエアは運動機能を向上させるためだけではなく，スポーツで身体に加わる物理的ストレスを減少させる役割も担っている．また，直接的なコンタクトから身体を守る防具もある．手袋，ヘルメット，フェイスガード，ゴーグル，チンガード，ネックカラー，レガース，その他さまざまなプロテクター，サポーター，装具類がある．これらが，スポーツ種目やポジション，競技レベルに合ったものであるか，身体へのフィッティングの良さ，使い過ぎて損傷していないかなどを確かめることは，われわれの重要な役割である．さらに多くのスポーツではシューズを装着する．裸足で行うスポーツはきわめて少なく，スポーツウエア，防具などとともにスポーツをするために不可欠な道具と考えてよいかもしれない．したがって，シューズについて適切なアドバイスをしたり，場合によってはインソールに改良を加えたりする．

道具としてはボールや砲丸，円盤，槍，ハンマーといった投げるもの，ラケットやバット，クラブ，竹刀，剣，槍というような打つためのもの，ボールを受けるためには手袋やミット，グラブを使うこともある．さらに道具や用具を拡大して考えると，的を射る競技で使用されるピストル，ライフル，弓，矢，ウインタースポーツでは滑るためのそり，スキー，スノーボード，スケートなど，モータースポーツでの自転車，オートバイ，車といった乗り物，馬術やポロでは人馬一体という表現もあるほどで，人が動物と一緒になってスポーツをする場面もある．その他，パラシュートなど空中に滞在するために使用するものやヨットなど，スポーツ種目ごとにさまざまな道具や用具が使用されていることがわかる．これらのさまざまな道具や用具と，スポーツ外傷・障害の関連を考慮しておくことも重要である．

4）地面との衝撃が問題になるスポーツ

スポーツサーフェイス　　スポーツサーフェイスを配慮しておくことは重要である．土，芝，人工芝，タータントラック，体育館の床，コンクリート，氷，雪，自然の山河の地形などさまざまなサーフェイスでスポーツが行われている．シューズを履くスポーツが多いが，これはサーフェイスとの接触で足底が損傷することを防いでいる．床面との衝撃のみでなく，ノンコンタクト損傷にみられるように摩擦係数の違いによっても，スポーツ外傷・障害の発生率が変化する可能性が考えられる．collision sports については前述したが，衝撃や摩擦を緩和するためにさまざまな工夫が考えられる．

歩行時の足底には体重の 1.2 倍程度の荷重が加わる．ランニングになると 2〜3 倍，ジャンプの着地になると 10 倍以上もの力が加わることが知られている．身体に加わる衝撃が大きいほど，損傷の危険性は高まる．器械体操はノンコンタクトスポーツであるが，鉄棒や床運動での落下や着地の事故では脊髄損傷，脱臼や骨折，ACL 損傷など重大な損傷に陥ることがある．一方，シンスプリントや下腿の疲労骨折などのスポーツ障害では，単純にランニング時の衝撃の大きさだけでなく，衝撃が骨伝搬していくなかで骨に加わる振動周波数の違いでも，障害の発生のしやすさに差があることがいわれ，質についても配慮する必要がある．また，胼胝や水疱は地面の衝撃，ランニングフォーム，シューズなどの関係からの対応が必要である．

閉鎖運動連鎖系（CKC）
開放運動連鎖系（OKC）
肉離れ

多くのスポーツが重力下で行われている．しかも，地面に身体が接触した閉鎖運動連鎖系（CKC）での損傷が，非荷重である開放運動連鎖系（OKC）よりも圧倒的に多い．例外的に OKC で起こる損傷として肉離れ（muscle strain, pulled muscle）があげられる．肉離れの原因は非常に複雑であるが，主動作筋と拮抗筋の収縮バランスの破綻が大きな発生原因としてあげられる．特殊な運動としては，水泳をはじめとした水中運動があげられる．

このように床面を含めたさまざまな媒体を通じ，スポーツ活動を行っていることで，身体が受けるストレスを考慮することが大切になる．

5）個人スポーツと団体スポーツ

個人スポーツ
団体（チーム）スポーツ

陸上競技に代表される個人スポーツでは，体重制限を設けたりすることもあるが，基本的には選手 1 人 1 人の技量で優劣，勝敗が決まる．団体（チーム）スポーツではラグビー，アメリカンフットボール，サッカー，野球，バスケットボールなどのように，それぞれの選手の個性に

あったポジションがあったり，逆にシンクロナイズドスイミングや新体操（団体）のように，複数の選手に調和した動きが求められる場合もある．

　一般に個人スポーツは選手自身のコンディショニングをいかに高めるかが重要になるため，PT やスポーツ PT，AT は当然，選手と1対1での関係が多くなる．選手の依存性が高くなることが多いが，選手の自立を含めて心理的な状態をよく理解してサポートする．

　一方，団体スポーツでは one for all, all for one の理念にみられるように，メンバーがお互いに個人の欠点を補いつつ練習や競技を行っていく．しかしながら，選手が多いとレギュラー争いも熾烈になる．スポーツ外傷や障害により，レギュラーから外れる選手が出るとき，補欠選手は内心では喜々としている場合が否定できない．ポジション争いが熾烈なほど，レギュラーはちょっとした不調を隠そうとするため，われわれはそのような異常を早期に見つけださねばならない．いったん補欠選手が日の目を浴びた場合，そのポジションを死守しようと頑張ることで，レギュラーが入れ替わっていく．失ってしまったポジションはなかなか返ってこないことを選手は知っているので，よけいに故障の発見の遅れにつながってしまうことを知っておく．さらに，別のケースでは，高校のスポーツ（例：野球）で特待生がポジションももらえず，練習についていけないことでモチベーションが落ち，疾病に逃避する場合もしばしばみうけられる．

　このように，個人・団体スポーツを問わず，競技による選手の身体のコンディションのみでなく，心理状態をもよく知っておくことも不可欠なことになる．

6）スポーツ外傷の性差

　「男性が行うスポーツ」，「女性が行うスポーツ」というような区分が暗黙のうちに成立していたが，近年そのような区分は消滅しつつある．野球，棒高跳びなどで女性の記録の伸びは著しい．逆に，新体操では男子の種目もあるし，シンクロナイズドスイミングも女性が行う種目とは限らなくなっている．

　同じスポーツ種目であっても，男女でスポーツ外傷や障害の発生頻度が異なることに注目する．たとえば ACL 損傷は，バスケットボール，ハンドボール，器械体操などで多発しているが，いずれも女性選手の発生率が高い．女子サッカーでも同じことがいえるが，サッカー愛好者を含めたサッカー人口は圧倒的に男性が多いため，ACL 損傷者としては男性が多くなっているような場合があり，データのみかたには注意を要す

る．

7）スポーツを行う目的による分類

競技スポーツ

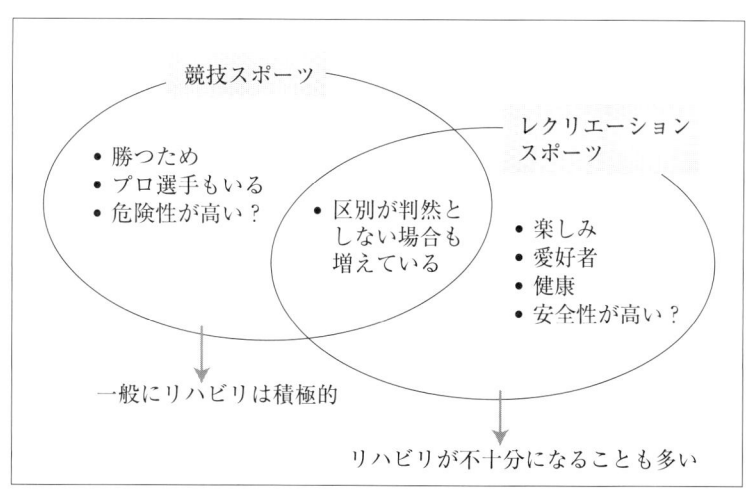

　勝敗を目標として他者と競う競技スポーツと，楽しむことを主とするレクリエーションスポーツという対比ができる（図2-2）．競技スポーツではスポーツそのものを職業とするプロ選手も多くの種目で誕生している．またノンプロとか実業団というような，企業に所属して社員として勤務しながら競技スポーツを行う場合もあった．最近はNPO組織で地域スポーツクラブとして活動するスポーツチームも増えてきた．地域スポーツの概念では，学校や学区などの行政区域やより広域の単位で，さまざまな競技スポーツの所属単位が形成されている．

レクリエーションスポーツ

　レクリエーションスポーツは，競技スポーツと比較するとスポーツ外傷・障害の発生頻度が少ないかに思われがちである．しかしながら，市民マラソンでのランナーをみると，1カ月に800km以上のトレーニングを行うような人もいて，一概に競技スポーツは危険で，レクリエーションスポーツは安全ということはできない．レクリエーションスポーツを行う人は「スポーツ愛好者」というような表現をとり，競技スポーツ選手と分けているような場面もあるが，厳密な区別が困難と思われるような場合もある．

　同じく，リハビリテーションにおいても，競技スポーツ選手の方が高いレベルでのスポーツ復帰が望まれるため，困難度が大きいと思われがちであるが，リハビリテーションの必然性への認識は高く，環境設定を行うことが容易であることも多い．モチベーションも通常高い．スポーツ愛好者は，リハビリテーションが最優先されることは少なく，結果と

図2-2 競技スポーツとレクリエーションスポーツ

して提案したリハビリテーション計画の実施が不十分となり，復帰に難渋することがある（図2-2）．

　レクリエーションスポーツは健康を指向する面もあるが，より健康を目指すためにスポーツや身体活動を利用する場合，「フィットネス (fitness)」という表現をすることがある．ジョギング，ウォーキング，スイミング，スポーツクラブでの運動などがそれにあたる．さらに健康的な生活を目指す場合，「ウェルネス (wellness)」という表現もある．その他，学校で行われる体育や障害者スポーツ，リハビリテーションにスポーツ活動を取り入れるというような場面もある．

フィットネス

ウェルネス

3．スポーツ動作と身体各部に加わるストレスの分析

　スポーツ外傷・障害の予防・治療ではそれらの発生機序の分析がまず必要になる．スポーツ外傷・障害の発生機序を知るためには，それぞれのスポーツ種目自体の特徴を知ることが重要であるとともに，そのスポーツで行われる動作を分析しておくことが大切になる．

1）下肢の動作

下肢のスポーツ外傷・障害

下肢の支持機構

　下肢のスポーツ外傷・障害はたいへん多い．これは多くのスポーツ動作が立つ，歩く，走る，ジャンプ・着地というように下肢で体重を支え，移動するという動作を基本にして構成されているからである．下肢の支持機構は骨盤，大腿部，下腿部，足部から構成され，その間にある股関節，膝関節，足関節，足部の各関節が動的な運動の構成を担っている．これらの構造に問題があればスポーツ動作にも支障をきたすことになる．

　一般にCKCでスポーツ外傷・障害の発生は多い．これは重力下で，各肢節や関節が体重を支えながら運動するからである．ノンコンタクト（非接触型）スポーツでは，身体とサーフェイスの関係を考慮しておくことが必要であるが，コンタクト（接触型）スポーツではさらに他の競技者，場合によっては味方選手との関連をも配慮する必要がある．

　下肢が屈伸方向に動くスポーツとしては，陸上競技の短距離，長距離種目の例があげられる．100 m走や110 mハードルは直線で競われ，そこで特徴的に発生するのは肉離れであろう．これはCKCで身体を支える大腿直筋やハムストリングに好発する．一方，OKCで大腿四頭筋の強い収縮力による速い膝関節伸展速度に，ハムストリングの遠心性収縮（または伸張性収縮 eccentric contraction）による制御が追いつかず，損傷することも考えられている．

遠心性収縮

表 2-4　下肢に求められるスポーツ動作

- 歩行：不整地，傾斜地，階段
- ランニング：ジョギング，ダッシュ，直線走，コーナー走，ジグザグ走，バックラン，他
- ステップ動作：ターン，ストップ，カッティング
- ジャンプ，着地
- キック
- 滑走

　陸上競技トラックや野球のダイヤモンドを走行する競技では通常，時計とは逆回転の左回りとなっている．コーナー走での足先はトラックの内側になる足先は通常より外側を向き，外側の足先はさらに外側を向く．トラックを周回するトレーニングを続けることで，下肢の各関節に回旋ストレスが加わって，スポーツ障害が発生することが予測されるであろう．また，道路を走る場合，通常排水の目的で両端が中央より低くなるため，外側の下肢の外側が伸張されやすくなる．ロードランニングで一側の腸脛靱帯炎が起こった際には，道路の傾斜についても考えてみることが必要であろう．

ストップ動作
カッティング動作
ジャンプ
着　　地

　同じランニングを行う競技でも，バスケットボールではストップ動作，方向転換のためのカッティング動作 (cutting maneuver)，ジャンプ (jump)・着地 (landing) など多彩な動きがあり，スポーツ外傷・障害の発生する率は格段と高くなる (表 2-4)．ハンドボール選手が方向転換をしようとすると，直線方向から逸脱する動きで簡単に膝 ACL 損傷に陥ることがある．サーフェイスとの衝撃だけでなく，シューズと床面の摩擦力も大いに問題になる．陸上競技，サッカー，ラグビーなどでスパイクシューズを履く種目がある．これはサーフェイスとのコンタクトや摩擦力をさらに高める目的であるが，ピンが芝に絡んだり，自分や他者の身体に外傷を負わせる危険もある．

着地動作

骨性支持

　着地動作では，下肢関節を十分屈曲して衝撃を干渉できるような下肢筋群の伸張性収縮の要素が重要になる．筋力低下があったり，下肢伸展位での着地では骨性支持が大きくなり，関節面への負担が高くなることによる疾患，骨自身に衝撃を与えて疲労骨折に陥ったり，ACL 断裂が発生しやすくなることが知られている．

股関節のスポーツ外傷・障害

　股関節のスポーツ外傷・障害は比較的少ない．足関節についてみれば内反捻挫による靱帯損傷がたいへん多いが，不整地でのランニングで捻挫したり，異物を踏みつけたりして損傷することが多い．またストップ動作でサーフェイスが滑りすぎたり，摩擦が強すぎたりして捻挫することも多い．足部は全体重が加わるため，使い過ぎ症候群や誤用症候群が

たいへん多くなる．

2) 腰背部の動作

体幹は姿勢を保つための主要な機能を果たしており，腰部への体重負荷は想像以上に大きく，中年以降のX線写真にみられる変形性脊椎症をみても，人の起立作業がこの部位にいかに過大なストレスをもたらしているかがよくわかる．したがって，腰背部のスポーツ外傷・障害重力下で行われるスポーツのおおよそ全てで発生の危険が否定できない．

同じ動作を長時間にわたって継続することで生じる長距離ランナーの腰痛は多い．また，体幹の急激な屈伸のある多くの競技（バレーボール，バスケットボール，器械体操ほか）で腰椎捻挫や急性腰痛が発生する．さらに，過大な負荷が加わることで腰椎椎間板ヘルニアも発生する．サッカー選手ではスポーツヘルニア（鼠径ヘルニア）も問題になることがある．

> 腰背部のスポーツ外傷・障害

3) 上肢の動作

投球動作（オーバーヘッドスポーツ）があるスポーツ種目は注意が必要であり，スポーツ外傷・障害の問題もたいへん多い．肩関節の外傷・障害は多く，腱板損傷にみられるように多彩な症状が現れる．近年は肩関節のみでなく肩甲帯という概念で，肩甲骨との協同的な動きが再び注目されている．さらに，投球自体を上肢の動作のみで捉えるのではなく，体幹や下肢を含めた身体全体による動作として捉えようとする傾向が強くなっている．また，肘関節，前腕，手関節，手指，いずれもスポーツ外傷・障害の多い部位である．アイスホッケーを例にとると，滑ること，上肢でスティックを操りパックを打つこと，身体での接触などさまざまな身体動作が含まれていることがわかる．一方，陸上競技の長距離選手では一見，上肢の問題はないように思われるが，胸郭出口症候群にみまわれることもある．これは腕振りの連続によるスポーツ障害の一つであろう．

> 投球動作
> 肩関節のスポーツ外傷・障害

4．スポーツ外傷・障害の発生機序の分析

スポーツ理学療法を行う際に，スポーツ外傷・障害がなぜ発生したのかを捉えておくことが重要である．これが理学療法の過程，ひいてはスポーツ復帰後の再発予防にたいへん役立つのである．

身体にどのような物理的ストレスが加わるかの予測が，スポーツ外傷・障害の発生機序の分析に多く使われる．このためには，身体に加わ

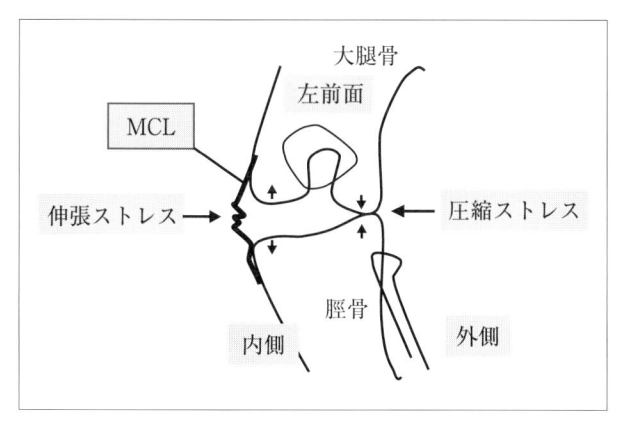

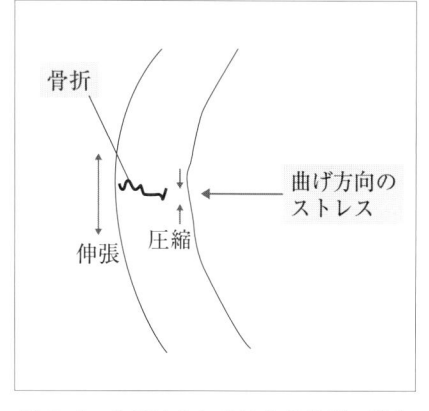

図 2-3　MCL 損傷の発生機序　　　　図 2-4　曲げストレスによる骨折の発生

物理的ストレス　　　る 5 つの物理的ストレスを理解することが必要である．すなわち，①伸張（stretch, elongation），②圧縮（compression），③曲げまたは屈曲（bending），④回旋（rotation），⑤剪断（shear）の各ストレスである．身体の各組織はこれら単独のストレスに対しては比較的強い構造をとっているが，複合した外力に対してはたいへん脆弱な面も有する．これら5 つの応力のいくつかを組み合わせると，どのようなストレスが加わってスポーツ外傷・障害が発生したかを理解することができる．

1）伸張ストレスによる損傷

靱帯損傷，筋損傷などが伸張による損傷の代表的なものである．膝MCL 損傷は足底が床面に接触した CKC で，膝関節を外反（valgus）することで伸張され破断損傷する（図 2-3）．肘関節の MCL 損傷も同様である．投球動作での肘関節外反の連続により伸張ストレスが反復したり，手をついて体重を支えた際に，肘関節に外反力が加わることで発生する．

伸張ストレス

2）圧縮ストレスによる損傷

圧縮ストレス　　　CKC では身体の各部に体重が圧縮ストレスとして加わる．ランニングやジャンプ着地では体重がさらに大きなストレスとなる．椎体の圧迫骨折は骨への圧縮ストレスの結果である．骨傷（bone bruise）といって，膝 ACL 損傷に際して膝くずれ（giving way）を起こした際の関節軟骨面への圧縮ストレスや，衝突の結果として MRI 画像上で損傷が確認される場合もある．中高年にみられる変形性関節症（OA：osteoarthrosis）も，関節軟骨面に繰り返して体重を含めた圧縮ストレスが加わることで発生する．変形性膝関節症（膝 OA）でみられる O 脚変形（O-bein deformity）は圧縮ストレスの反復の結果である．前述の MCL 損傷では

膝くずれ

変形性関節症

O 脚変形

図2-3のように膝関節の内側では伸張ストレスが発生してMCLが伸張されるが,膝関節の外側では圧縮ストレスが生じている.MCL損傷が発生した際に外側半月板損傷が合併したような場合,圧縮ストレスによる発生機序が想像できる.

3) 曲げ（屈曲）ストレスによる損傷

曲げストレス　　身体組織に曲げストレスが加わると,一方では伸張ストレス,その反対方向では圧縮ストレスが生じる.さまざまな骨折がこのような曲げストレスによる発生機序をとっている（図2-4）.高齢者にみられる椎体の圧迫骨折では,背筋の脆弱化により身体の屈曲（前傾）が強くなり,椎体前方が圧壊することが考えられる.また,骨粗鬆症で脆弱化した椎体に,くしゃみや咳などで強い腹筋収縮が急激に起こり,椎体前方に圧縮ストレスが加わって発生することもある.

4) 回旋ストレスによる損傷

蝶番関節　　膝関節は屈曲と伸展ができる一軸性の蝶番関節（hinge joint）である.CKCで膝関節に過剰な回旋ストレスが加わることで,ACL損傷や半月
回旋ストレス　板損傷が発生する.半月板損傷は回旋ストレスと圧縮ストレスの複合ス
圧縮ストレス　トレスによる損傷と考えるとわかりやすい.また,MCL損傷は膝関節の外反力が強制され発生する伸張ストレスに加え,下腿の外旋による回旋ストレスが加わると,さらに伸張されやすいことが知られている.

5) 剪断ストレスによる損傷

ずり応力　　剪断力というのは身体に横向きのずり応力,あるいはずらしの力を加えることをいう.だるま落としや青竹を日本刀で切断するようなイメージである.鞭打ち症にみられるような頸椎捻挫の発生機序や脳振盪など
剪断ストレス　は,代表的な剪断ストレスによる損傷である.

■ 5. スポーツ外傷・障害の発生要因

スポーツ外傷・障害の発生要因として,トレーニング要因,環境要因,個体要因の3つの因子があげられており,わかりやすい分類である.これらの要因が単独でスポーツ外傷・障害を惹起するというよりも,よくよく考えると複数の要因が絡み合って発生していることに気づかされることが多い.スポーツ復帰後の再発予防という視点からも,その疾患がなぜ発生したのかを知っておくことは重要である.

1) トレーニング要因

トレーニング要因

　練習，試合，トレーニングの量が多過ぎると，スポーツ外傷・障害が発生しやすくなるのは容易に想像できる（表2-5）．しかしながら，同じトレーニング量でも問題が生じないような人もいる．そのためには，後述する個体要因との関係で考えるとよい．また，トレーニングの質が高すぎることも，外傷・障害の要因になることが想像できよう．

腹筋強化運動

　練習やトレーニングの方法が間違っているときにもスポーツ外傷・障害が発生しやすくなる．誤ったトレーニングということでよく目につくこととして，腰痛の予防や治療のために，腹筋強化運動として起き上がり運動（sit up）をして，かえって腰痛を悪化させるようなことが多い．これは腰痛の人は腹筋が弱いという単純な考えによる悪弊であろう．腹筋運動でいったん腹筋を緩めて背臥位をとると，生理的な腰椎前彎の位置におかれ，そこから一気に起き上がり動作を開始すると，腰椎前彎が急激に消失する．腰痛をもった状態でこのような大きな関節運動を行うこと自体，炎症を再燃させてしまうことは十分考えられる．したがって，腰椎前彎を出さない状態で起き上がり運動を続け，持続的に緊張した背筋群を伸張，リラクセーションさせることで有効な運動を行うことになる．

　トレーニングの量も質も問題はなさそうでも，スポーツ外傷や障害が起こることもある．たとえば試合が続いて十分な休息がとれず，疲労が蓄積したような状態である．このような場合は，慎重にトレーニングを進めていく．このようにトレーニングを進めるなかで，スポーツ外傷・障害に陥らないようにするためには，表2-6のように身体のコンディションのチェックを怠らないことが必要になってくる．選手には練習ノートの一環としてコンディショニング記録を渡し，毎日記録すること

表2-5　トレーニング要因

- トレーニングの質と量の問題．
- 誤ったトレーニングでの外傷発生は多い．
- トレーニング，休息，栄養のバランスが重要．
- 過度なトレーニングの戒め．
　例：野球における連投の禁止，投球数の制限．
- 同じ練習をしても外傷発生を起こすものとそうでないものがいる．
　なぜ－－－？

表2-6　コンディションの管理

スポーツ外傷の予防にコンディショニングのチェックはたいへん重要．
- 毎日チェックする項目：体重，睡眠時間，やる気，基礎体温，安静時脈拍
- 変化があればチェックする項目：月経
- 定期的にチェックする項目：血液検査（貧血），心理検査，血圧

表 2-7　環境要因とその整備

スポーツ選手をとりまくあらゆる物理的な環境に配慮し整備することが大切である．
- 天候に関するもの：気温，湿度，WBC，風雨，降雪，など．
- 路面の状態：不整地，芝生，傾斜地，階段，コンクリート，異物，ぬかるみ，積雪，などで衝撃，摩擦係数が異なる．
- 用具の整備：シューズ，ウエア，防具，装具，用具，器具，など．

表 2-8　個体要因

- 体力（筋力，柔軟性，持久力，瞬発力，巧緻他）が低いと外傷が発生しやすい．
- 姿勢が悪いと外傷が発生しやすい．
- 下肢アライメントが悪い（mal-aligment）と外傷が発生しやすい傾向．

で自己意識の向上にもつながり，結果としてスポーツ外傷・障害の予防に役立つ．

2）環境要因

スポーツ外傷・障害の予防や再発予防に，表 2-7 に示したような環境面の内容とその整備はたいへん重要である．

まずスポーツ用具としてシューズの選択を適正に行いたい．シューズはスポーツサーフェイスとの関係でクッション性，摩擦力，足部の保護機能，保温性，放湿性，防水性，重量，価格などを考えながら，スポーツに望まれる機能を搭載したものを選ぶことが肝心である．しかしながら，実際に履いて使用すると，思わぬ欠点が露呈することもある．場合によっては中敷き（インソール）に改良を加えることで，よりよい適応が得られることがある．ウエア，防具，サポーター，装具などもさまざまな視点から条件を満たしたものを選ぶ．防具ではヘルメットなどの適合性や，それ自身に損傷がないものを選ぶことが大切である．

一方，スポーツを行うサーフェイス自体の整備も重要である．土のグラウンドでは整備が必要で，小石の始末，痛んだ芝の補修，ぬかるみの改修，地面の凹凸をなくすことなどを行う．体育館ではほこりで滑りやすくなっていたりしないように掃除に努めておく．さらに，気温や湿度，風，天候なども環境要因として配慮しておく．夏は熱中症や脱水症への配慮も必要である．

3）個体要因

個体要因への対応はスポーツ外傷・障害の発生の予防に際して，われわれがもっとも専門的な知識を発揮できる場面であろう（表 2-8）．

体重，身長，BMI（body mass index）などが適正であることは不可欠である．ねこ背や円背はオーバーヘッドスポーツでは不利な姿勢であ

る．筋力，持久力，柔軟性，パワー，平衡性などの体力要素に優れておくことも重要である．下肢アライメント（alignment）はスポーツ外傷や障害の発生と直接関連することも多い．マルアライメント（mal-alignment）があれば，正常な状態では十分に耐えられるような荷重ストレスにも耐えきれなくて損傷に至る場合がある．O脚，X脚，強すぎるQ角（Q-angle），squinting patellae（やぶにらみの膝蓋骨），frog eye's patella, patella alta（膝蓋骨高位），patella baja，反張膝，下腿内捻，扁平足，ハイアーチ（凹足），外反母趾などが代表的なマルアライメントである．とくにダイナミックアライメントでいわゆる knee-in & toe-out がみられると，膝ACL損傷の発生に関連したり，これとは反対の knee-out & toe-in では，足関節内反捻挫を起こしやすくなることがいわれている．

このような個体要因が関係して，疾患の男女差をもたらしていると思われる場合がある．オスグッド・シュラッター（Osgood-Schlatter）病は男性スポーツ選手に多いし，膝ACL損傷の約70％は女性であるといわれている．

4）その他の分類方法

内在的因子（intrinsic factor）と外来的因子（extrinsic factor）の2つに分けて考えるとよい場合もある．一般的に内在的因子には身体自体の問題として個体要因が含まれ，外来的因子には環境要因やトレーニング要因の部分が含まれる．

スポーツ外傷・障害が発生したときには，どのような要因や因子が関連したかを考える一方，どのようにすればスポーツ外傷・障害が予防できるかを考えるためにこれらは有効な資料になる．

6．スポーツ外傷・障害が身体に与える影響

1）筋力低下

スポーツ外傷・障害による筋力低下の問題は大きい．筋力低下にはいくつかの理由が考えられる．まず，損傷からくる疼痛による反射抑制（reflex inhibition）があげられる．靱帯，筋，腱，関節包などの損傷により，正常な反射が阻害されることにより生じる．図2-5 は左足関節内反捻挫を起こしたバレーボール選手である．左足関節周囲が隆起していることがわかる．この際，外果部のみでなく内果部にも影響が及んでいることに注意を要する．このような状態では，足関節や足部，視診で

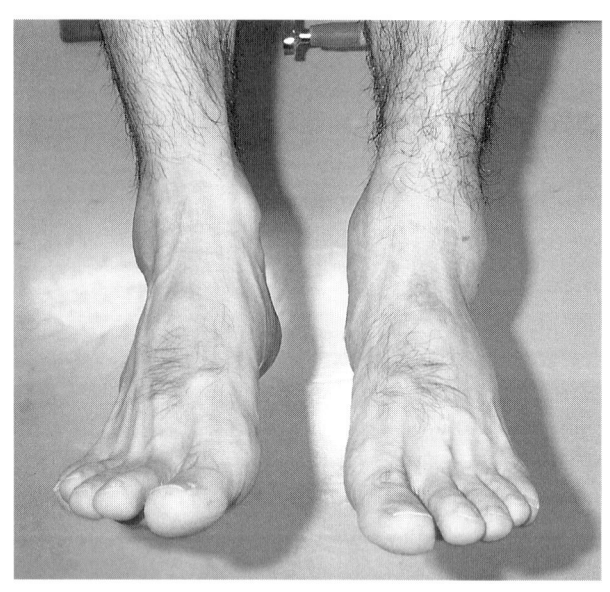

図 2-5　左足関節内反捻挫

も足趾伸筋腱が皮膚上から見えにくくなっていることがわかる．さらに，前脛骨筋や後脛骨筋，腓骨筋群，腓腹筋にもそのような状況が観察される．腫脹が起こると反射抑制が現れやすいが，下腿周囲の周径を注意深く測定しつつ，腫脹と筋力回復の関係を観察するとよい．

　筋損傷では急性期の安静時でも筋緊張が一時的に高まることが多いが，その後には正常な筋と比較しても明らかに低緊張状態が続く．さらに，スポーツ活動の中止や制限により筋へ適正な負荷量が加わらず，負荷量が過負荷（overload）に満たないと筋萎縮（muscle atrophy）による筋力低下が生じる．

筋萎縮

クレアチンホスホキナーゼ

　筋損傷の急性期に筋の破壊物質であるクレアチンホスホキナーゼ（CPK：creatine phosphokinase）が排出されるような期間は，新たな筋力強化トレーニングの効果が出にくいことが考えられる．CPKはオーバートレーニングを客観的に捉える指標にもなる．疼痛のある場合は，正常な反射に抑制的に働くため，無理をしてトレーニングしても，絶対に筋力が回復しないことを選手に知らせる．

過負荷の原則
マッスルセッティング

　患部トレーニングは過負荷の原則（overload principle）に準拠して，マッスルセッティング（muscle setting）などの等尺性収縮によって，筋萎縮を最小に留めたいものである．一方，このような運動制限があるうちに患部外トレーニングによって，ふだん弱点になっているような筋をトレーニングして強化しておくことは重要である．

2）関節可動域（ROM）の低下

ギプス固定によって損傷部位の安静や治癒が促進されるが，固定肢位，期間，損傷程度によってはROMの制限がもたらされることが多い．制限の原因になっている組織を評価で確認し，正常なROMを獲得する．筆者は当初，ROMトレーニングと筋力トレーニングを並行して行っていたが，最近はどちらかというと正常に近いROMを確保してから筋力トレーニングを開始している．肩関節を例にとると，十分な屈曲が得られず，90°程度で制限がある場合，仰臥位ではその範囲で等張性の穏やかな筋収縮は行わせるが，座位では行わせない．重力と腕の重さを支えようとして，三角筋や場合によっては僧帽筋や肩甲挙筋などが働き，肩甲帯の挙上による代償が現れるからである．いったん身につけたこのような癖は容易に改善することができないことが多い．そのため肩関節では130〜140°の屈曲角度を確保した後に，抗重力位での筋力トレーニングを積極的に行う，というような治療戦略を選択している．

ROM制限のある足関節は，一般に外転していくことを知っておく．スポーツ選手が足関節捻挫を起こした場合，このような状況は一般的にみられるが，痛みが少ないからといってこれでスポーツ復帰してしまうと，背屈制限による足部外転が定常化してしまう危険がある．また，足関節を背屈できないことで，結果として構えの位置で重心が高くなってしまう（図2-6）．

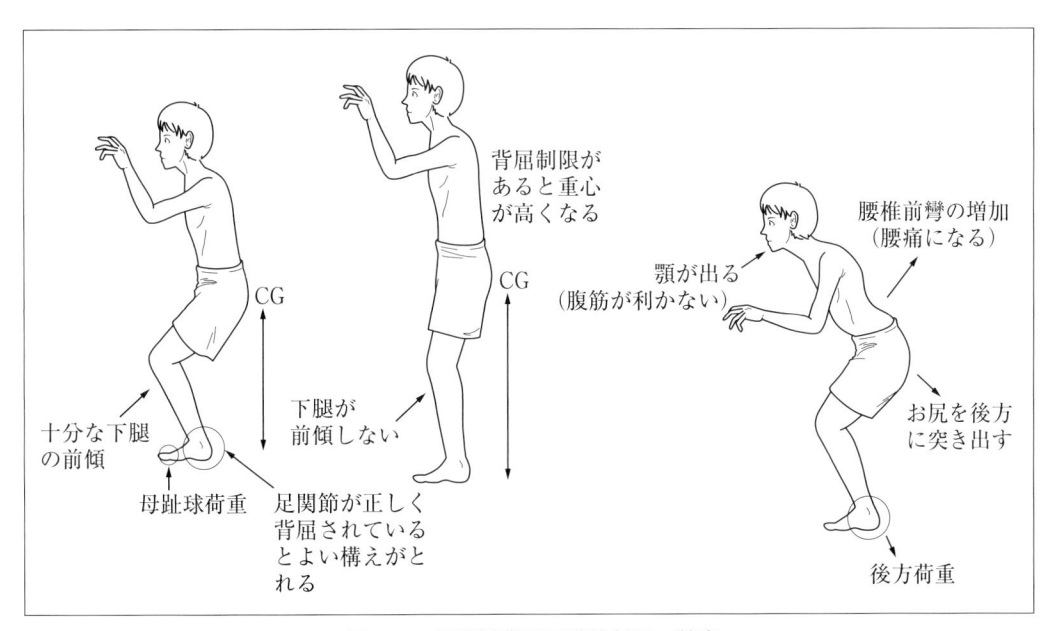

図2-6 足関節背屈可動域制限の弊害

3）持久力の低下

持久力低下　　　運動制限が起こると，持久力が低下するのは自明の事実である．ランナーがこのような状況に陥ると心理的にもうつ状態が強くなる．免荷が
固定自転車　　必要な場合には，固定自転車や水中運動が推奨される．水深が乳頭レベ
水中運動　　　ルになると体重は約80％免荷されるため，水中歩行はたいへん有用である．上肢の損傷の場合は，ビート板につかまりキックのみを行ったり，下肢の損傷ではプルのみで泳ぐことなどを行わせると，全身運動になり効果的である．ランナーの場合は，運動制限がオーバーウエイトや肥満を招くことが多く，これも配慮すべき問題である．

運動感覚の低下　### 4）運動感覚の低下

　下肢の損傷では歩行やランニングが制限されたり，上肢の損傷では投球動作が制約を受ける．このような身体全体を使った運動ができなくなることで，その後の回復には相応の時間が必要になることが理解できる．

5）心理的影響

　スポーツ外傷・障害により戦列から離れるとポジションを失ってしまう．それを恐れて，不調を隠してスポーツを続けて，症状をさらに悪化させてしまうことも多い．高校野球の有名校ではポジション争いも激しく，怪我をして特待生の権利を失い，場合によっては退学してしまうようなケースもある．怪我による選手の不安感はたいへんに大きい．この状態は社会問題としても捉えるべきで，質の高いスポーツ医療機関の存在意義がさらに問われるところである．

7．スポーツ外傷・障害の多い部位

　スポーツ外傷・障害の多く発生する身体部位を知っておくことで，予防策を含めたさまざまな戦略（strategy）を準備することができる．

足関節　　　　スポーツ外傷・障害の発生が第一に多い部位は足関節である．足関節
足関節内反捻挫　内反捻挫（ankle inversion sprain）は，単独の診断名でもスポーツ外傷・障害のなかで，もっとも多いことが知られている．足関節外転位で発生する遠位前脛腓靱帯の断裂もみられる．さらに足関節周囲ではアキレス腱断裂，アキレス腱周囲炎，腓骨筋腱脱臼などがみられる．

膝関節　　　　発生部位の第2位は膝関節である．膝関節の靱帯損傷ではACL損傷
ACL損傷　　　がもっとも多く，MCL損傷，PCL損傷と続く．LCL損傷はスポーツ外

傷ではきわめて少ないが，腓骨神経麻痺（peroneal nerve palsy）を伴うことがあり注意が必要である．半月板損傷（meniscus tear）や膝蓋腱炎（patellar tendonitis），膝蓋大腿関節（PFJ：patellofemoral joint）症，膝蓋骨（亜）脱臼（patella（subluxation）dislocation）なども比較的頻繁にみられる．以前は原因不明の膝関節の痛みを膝内障という診断名で総称することも多かったが，MRI（magnetic resonance image）と関節鏡（AS：arthroscopy）の発達によりこの診断名は少なくなった．

MRI
関節鏡
肩関節

次は肩関節と腰部がほぼ同数で第3位と4位ということになる．足関節，膝関節，腰部に関する疾患はあらゆるスポーツでみられるが，肩関節疾患はスポーツ種目による特徴が明らかである．とくに投球動作が主になる野球を中心にしたオーバーヘッドスポーツでは当然，肩関節周囲の問題が多くなる．肩関節では腱板損傷，肩関節（亜）脱臼，動揺性肩関節（loose shoulder），肩関節唇損傷，SLAP損傷，Bankart損傷，肩鎖関節（AC joint）損傷など多くの疾患がみられる．

腰部

腰部ではいわゆる筋・筋膜性腰痛症が多く，腰椎椎間板ヘルニア，腰椎分離症，腰椎すべり症，腰椎捻挫による急性腰痛症などがみられる．

それ以外では，足部，下腿，大腿，股関節，骨盤，背部，肘関節，手関節，頸部，頭部，顔面などのいずれにもスポーツ特有の外傷・障害がみられる．

手指

医療機関を受診しない手指の切創や捻挫（突き指）などは実際にはもっとも多い．突き指は相当に受傷部位の腫脹が激しい場合でも，選手の経験的判断で放置されることがあるが，骨折や靱帯損傷を伴うこともあり注意が必要である．手指の遠位指節間（DIP）関節の伸展は，指伸筋に加え骨間筋と虫様筋によって行われるが，DIP関節背面で終伸腱が断裂するとDIP関節は屈曲したままとなり，随意的な伸展が不可能となる[1]．

8．成長期のスポーツ外傷・障害の予防

1）成長期のスポーツ

成長期のスポーツ外傷・障害の予防の重要性については論を待たない．将来のある子どもたちの成長をスポーツによって助長することが本来であり，スポーツによって心身に取り返しのつかないようなダメージを与えてはならない．成長期のスポーツ外傷・障害の予防でもっとも端的に訴えられたのは，野球肘の予防であろう[2]．勝利至上主義のもとで投手が連投を重ね，骨軟骨損傷を起こしてしまう野球肘の予防について

野球肘

は，投球数の制限などを提言することで一定の成果が得られている．

成長曲線　　　　　成長期は人生の比較的早い時期に一度しかないということは誰でも認識している．図 2-7 は身長の伸びを示した成長曲線である．この図を参考にすると，成長期にある子どもの 1 年当たりの身長の伸びがわかれば，最終的な身長がおおよそ推定できる．女子は年間の伸びのピークが 10 歳（小学 4 年生）頃にあるが，男子はそれより 3〜4 年遅れ 14 歳頃（中学 2 年生）である．そして，身長の伸びは女子では 16 歳，男子では 17 歳頃には止まってしまう．個人差が当然あるが，このような体格の変化で選手が成長期のどのような位置にあるのかをとらえることが必要である．成長期にはこの時期にふさわしいトレーニング目標があるし，行わないほうがよいようなトレーニング内容もある．

筋力トレーニング　　たとえば筋力トレーニングはいつ頃から行えばよいのかという議論がある．身長などの発達によって筋も発達するが，女子選手では中学後半，男子選手では高校からの筋力強化が望まれる．これによって，強い当たりや高いジャンプ，きれのよいさまざまなステップ動作などが可能になっていく．逆に，身長の伸びが続いているうちにあまりに筋を酷使し，結果として筋緊張が高まった結果，大腿直筋の短縮による問題が生じたり，上前腸骨棘の裂離骨折を起こすような場合もある．力強い筋力はスポーツ外傷・障害の予防にも役立つ．

表 2-9[3]にさまざまな競技レベルの女子バスケットボール選手の筋力の比較を示す．一般に体重の増加と筋力の増加は関係するが，女子中学生と大学 2 部の体重当たりの筋力に大きな差がないことがわかる．しかし，大学 1 部や実業団 1 部の体重当たりの筋力は明らかに高い．これは，筋力トレーニングと関係しており，積極的に行わなければ中学生程度の

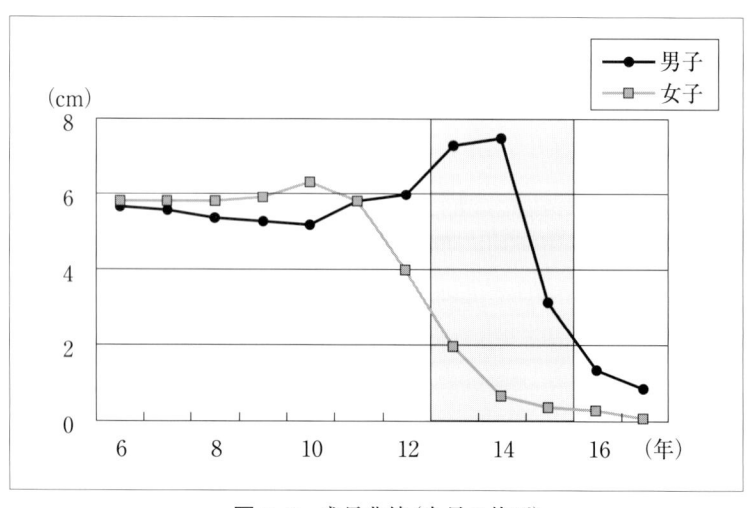

図 2-7　成長曲線（身長の伸び）

8. 成長期のスポーツ外傷・障害の予防

表 2-9 女子バスケットボール選手における筋力の比較

	a. プロフィール				b. CYBEX 測定値（単位：ft·lbs）			
	例数(名)	年齢(歳)	身長(cm)	体重(lbs(kg))	60°/sec		180°/sec	
					伸展	屈曲	伸展	屈曲
大学1部	9	19.7±0.5	169.8±7.5	143.3±16.6　(65.1)	145.7±13.6	84.8±11.1	92.1±11.0	66.2±9.8
大学2部	22	19.6±1.3	162.5±7.9	125.9±12.1　(57.2)	103.2±16.5	60.6±12.9	66.5±10.2	49.1±7.7
実業団1部	12	19.2±1.7	170.4±6.6	142.5±16.1　(64.8)	132.1±20.7	76.7±13.7	82.2±11.1	57.5±8.7
ACL群	50	22.7±6.1	159.5±7.2	118.3±18.8　(53.7)	98.3±20.1	58.5±14.0	51.5±11.5	40.2±9.3
女子中学生	47	12.8±0.5	153.9±4.4	100.4±15.8　(45.6)	78.5±14.0	44.1±10.1	47.0±9.1	32.6±7.3

表 2-10 成長期に起こりやすいスポーツ傷害

- 野球肘
- オスグット・シュラッター病，膝内障
- 大腿骨離断性骨軟骨炎（OCD），円盤状半月
- 腰椎分離症
- 有痛性外脛骨
- 中足骨疲労骨折
- シンスプリント（脛骨過労性骨膜炎）
- 足底筋膜炎，アキレス腱周囲炎
- 踵骨骨端症
- 下前腸骨棘裂離骨折

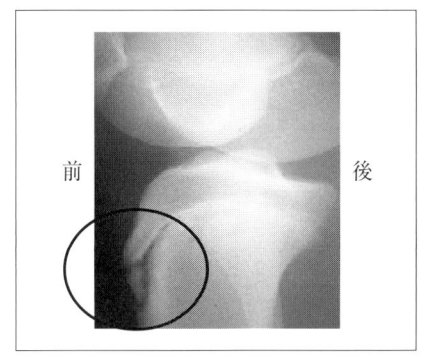

図 2-8 オスグッド・シュラッター病

筋力でバスケットボールを行っていることになる．膝 ACL 損傷を起こした女子バスケットボール愛好家の非損傷側（健側）が，やはり女子中学生と同じ程度の体重当たりの筋力を示していることからも，このような損傷と筋力の大きさの間には因果関係があるのかもしれない．

2）成長期にみられるスポーツ傷害

離断性骨軟骨炎

(1) 離断性骨軟骨炎

表 2-10 に成長期に多くみられるスポーツ傷害を示した．野球肘は離断性骨軟骨炎（OCD：osteochondritis dissecans）の代表的なものである．リトルリーグエルボーにみられるように，小学校の早い時期から野球を始めた少年が，中学入学前後から肘関節の疼痛を訴えるようになる．ROM 制限がみられるものでは離断性骨軟骨炎や関節鼠に至る者もあり，手術を行う場合もある．肘関節の故障を押して投球を続けた結果，今度は肩関節に疼痛を訴える場合も多い．中学生の場合，トレーニングは週3日以内，1日2時間を超えない程度といったように限度を定

リトルリーグエルボー

オスグッド・シュラッター病

める必要がある（野球のピッチャーの例では，1日70球以内，週350球以内）．

図2-8はオスグッド・シュラッター病のX線写真である．大腿四頭筋の緊張に発生しやすいと考えられている．一般に男子選手に多く，通常は膨隆した脛骨粗面部の疼痛は落ち着いてくるが，成長後に疼痛が続く場合は，手術によって膝蓋腱の付着部に遺存する骨を掻破することもある．

その他のOCDは足関節，大腿骨などに発生するものがある．関節軟骨の自己再生能力には限界があり，軟骨新生のための再生医療は進展してきたが，やはり予防が第一であることになる．とくに成長期に軟骨損傷を起こすと，一生に亘って障害が残存する可能性が出てくる．円盤状半月は活動が活発な少年に10歳頃からみられる．外側半月板に多いがO型ではなく，半月板全体が組織で充填されており肥厚している．膝関節に痛みを訴えた場合，X線の単純撮影で関節裂隙部が拡大していることで予測がつく．関節鏡手術で半月板形成を行うことで問題はなくなることが多い．本来，多くの円盤状半月があると予想されるが，活動性が高く，疼痛を訴えた場合にのみ問題になる．しばしば両側性にみられる．

腰椎分離症

（2）腰椎分離症

腰椎分離症（図2-9）は先天的な椎弓の癒合不全とも考えられるが，小学校高学年から中学入学前後に訴えた腰痛で，X線像でみつかることがある．この場合は疲労骨折（stress fracture）の疑いが強く，数カ月コルセットなどで腰椎部の固定・安静をとることで癒合する場合がある．女子選手で，バレーボール，テニスなどで腰部の屈伸，回旋を多用する場合に多いようである．

有痛性外脛骨

（3）有痛性外脛骨

有痛性外脛骨（図2-10，2-11）は後脛骨筋の付着部である舟状骨結節

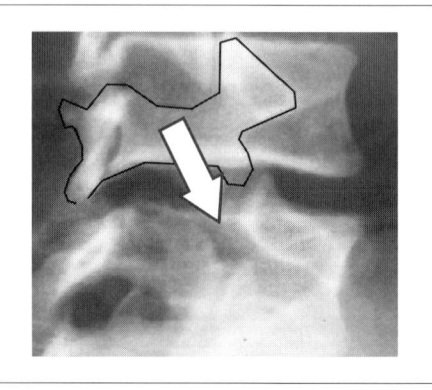

図2-9　腰椎分離症

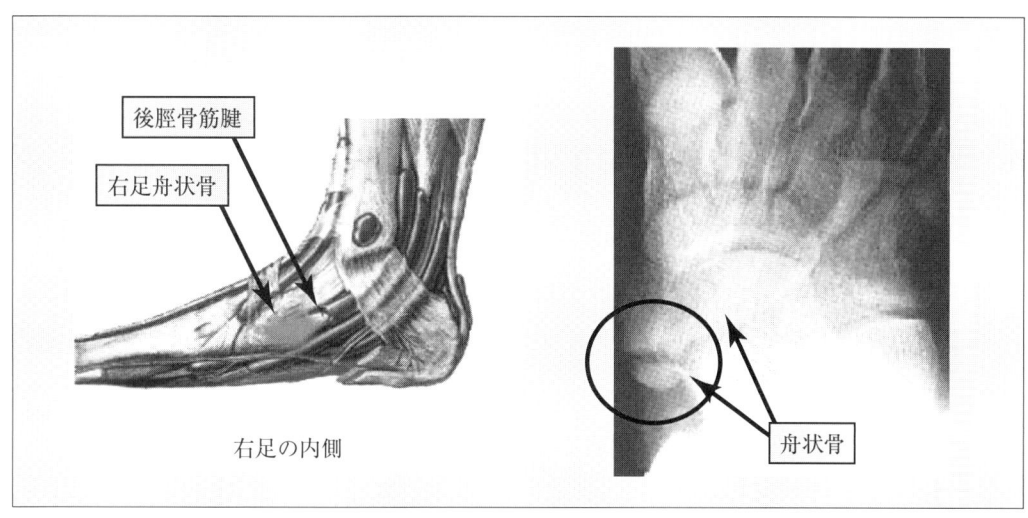

図2-10 有痛性外脛骨

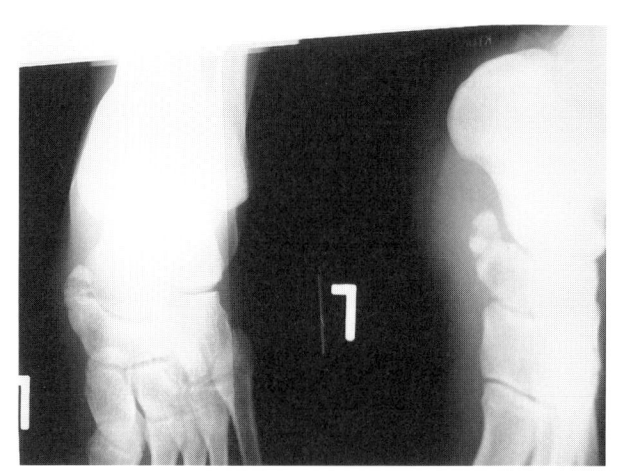

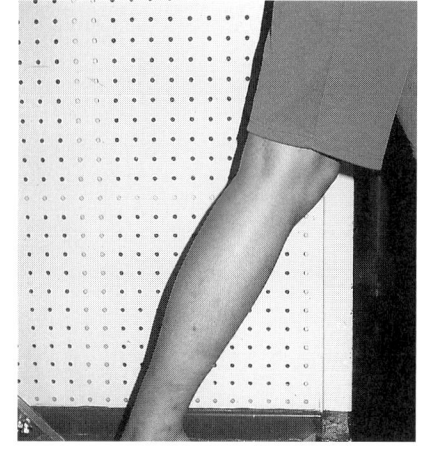

図2-11 有痛性外脛骨　　　　図2-12 足関節背屈のストレッチング

部が膨隆し，疼痛を訴える．オスグッド・シュラッター病と同じように，筋緊張が高いことで発生することが考えられる．扁平足傾向にある人に多いともいわれているが，筆者は足部内側縦アーチが高い選手にも多く認めている．シューズの内側カウンターと接触したり圧迫されることで，なかなか疼痛がとれない場合もある．疼痛がひどい場合には手術で遺存骨を除去することもある．

（4）疲労骨折，脛骨過労性骨膜炎

疲労骨折　　種々の疲労骨折も成長期に多くみられる．対処法としては，3～4週間の運動中止，運動量の制限，靴の選択などが考えられる．予防法としては，使い過ぎ症候群によるストレスが原因なのでこれを改善すること，環境の整備，正しい基本動作の習得などがあげられる．圧倒的に下

肢の骨に多く発生し，脛骨，腓骨，中足骨に多い．ときに距骨，大腿骨，上腕骨（投球骨折）にもみられる．小学生の身長が伸びている頃は，直達外力でいわゆる若木骨折（green stick fracture）が発生することが知られているが，疲労骨折は骨成長がある程度完成してくる中学生以降，成人にまでみられる．成長期に限らないが，脛骨過労性骨膜炎（シンスプリント shin splint）も多くみられる．使い過ぎにより，脛骨の骨膜に疼痛を訴える．疲労骨折との因果関係も考えられている．これらの疾患には，下腿三頭筋の柔軟性を維持・改善するために足関節背屈のストレッチングを行うことを習慣化する（図2-12）．

若木骨折

脛骨過労性骨膜炎
シンスプリント

足関節背屈のストレッチング

　心身を健康に成長させるためにスポーツの重要性が謳われてきたが，最近，スポーツ嫌いの子どもが増えたり，スポーツ離れが進行し，結果として低体力の子どもが増加している．このように子どもに体力がないままであると，虚弱高齢者の増加につながり，結果として医療費の高騰，QOLの低下という社会・経済的な問題にもつながる．成長期の特徴を知ることで，障害の予防に加え，競技能力の向上を図ることはもちろんだが，これら低体力の子どもたちへの対応についても目を向けていく必要がある．

●文　献

1) 中村隆一，斉藤　宏：基礎運動学　第4版．医歯薬出版，東京，1992，pp.200-203．
2) 石塚明温，浦辺幸夫ほか：野球による離断性骨軟骨炎の成因に関する研究．臨床スポーツ医学，**2**（増刊）：92-95，1985．
3) 浦辺幸夫ほか：スポーツ選手の筋力増強訓練．PTジャーナル，**23**：763-769，1989．

第3章
測定・評価・治療

1. 効果的な評価・治療を行うための戦略

evidence のあるスポーツ理学療法やスポーツリハビリテーションを行うために，目標をどのように達成するかという戦略 (strategy) が重要になる．治療は作戦といえるかもしれない．作戦や戦略を決定する (decision making) ためには，評価 (evaluation) がさらに重要になる．スポーツセラピストが選手の満足感を達成する (勝利を得る) には，評価，治療，再評価，目標達成という一連の流れを組み立て，実践できることが不可欠である (表3-1)．

1) 戦略と決定に基づいた治療プロセス

戦略

決定

戦術

戦略とは治療でいえば効果を出し，患者に満足感を与える方法全体を指す．どのように患者を診ればよいか，どのように治療をすれば効果が出るのかということである．決定とはどのような手段を選択するのかを指す．具体的には戦術 (tactics) によって決定された治療が展開されると考えればよい．いかに効果的な理学療法を行うかが問われており，効果的ということは「よく治る，よく治す」ということである．戦略は通常は勝つための方法のことであるが，「どうやって治すかという一連のアプローチ」として解釈していただくとわかりやすい．戦略には知識と経験が必要である．決定にはこれに加え，さまざまな評価と分析が必要になる．戦略と決定は双方向で影響することが多い．PT 自身が臨床において演繹的思考態度を身につけることが必要である．

よく治すために必要なことを考えると，さまざまなことが挙げられるが，以下のようにまとめられる．

機能評価の重要性

① 現状の把握ができる．すなわち，適正な評価が行われることを示す機能評価の重要性を表3-2に，その中身と細部項目を表3-3に示す．
② 何をどうすればどうなるか予見できる．
③ 適切な治療手段をもつ．

表 3-1　スポーツリハビリテーションの考え方

1. person to person（1 対 1）の高品位なサービスをしているという自覚をもつ．
2. 有効な運動療法の技術をもつ→誰がみても納得できる方法で運動療法を行う．
3. 運動療法の技術に対して正当に評価できる．
4. 費用対効果についての意識を高める．
5. 運動療法の効果判定の手段（効果の評価システム）をもつ．
6. 患者の満足度に対する測定指標をもつ．

表 3-2　機能評価の重要性

1. outcome を求めるためにはどのような検査法や測定法があるか知っておく．
2. 検査法や測定法が客観的で普遍的であるという了解がとれていることを確認：さまざまな検査法や測定法について，その精度と検出力を知り，限界を把握しておく．
3. 新しい検査法や測定法を開発するための手続きを考える：テストの標準化．

表 3-3　機能評価の内容

1. 運動能力（パフォーマンス）の測定
   - 個々の器官のレベルで：関節の動き（可動範囲，筋力），痙性（Ashworth）
   - 動作のレベルで：下肢・上肢・体幹・全体などでの運動分析，歩行（10m，6 分間），持久力，バランス（TUGT，FRT），片麻痺機能テスト（Brunnstrom，Fugl-Meyer Assesment，SIAS，MMAS）
2. 能力障害の測定
   - 動作技術の高さ，円滑さ：各種スコア（膝・肩・腰など部位別，疾患別，臓器別の機能評価法）
   - 基本的日常動作との関連：IADL，APDL，FIM，Barthel Index
3. 社会・心理学的な測定：患者の満足度の測定，行動変化の観察，改訂長谷川式簡易知能評価スケール（HDS-R），PGC モラールスケール，SF-36 などの普遍的心理テスト，疾患別心理テスト

表 3-4　評価・治療・リハビリテーション

1. 客観性のある評価法，治療法，治療効果の判定法を見出す．
2. 費用対効果を明らかにしていく．
3. 効果のある治療とない治療を選別し，効果を高める条件を見定めていく．
4. 一つ一つの手技の効果を確かめる．
5. 臨床研究を一層進めていく．

④　治療計画を作成できる．
⑤　治療計画を実施できる．
⑥　効果判定の手段をもつ．

これらを実践するために，きちんと適正な評価ができることが基本条件となる（表 3-4）．

2）評価の進め方

まず評価自体の意味を捉え，以下のような項目を含め進めていく．

①　適切な問診．
②　他部門からの適切な情報を収集，記録．MRI など画像診断の情報を医師から得ておくことが必要である．

③　受傷機序，受傷原因の把握．
　　④　理学的検査，理学療法的検査の実施．
　　⑤　主訴の確認．
　　⑥　ニーズとウオンツ，デマンズ（demands）の整合性の確認．
　　⑦　医師の治療方針との整合性の確認．
　　⑧　問題点の抽出．

3）疾患についての理解を進めておく

　評価を行う前に疾患についての理解があり，治癒過程を時系列的にイメージできることが必要である．医療システムをよく理解し，術前から選手に治療計画や注意点，リスクなどを説明するような教育をしっかり行っておく．そのためには，以下のような注意が必要である．
　　①　急性期，亜急性期，慢性期などの判断．
　　②　手術療法，保存療法によるメリットおよびデメリット，リスク，理学療法の差異の理解．
　　③　重傷度の判断による理学療法の進行度合いへの影響．
　　④　患者側の疾患や症状の理解，モチベーション，性格，疾病利得などを含めた観察．

4）評価を治療計画に結びつける

　評価に基づいて，理学療法上の理論に反しない治療技術・手技の実施を行う（表3-5）．
　　①　関節運動，筋力強化，多関節同時運動，アライメントや姿勢に応じた運動療法の選択．
　　②　モビリゼーション，抵抗運動，口頭指示，運動の支援・介助，重力下の運動の実施．

運動療法の処方　　さらに評価に基づいて，以下のような至適な運動療法の処方ができることが必要である．

表3-5　治療属性

良好な場合	不良な場合
・健康，QOLの改善 ・臨床効果のある方法や機器の使用 ・症状に応じた治療 ・方法の安全性 ・効果の予測と実測 ・治療者の競争	・治療内容のばらつき ・不適切あるいは間違った治療 ・疾病に限局した治療範囲とエンドポイント ・正しい治療に対するバリア ・健康に対する費用の制約

① 1日のなかでの運動の形態，回数，セット数，頻度，負荷量，運動の方向と速度，時間などの設定のための知識と実施．
② 1週間単位での必要治療回数の決定．
③ 10回の治療でどうなっているか，1カ月後にはどうなっているかという中期的な展望をもつ．
④ 治療計画を患者に説明し同意を得る．
⑤ 評価は治療効果の判定のみでなく，治療手技やプログラム内容の評価も含める．
⑥ 再損傷の予防：スポーツ外傷をきっかけに選手の予防意識を高めてもらうことも必要である．

5）目標設定の考え方

目標設定

中期目標
どのような疾患でも，評価のなかでまず中期目標の設定が重要になる．自分が治療に関わることで標準的な回復がどの程度期待できるかを中期目標に掲げ，期間を設定する．期間の長さはおおよそ1カ月から長くても3カ月というところであろう．このような1〜3カ月という期間での目標設定は患者（選手）にもわかりやすく，モチベーションも保ちやすい．たとえば，「大腿部の周径差を○○cm以内にしましょう」「ランニングスピードを80％まで上げましょう」などというような目標設定を行う．

短期目標
次に，中期目標達成のためには短期目標が形成されるのが通常である．大腿部の周径を増加させるためには筋力（あるいは筋肉）増強のためのエクササイズが不可欠であるが，効果的なエクササイズの至適運動のプログラムを処方した後でも，実際にエクササイズを行ったときに，疼痛や腫脹が生じてうまく進まないことも現実には多い．毎回の運動療法自体が短期目標を有したものであることが必要で，さらに1週間単位で目標を掲げ，到達度を確認していく．簡単に到達できた場合は，目標が低すぎたという誤りがあったのかもしれないし，回復を急ぐあまり組織自体の修復速度を超えていることも考えられ，この場合は注意を要する．短期目標の到達の積み重ねによって，中期目標の達成に至る．

長期目標
スポーツ復帰
以上の結果が，スポーツ復帰という長期目標につながっていく．ただし，選手の要望するスポーツ復帰はいかなるものであるかを明確にする必要がある．すなわち，スポーツ復帰にも幅があるということである．

競技復帰
スポーツ復帰を競技復帰あるいは試合への参加と捉える場合は，その競技の模擬的な動作が事前に獲得できていなければならない．再損傷の予防という視点から，普段の練習よりも試合のほうが身体への損傷のリスクは高くなると考えるのが通常であろう．そうすると，たとえば自家膝

蓋腱を使用した ACL 再建術後のスポーツ復帰を医師が 8 カ月と定めたバスケットボール選手の場合，どのような条件を満たした場合に復帰許可が得られるか，あるいはその復帰時期は果たして試合に出場してもよいということを指しているのかをきちんと確認しておく必要がある．8 カ月で試合に出場するとなると，選手はその最低 2 カ月程度前から試合を意識した練習に入るであろうし，そのような練習中に何かしら身体に有害なアクシデントが発生しないという保証はない．逆に，8 カ月のスポーツ復帰の内容が練習復帰であるならば，競技復帰にはさらに最低 2 カ月程度は必要になるであろう．表 3-6 にスポーツ復帰のためのプランをまとめた．

6) outcome assessment の考え方

毎回の治療のなかで，期待された効果を出し，それを定期的に反復していく．一定期間ごとに再評価を行う方法もあるが，治療のたびに行う方法もある．治療計画どおりに必要治療回数が実施できているかを確認し，問題があればその理由を考える．再評価を反復し，その結果の解釈を積み重ねていく．

治療効果の種類には表 3-7 のようなものがある．どのような種類の

表 3-6 スポーツ復帰のためのプラン

1. 明確なタイムコースに準じて治療計画を立てる．
2. 治療経過が計画と異なる場合，理由を明らかにし修正策を講じる．
3. 選手のモチベーションを確認しながら進める．

表 3-8 スポーツリハビリテーションの課題

1. アライメントとスポーツ外傷の関連：スポーツ外傷の予防にアライメントが役立つか
2. 関節不安定性とスポーツ動作の関係
3. 筋力がスポーツ動作に与える影響
4. 荷重・非荷重トレーニングの効果と欠点

表 3-7 スポーツ理学療法の治療効果

1. 効果なし，反応なし．
2. 悪化．
3. 瞬間的・即時的効果：1 回の治療で愁訴のかなりの部分が改善できる．
4. 短時間効果：一瞬効果がみられるが長続きしない．
5. 蓄積効果・階段効果：何回か治療を行っても効果がみられないが，さらに続けると効果がみられる．
6. 長期的効果
7. スプリング効果：同じ治療内容で効果が良くでるときとそうでないときがある．
8. ヨーヨー的効果：効果が一定期間で同じような経緯をたどり，同じような愁訴を繰り返す．
9. 投げ縄的効果，ダーツ的効果，ニッチ効果：あるポイントをねらって治療すると効果がみられる．
10. 振り子的効果：効果がでたりでなかったりする．

ものがあるかを注意深く分析することが治療におおいに役立つ．治療の効果がない場合や，むしろ悪化するような場合も，治療の影響なのか，それ以外の要素があるのかを含めて考える．

outcome assessment　　今後，outcome assessment は積極的に取り入れられ，outcome based もまた evidence based medicine の一部として重要な位置を担うことになると考えられる．outcome assessment の意味は（治療）結果の評価にある．これまでは治療成績を左右するものを評価のみに頼っていた傾向が強いが，outcome assessment では結果を含めて全体を評価する．また，結果の善し悪しは単に評価の延長線にあるものとして考えられたが，結果の測定をすることにより，次に行うべきことがさらに明快になる．その意味で outcome assessment は再評価の材料として好適である．

　検査は主観的対客観的，質対量というように常にその意味を考えながら進められる．主観的な結果の評価ツールの例としては，一般的な健康アンケート，疼痛の評価などに加え，社会心理学的な要素の検査，患者の満足度を測定することにも結びつく．すなわち，副作用に耐えうるか，効能があるか，効果がでたか，効率は，などである．客観的な結果の評価ツールとしては，リハビリテーションにおける高い技術対低い技術，筋力と持久力のテスト，脊柱の整形外科的テストと神経学的テストなど多くの項目が考えられる．ただし，たとえば脊柱の ROM について考えると，これが評価の妥当な形式かというと疑問をもたざるを得ない．すなわち，脊柱の各部位での ROM について測定する方法を確立することがスポーツ理学療法につながるし，客観的な評価，その結果として高い治療効果（outcome）を生むことになる．同じく，上肢と下肢の測定結果の対比，身体動作の測定，心血管系のフィットネステストなどについても類似した課題を含んでいる．

　outcome assessment は臨床的な検査へも応用できる．検査に基づく証拠を積み重ねた症例管理は重要である．記録によって選手一人一人の健康管理データベースを作成することも，スポーツ理学療法学では求められるようになるであろう．outcome に基づいた評価と治療は今後，重要性を増すことが考えられる．

スポーツ・リハビリテーション　　スポーツ・リハビリテーションの課題を**表 3-8** に示したが，このような内容を念頭におきながら，スポーツ選手の治療に携わり，高い outcome を得たい．

2. 評価のために検査・測定が備えるべき基本条件

1) スポーツ理学療法評価の基礎

　選手の評価を行う前に，検査・測定についての注意事項や評価の意義などについて十分な認識をもつ必要がある．疾患についての理解がないと，評価も不十分なものとなる．各疾患の特徴，共通概念，リハビリテーションの流れ，気をつけるポイントや要点，問題点，阻害要因とリスク管理などがキーワードのように整理されていることが必要であろう．たとえば，疾患の受傷機転，救急処置，医療（診断と治療），リハビリテーション，そして競技復帰と再発予防というなかで，各時期での注意ポイントとリスク管理ができることが必要である．とくに，スポーツ医療の範疇ではこのリスク管理を最優先する姿勢が必要である．

　例をあげると，足関節捻挫では背屈制限や腓骨筋の筋力低下が起こるのは当然である．また，膝関節の外傷では内側広筋の萎縮により大腿周径の減少が当然現れる．これらを評価で正しく検査・測定することが求められる．スポーツ外傷・障害の発生機序（toe-out & knee-in，下腿前傾，ベンチプレス症候群）と発生要因（個体要因，環境要因など）を区別できること，アライメントの矯正，外反捻挫，等々について，整形外科的な知識に加え，スポーツ理学療法（選手を安全に効率的に完全にスポーツ復帰させるという目標）の視点での理解が求められる．

　検査・測定では関節可動域（ROM）テストと徒手筋力検査（MMT）はもっとも常用されるが，疾患別に応用力を働かせて実施することも必要である．ROMテストでは角度計をもたないで目分量で表すことも通例的に認められるが，客観的に正確に角度計で測定しなければならないのは自明である．他の検査でも共通していえることであるが，ランドマーク（指標 landmark）になる身体部位を触診する習慣も重要である．

　MMTではグレードの設定が大雑把で，具体的な治療目標がグレード5の獲得というような曖昧さをもつため，種々の筋力測定装置などを用いながら，客観的に数値化した筋力値を示したいものである．筋の起始・停止，支配運動神経と支配脊髄神経レベルについても当然，知識をもっておく必要がある．そして，筋力と疾患に特有な他の整形外科的なテストを加えると検査の意味が大きくなる．たとえば，肩関節の腱板損傷でMMTとdrop arm signの関係を知るような場合である．

2) 問診ならびに基礎情報のとりかた

　問診では基本的に以下の項目について選手本人または基本情報から確

認し記録しておく．
① 患者(氏名，年齢，性別，エンボスナンバー，保険の種類)
② 場面設定(受診の経緯)
③ 問題リスト(選手が抱える主な問題)と主訴
④ 現病歴
⑤ 既往歴と家族歴
⑥ 選手背景(性格，生活環境，生い立ち，スポーツ種目，競技レベル，最高記録，受賞経験)
⑦ 途中発言(選手の立場から治療者に示したいことを1つか2つ具体的に)
⑧ 目標とする大会と希望復帰時期

SOAP 　記録はSOAP(subjective objective assessment)で書くとよい．症状
PQRST のPQRSTとして，
　　P (provocation, palliative)：症状を悪化・軽快させる要因
　　Q (quality, quantity)：症状の性質，量
　　R (radiation)：症状の放散の有無
　　S (severity)：症状の重篤度
　　T (time of day)：症状が特定の時間に起こるか
などに注目して記載すると価値ある情報となる．
　紹介された医療機関やスポーツPTに，患者の申し送りを行う習慣をつけることも大切である．

3) 評価の基本条件

評価の目的 　評価の目的を表3-9に示す．評価はよく計画されたものでなくてはならず，疾患に配慮した内容の検査・測定を選択する必要がある．測定では目的をもって定量的に事象を把握するための方法に従って実際の計測を行い，その結果を利用するという一連の流れがある．測定結果は基本的に数値や符号で表され比較される．図3-1にジャンプ能力を評価

キネマティクス分析 している場面を示すが，動作の評価にはキネマティクス(kinematics)
キネティック分析 分析とキネティック(kinetic)分析の2通りの面から分析を加える．キネマティクス分析はビデオなどでどのように空間のなかで肢節が時間的に変化を示したかを計測する．一方，キネティック分析はどのような力が肢節に加わるかを明らかにする．この両者で，運動が分析できることになる．このような測定は，①目的の明確化，②目的に合う方法の選択・決定，③具体的方法の考案，④計測の実施，⑤結果の表示，⑥解釈，

信頼性 ⑦応用，といった過程で行う．
妥当性 　検査・測定については信頼性(reliability)，妥当性(validity)が備わっ

2. 評価のために検査・測定が備えるべき基本条件

ていることが必要である．信頼性の構成概念は精度，再現性，内的整合性であり，妥当性の構成概念は内容妥当性，基準関連妥当性，構成概念妥当性である．検査・測定についてはこれに反応性（responsiveness）が加わることも必要であろう．検査・測定の際，備えているべき条件は**表 3-10** のとおりである．

反応性

精　度

数値は統計的に処理されるが，測定値を吟味する際に精度（accuracy）

表 3-9　評価の目的

1. 共通言語になりうる（患者-治療者，治療者間）
2. 現象の視覚化
3. 思考過程の表出
4. 対象を相対的・客観的に位置づける
5. outcome 判定
6. 記録
7. 基準値となる
8. データベース
9. その他

表 3-10　検査の備えるべき条件

1. 標準化されている
 ・正常値が明らかにされている
2. 尺度表示できる
3. 信頼性がある
4. 妥当性がある
5. 包括的である
6. パフォーマンスに基づく
7. 実用性がある

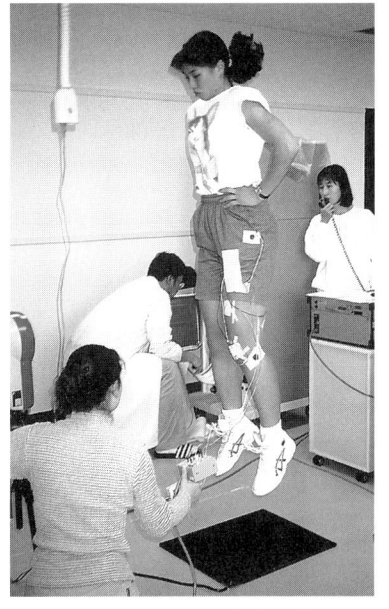

図 3-1　ジャンプ能力の評価

表 3-11　検査・測定のポイント

1. 事前に十分なオリエンテーションを行う．
2. 目的にあった検査・測定を選択する．
3. 疼痛，疲労へ配慮し，迅速・正確に行う．
4. 同一者が継続して行い，再現性が必要．
5. 同一条件で定期的に行う．
6. 無駄な動きを要求しない．
7. 最大値をとるか平均値をとるか工夫する．
8. 姿勢，肢位，軸などを明確にする．
9. 健側の測定を行う．

科学的，客観的，定量的，多角的，総合的に把握し，結果は正常値や標準値と比較する．

精密度 | の概念をもつと結果の取り扱いの意味を増す．すなわち，誤差の偏りが小さいほど精度が高く，バラツキが小さいほど精密度（precision）が高い．また，検査時にテスト-リテストの再現性，検者間の再現性，対象
再現性 | 者の日内・日差変動など，再現性（reproductability）を確認しておくことも同様に意味が大きい．

観察　　評価を始める際に，いきなり検査・測定を行うわけではない．まず，静的・動的・表面的・内面的・局所的・全身的な観察（observation）が行われる．**表3-11**に検査・測定のポイントを示した．

測定にあたっては平均値はもちろん重要であるが，それは参考的な数値としてみておくとよい．性別，年齢，生活習慣，スポーツの種類や競技レベルなどによって，大きな差が生じることを念頭におくことが必要である．どの測定を行うにしても，対象には身体的，精神的なストレスが加わり，時間と経費が消費されることを念頭に，それらの犠牲に余りある効果を示すように努力する．

● 参考文献
内山　靖ほか編集：計測法入門．協同医書出版社，東京，2001．

3．形態測定

形態測定　　形態測定（antropometric measurement）は評価の基礎的な検査・測定になるが，選手の外見的特徴を数量化して表現するという意味がある．十分に実技を通じて測定経験を有しておくことが，正しい検査のために不可欠である．

形態測定の項目に含まれるのは，体重，身長，体格指数，指極，四肢長，肢節長，大腿周径，下腿周径，上腕周径，前腕周径，胸囲，腹囲，姿勢，肋骨隆起，側彎値計測，アライメントなどとたいへん幅の広い内容となる．それぞれの計測のもつ意味をよく考え，疾患に適した検査を行う．疾患によっては統一された測定方法で計測できないこともある．アレンジした方法がいくつかあるが，その状況下で最良と思われる方法を選びたい．ただし，オリジナルな方法では反復して時系列的に測定し，経過を追跡できないと検査としての意味がない．

大腿周径測定　　図3-2に大腿周径測定の一例を示す．対象は膝ACL再建術後の選手であるが，術後早期には膝関節完全伸展しないようにROM制限をつける．統一された方法では長座位で周径を測定するが，われわれは医療施設間でACL再建術後の選手の場合，膝関節屈曲60°くらいに統一して周径測定を行うというような方法を採用し，比較できるようにしてい

る.

　数値の精度に対して注意が必要である．たとえば，大腿周径の測定で健常者を対象にしているのに左右差が1cm以上もあるようなとき，多くの場合，測定方法自体に誤りがあると考えられる．最大上腕周径では逆に利き手側が1cm以上大きいような場合が意外に多い．測定しようとする部位を観察することにより，周径に差がありそうか簡単に予測がつく．先入観は測定においては排除すべきものであるが，視診による定性化は重要と考える．また，どの筋に萎縮がみられるかも観察し記録する．場合によっては写真撮影をしたり，MRI画像による断面積を計測することも意味がある．形態測定においては，使用する道具・器具・用具・装置の吟味，測定条件（時間，頻度，排泄）の配慮などが必要であるが，以下にその注意点をまとめた．

測定条件

① 検査室の環境整備に注意する：快適な室温，騒音がない静かな部屋，安心できる照明，プライバシーが守れる空間，臭気がない適当なベッドの硬さ，清潔なシーツの使用，適度な枕の高さ・硬さなど．

② 服装，整容に注意する：長い爪，時計の突起，ピアス，ブローチなどは患者に接触すると危険である．髪の毛，化粧，香水は節度あるものとする．汚れてしわのある白衣はそれだけで信頼をゆるがせる．

③ （骨折など）外傷後では，定期的に経過観察を行うため，ランドマークから何cmのところで計測していくというふうに決めておくとよい．

④ 棘果長（SMD：spina-malleolus distance）では上前腸骨棘のどこにポイントを置くかで測定値が1cm前後ずれることが多い．このときも，何のために測定しているのかということを考えると，どの

図3-2　大腿周径測定

ように対応すべきかおのずとわかってくる．単位は5mm刻みの表現でよい．1cmだとラフだし，1mmでは正確そうでかえって不正確になる．

⑤ 検査・測定には反復練習が必要である．大腿周径は正確に測定箇所にマーキングし，スピーディーに測定を行う．とくにランドマークのとりかたに習熟してほしい．

⑥ メジャーは幅の広くないものを使用する．mm単位で読めることが必要である．母指尖でしっかり押さえてポイントをとる習慣をつけたい．メジャーを当てているときには，遠目で全体に対する位置関係を確認しておくことが重要である．

⑦ 身長測定器がないときには，身長と指極はメジャーでしっかり測定し，両者の関係を承知しておくとよい．

⑧ 胸囲については，吸気時，呼気時，安静時それぞれについて胸郭上部，中部，下部にしっかりポイントをとって実施したい．

⑨ 姿勢の評価についても，矢状面，前額面，水平面で正しく表現できるようにする．スポーツ選手の姿勢の特徴としては，右肩が下がり（下制し），前方に出る（forward humeral head）．顔（顎）は左を向くのが一般的であり，よく観察するとかなりの左右差が常時存在している．

以上のような点に注意して計測を行うが，その代表的な形態測定には以下のようなものがある．

① 体格（身長）：道具の確認，足部・頭部などの位置の確認，測定時刻，指極（span）と身長との関係，座高との関係．

② 体格（体重）：道具の確認，環境の設定，風袋量の計算，精度と表記法，るいそう・肥満に関する指数（体格指数）・係数の知識．

③ 肥満係数の計算．

④ 体格指数（BMI：body mass index）．

⑤ BMIの計算：体重（kg）÷身長の二乗（m単位で）で計算する．20未満はやせ，20〜22は普通，26.4以上は肥満．

⑥ Kaup指数．

⑦ 除脂肪体重（LBM：lean body mass）の測定．

⑧ 四肢長：mm単位で皮膚上にペンで印をつける．

　上肢長—肩峰〜第3指尖，または橈骨茎状突起

　上腕長—肩峰または上腕骨大結節〜上腕骨外側上顆

　前腕長—上腕骨外側上顆〜橈骨茎状突起

　棘果長（SMD）—上前腸骨棘〜内果

　転子果長（TMD：trochantomalleolus distance）—大転子〜外果

大腿長―大転子～大腿骨外側上顆または膝裂隙

⑨ 肢長・周径測定．

a. 肢長測定の目的：関節をまたぐことにより関節の問題か他の問題かを予測できる．成長期であれば骨端症の指標にもなる．アライメントとも関係してくる．

b. 周径測定の目的：筋量のおおよその指標になる．筋の損傷程度や筋力の回復度合をみる指標になる．

c. 肢長測定

上肢長＝上腕長＋前腕長＋手長からなる．
下肢長＝大腿長＋下腿長＋足高からなる．
棘果長（SMD）と転子果長（TMD）の意味の違いを知っておく．
脚長差があるとどのような問題があるのかを知っておく．

d. 周径測定：上腕囲，前腕囲，下腿囲の測定では，健側の最大値と同じ部位で測定する．大腿囲（circumference of the thigh）はさまざまな測定方法があるが，膝蓋骨上縁上（AP：above patellae）5，10，15，20 cmで測定し，それぞれ下記のように筋腹の位置で意味が異なってくる．

AP 5 cm：膝関節の腫脹，内側広筋の充実度をみる．
AP10 cm：主に外側広筋の充実度をみる．
AP15 cm：主に大腿直筋から大腿四頭筋の充実度全体をみる．

左右の周径に差がある場合にどのような意味があるかを考え，治療プログラムに結びつけていく．

図3-3は左自家半腱様筋腱を使用したACL再建術後3カ月を経過した選手の下肢の状態を示す．大腿部と下腿部に1 cm未満の周径の低下を認めるが，このように写真で比較することでその状況がよくわかる．

4．疼痛の評価

疼痛の評価

スポーツ選手の疼痛の評価は非常に重要である．スポーツ選手が医療機関を受診する場合，疼痛を主訴とする場合が圧倒的に多い．骨折しているかもしれないとか，捻挫による靱帯損傷があるかもしれないという可能性も含めて受診するが，それらの主な症状は疼痛である．急性スポーツ外傷のみでなく，慢性スポーツ外傷においても疼痛が主訴になる

炎症の5大徴候

ことが多い．疼痛が選手の主訴であるならば，炎症の5大徴候である，疼痛（pain），発赤（redness），腫脹（swelling），熱感（fever），機能障害（disfunction）をいかにうまくコントロールするかが，スポーツ理学療法の成否にもつながる．以下に疼痛の診かたについて基本的な事項を示す．

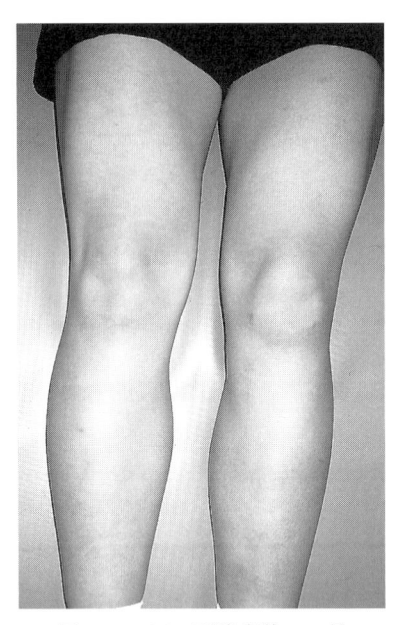

図3-3 ACL再建術後3ヵ月

表3-12 疼痛の診かた

1. 安静時痛
2. 叩打痛（骨折），圧痛
3. 運動時痛：他動運動，自動運動，抵抗運動
4. 荷重時痛
5. スポーツ活動での痛み
6. 他の要因との関連：腫脹，RSD（CRPS）
7. 疼痛の種類：急性期・慢性期，鈍痛・鋭痛
8. 表記方法の工夫：VAS（visual analog scale）の使用，部位の図示

1）疼痛の診かた

　疼痛は身体が侵害刺激に対して発する正常で重要な信号であるため，その本態を確かめることは不可欠である．以前はスポーツ選手が疼痛を訴えた場合，動いていればそのうち忘れるというような考えで，疼痛を我慢して無理にスポーツ活動の続行を強制し，選手も半ばそれが当然と諦めていた．しかしながら，疼痛下では正常な神経・筋反射が阻害されたり，固有受容感覚（proprioception）が正常に機能しないことが考えられ，現在では疼痛の訴えがある場合，無理をさせることは結果としてマイナスの要因が大きくなると考えられている．つまり，痛ければ休むということが徹底される必要がある．しかしながら，ほとんどのスポーツ選手がスポーツ活動中になんらかの疼痛を感じていることが予想される．したがって，疼痛があれば何でも休ませるかというと，いくつかの判断基準が考えられる．

2）安静時痛

　表3-12に疼痛の診かたをまとめた．安静時痛は，受傷直後には重要な情報になる．皮下で大きな損傷があるような場合，組織内圧が上昇し，安静にしていても拍動痛を感じることがある．一般に安静時痛がある場合は，運動しようとすると疼痛が増加してうまく行えない者が多い．手指を骨折した場合は手指部，足関節捻挫では損傷された靱帯周辺

や腫脹した部位に疼痛の訴えがあるため，通常は損傷部位付近に限局した疼痛が出現すると考えられる．しかしながら胃に疾患がある場合，そこから離れた肩関節に放散痛（radiation pain）が出ることはよく知られている．このように，内臓疾患による疼痛発生のメカニズムが異なることなども認識しておく必要がある．

3）叩打痛・圧痛

骨折などがある場合，叩打痛といって骨を叩くような刺激を入れることで，骨折部の痛覚が過敏になっている部位が反応し，疼痛を訴えることがある．また，圧痛（tenderness）はよい指標になる．損傷部位やその周辺を手指で比較的強く圧迫することで疼痛を誘発する．靱帯損傷では損傷部位に一致して圧痛が認められる．膝半月板損傷では関節裂隙に沿って圧痛を訴える部位を確認していく．疼痛を感じる受容器が存在する組織についての知識は必要であり，とくに損傷がなくても閾上値の刺激によってそれぞれ疼痛を認識できる．皮膚を圧迫した場合と筋を圧迫した場合，疼痛感覚が異なる．選手が過剰に圧痛に反応することがあるが，左右差を確かめることなどで，その疼痛が正常なものなのか，何か異常な状態を表すサインなのか見抜く必要がある．

4）運動時痛

運動時痛は直接スポーツ活動と関係してくる．他動運動・自動運動・抵抗運動で，どのような運動時にそれぞれ起こるのか疼痛の消長を確認する．他動運動ではストレスの加わり方で伸張痛と圧迫痛を見極めることがポイントである．また，どの部位に疼痛を感じるかということを注意深く観察し，記録しておく．絵を描いたり，写真撮影することを習慣づけしたい．肉離れでは抵抗運動時に筋の収縮痛を感じる．損傷筋の伸張状態と抵抗力の組み合わせを変えながら，収縮痛の変化を観察する．

5）荷重時痛

評価では荷重時痛もまた重要な検査内容になる．閉鎖運動連鎖系（CKC）の運動で，どのような疼痛の訴えがあるかを確かめる．静止立位時に疼痛を訴えることは，腰痛症などを除いて意外と少ない．歩行時痛はもっとも基本的な疼痛の指標になる．歩行サイクルのどの期で，どの部位に疼痛があるのか，歩行速度や歩行距離との関係はどうなのかなどを知ることは，評価の重要な情報になるとともに，運動許可の指標にも使われる．通常，歩行時痛を訴える選手はランニング時にも疼痛を訴えるであろう．荷重時痛の程度をみながらジョギングからランニングへ

と運動速度を上げていく．また，方向転換や急激なストップ，さらにジャンプと着地などでの疼痛発生の状況確認を進めていく．

疼痛発生を身体運動との関係で考えることが必要である．表3-13のように，器質的疾患があるのか，構造的な問題があるのか，そして機能的な問題があるのかというように，順次考察を進め，それによく反応する検査方法を実施することが求められる．

6）スポーツ動作時痛

次に，スポーツ活動に使われる動作で，疼痛を確認することが行われる．下肢運動や荷重に関係した動作は前述したが，投球動作などは開放運動連鎖系（OKC）で行われるため，別の視点での評価が必要であろう．他動運動でROM範囲や最終ROMでの疼痛を確認し，抵抗運動での疼痛を確認し，椅座位で下肢動作を少なくしたシャドーピッチングで，単関節運動から上肢全体への運動での疼痛発現を確認し，立位でのシャドーピッチング，座位での短距離でのボールスロー，そして実際の投球動作へとつなげていく．その間，ビデオ画像を収録しながら問題点を洗い出していく．

> 開放運動連鎖系

> 単関節運動

疼痛の種類には鋭痛（sharp pain）と鈍痛（dull pain）というように，選手は差を表現することが多い．炎症の急性期には鋭痛，慢性期には鈍痛というような大まかな区別があるが，一応参考にしたい．

> 鋭　痛
> 鈍　痛

反射性交感性ジストロフィー（RSD：reflex sympathetic dystrophy）や慢性再発性炎症性多発根ニューロパチー（CRIPS：chronic relapsing inflammatory polyradiculoneuropathy）（pain syndrome）など，疼痛が引き金になって，関節拘縮，皮膚障害，骨萎縮などの悪循環に陥ること

表3-13　疼痛発生のメカニズム

1. 器質的な疾患があるのか？→例：腰椎椎間板ヘルニア，腰椎分離症，膝半月板損傷ほか
2. 身体構造に問題があるのか？→姿勢，アライメント，筋力，柔軟性ほか
3. 身体の使い方（動作フォーム）に問題があるのか？→誤用（maluse）の問題
4. 過剰なトレーニング
5. 環境の不備

疼痛は身体運動との関係から発生のメカニズムを分析しなければ解決しない．

表3-14　疼痛の測定スケールの例

1. nominal scale：「痛みがありますか？」⇒はい，いいえ
2. ordinal scales：「どのくらい痛みは強いですか？」⇒ 0〜10
3. interval scales：温痛覚の測定⇒45〜55℃の範囲で
4. ratio scales：圧痛の測定⇒0〜10kg/cm^2

も多いので注意を要する．

疼痛はスポーツ選手はもちろん，一般の患者でもたいへん大きな問題であることを述べてきたが，これは疼痛がなかなか客観的に数値化したもので評価できないためである．そのために，疼痛の測定スケールが考えられてきた（**表3-14**）．original scale で VAS（visual analog scale）は，100mm の長さで疼痛を絶対評価しようとする点で優れている．種々の方法で疼痛の質と強さ（量）を明確にし，治療に役立てたい．

疼痛の測定スケール
VAS

5．アライメントの評価と治療

1）下肢アライメントの概念

下肢アライメント

マルアライメント

下肢アライメントは下肢の骨配列の状況を示すものである（図3-4）．捻れがあるとアライメント調整が必要になるわけである．姿勢の評価はかなり曖昧なものであり，より厳密に数値化されなければならないという問題を残したままになっているが，下肢の姿勢ともいうべきアライメントの評価についてはかなり整理されてきた．不良なアライメントすなわちマルアライメントとスポーツ外傷・障害発生との関係が次第に明確になりつつある．下肢アライメントが正常あるいは中間位にあれば，もっとも身体外部からの物理的ストレス（圧縮，伸張，回旋，曲げ，剪

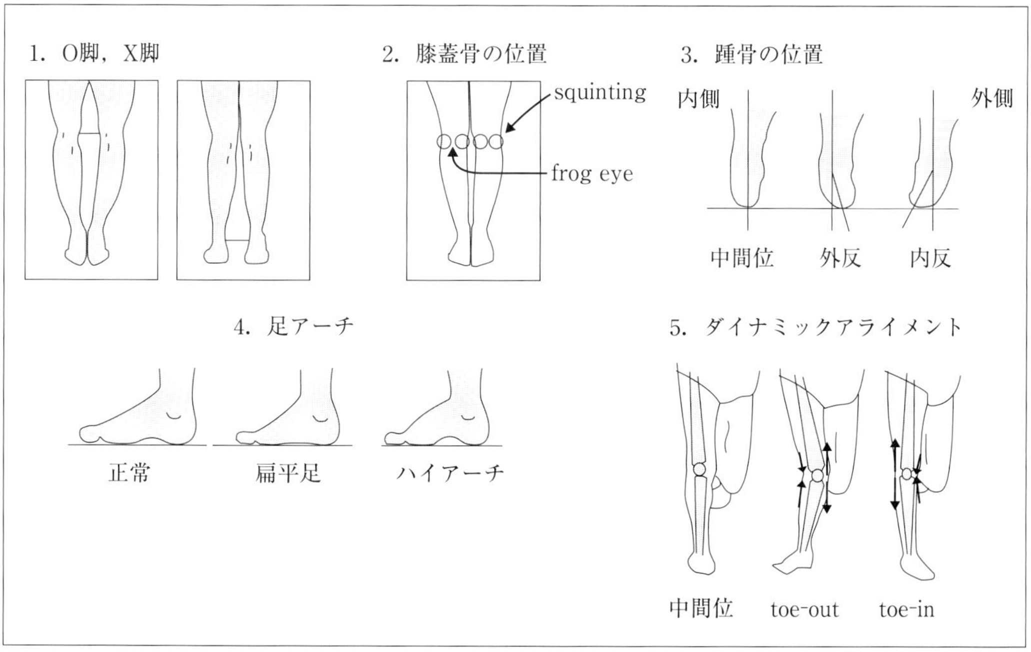

図3-4　下肢アライメントの測定方法

表 3-15　下肢アライメント評価表

1. 下肢の形態（a.b.c. に○をつける）
   a. O脚：程度は　　　　横指　　b. X脚：程度は　　　　横指　　c. ニュートラル：コメント
2. 膝蓋骨の位置（右と左について a.b.c. から選び，程度に○をつける）
   a. スクィンティング（やぶにらみ），b. フロッグアイ，c. ニュートラル
   右　a.　b.　c.　　強い，やや強い，少しある程度
   左　a.　b.　c.　　強い，やや強い，少しある程度
   左右差は　ある　or　ない
3. Q角（大腿長軸と膝蓋腱のなす角度を数字で記載する）
   右　　　度　左　　　度
4. 反張膝（正確に測定する）
   右　　　度　左　　　度
5. 下腿の捻転（あてはまるものに○）
   右　強い内捻，やや強い内捻，少し内捻，ほぼニュートラル
   左　強い内捻，やや強い内捻，少し内捻，ほぼニュートラル
6. 踵骨の位置（レッグヒールアライメント）（立位で下腿長軸と踵骨のなす角度を数字で記載，程度に○）
   右　　　度，明らかな回外傾向，やや回外傾向，ほぼニュートラル，
   　　　　　　　明らかな回内傾向，やや回内傾向
   左　　　度，明らかな回外傾向，やや回外傾向，ほぼニュートラル，
   　　　　　　　明らかな回内傾向，やや回内傾向
7. アーチの形状（後足部，中足部，前足部に分け，高い，正常，やや低い，低いに○）
   右　後足部　　高い，正常，やや低い，低い　　右総合評価
   　　中足部　　高い，正常，やや低い，低い　　　　アーチは高い，正常，低い
   　　前足部　　高い，正常，やや低い，低い
   左　後足部　　高い，正常，やや低い，低い　　左総合評価
   　　中足部　　高い，正常，やや低い，低い　　　　アーチは高い，正常，低い
   　　前足部　　高い，正常，やや低い，低い
   ＊トラス機構について特記事項があれば記載する
8. アーチ高率（舟状骨粗面から床面の距離／足長）
   右　　　度　左　　　度
9. 前足部横アーチの機能
10. ウインドラス
    ウインドラスが効き始める母趾背屈（伸展）角度の記載
11. 外反母趾（かなり強い，強い，軽度認める，ニュートラルから選び，左右差も記す，場合によっては外反角度を測定・標記する）
    右　かなり強い，強い，軽度認める，ニュートラル
    右　かなり強い，強い，軽度認める，ニュートラル
    左右差　あり　or　なし　（ある場合どちらが強いか　右　or　左）

断）には耐えやすいと考えられ，それから大きく逸脱すると外傷の危険は増大する．そのような不良なアライメントがマルアライメントと呼ばれている．下肢アライメント測定の一覧表を**表 3-15，16** に示す．

（1）足部・足関節のアライメント

下肢関節の構造と機能　下肢アライメントを考える際に，下肢の関節の構造と機能について熟知する必要がある．足部は後足部，中足部，前足部に分けられる（**表3-17**）．足部，足関節の運動や外傷が下腿の動きに連動して，膝関節やより近位の関節の運動や外傷に関連することがある．足部および足関節は約26個の骨からなり，関節の数は30を超えるが，とくにこれらの骨に**トラス機構**よってトラス（truss）機構が構築され，内側縦アーチ，横アーチ，外側縦アーチは体重負荷時に荷重，分散を合理的に行っている（**表3-18**）．トラスとは，もともとは建築学で屋根を支える家屋の梁構造を指す．足

表3-16　下肢スタティックアライメント記入用紙

下肢スタティックアライメント	右	左
①立位	□ toe in □ toe out □ neutral	□ toe in □ toe out □ neutral
②内・外反膝	（　　　fb） □ O脚　　□ X脚	□ neutral
③膝蓋骨の方向	□ squinting □ frog eye □ neutral	□ squinting □ frog eye □ neutral
④Q角	度	度
⑤踵骨の位置	（　　　度） □ 回内 □ 回外 □ 正常	（　　　度） □ 回内 □ 回外 □ 正常
⑥反張膝（臥位）	度	度
⑦足部内側縦アーチ	□ high □ flat □ neutral	□ high □ flat □ neutral
⑧アーチ高率 　舟状骨粗面の高さ 　　　足長	（　） ―――＝ （　）	（　） ―――＝ （　）
⑨外反母趾	□ 無 □ 有（　　　度） 15度以上	□ 無 □ 有（　　　度） 15度以上
⑩内反小趾	□ 無 □ 有（＋　＋＋）	□ 無 □ 有（＋　＋＋）

表 3-17　下肢の関節の構造と機能

1. 後足部（rearfoot）
   - 後足部と中足部は足根骨（tarsal bone）からなる．
   - 後足部には距骨下関節（subtalar joint）があり，踵骨（calcaneus）の上に距骨（talus）が載っている．
   - 下腿と距骨は距腿関節（talocrural joint）をつくっている．狭義の足関節（ankle joint）．
2. 中足部（midfoot）
   - 舟状骨（navicular bone）と立方骨（cuboid bone）は距骨と踵骨の間で横足根間関節（transverse tarsal joint）を形成し，舟状骨と立方骨と接する．
   - midtarsal joint または Chopart's joint などの表現がある．
   - 3つの楔状骨（cuneiform）がある．
3. 前足部（forefoot）
   - 5つの中足骨（tarsal bone）と14の趾骨，2つの豆状骨（sesamoid bone）からなる．
   - 第1趾の軸は内側で近位，外側で遠位にある．

表 3-18　足部アーチの保持機構

1. 後脛骨筋（tibialis posterior）による舟状骨引き上げ機構．
   - 舟状骨は key bone と呼ばれる．
2. 26個の足根骨と足部の骨の soft & rigid lever arm による立位保持と体重の推進はトラス機構に依存する積み上げ機構．
   - 体重保持でアーチ構造をより強固にする．
3. 足底筋膜の緊張と，母趾背屈によるさらなる緊張増加はウインドラス機構と呼ばれ，下方からの持ち上げ機構．

各関節はルーズな仲介装置，衝撃緩和装置，力の伝搬装置，歩行時の硬いテコになっている．

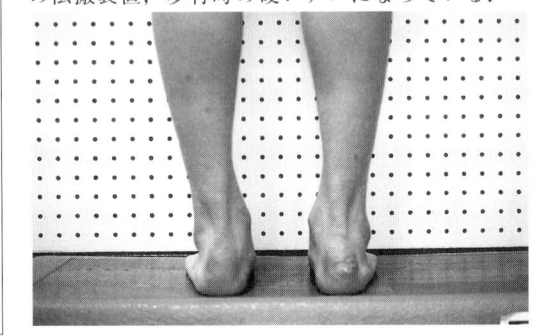

図 3-5　下肢アライメント

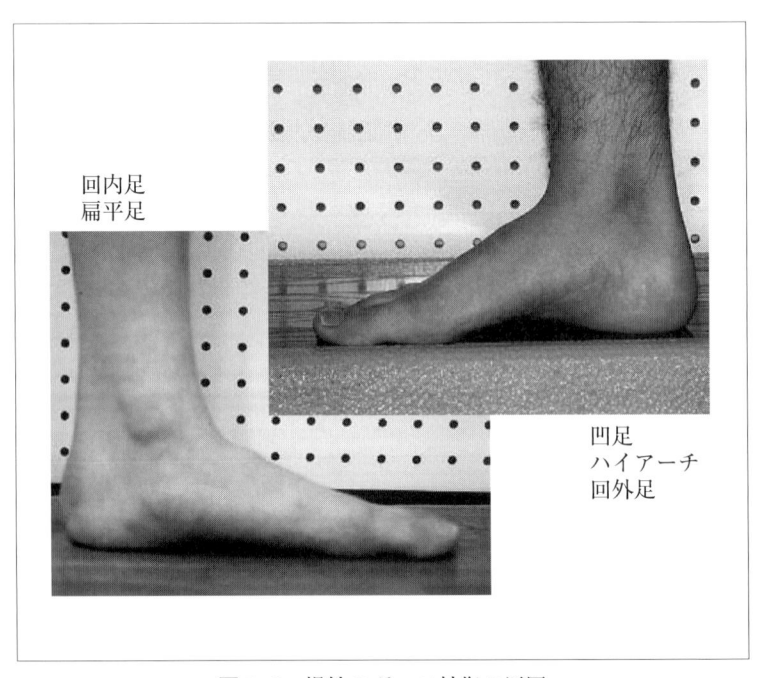

図 3-6　慢性スポーツ外傷の原因

ウインドラス機構	底腱と母趾伸展によって高められるウインドラス（windlass）機構は踵部が床面から離れた際に，トラス機構を補う役割がある．ウインドラスは巻き上げウインチのことを示す．さらに直接，内側縦アーチを上方に引き上げる前脛骨筋や，同じく内側縦アーチの要である舟状骨を後方に引いて安定させる後脛骨筋の機能などの働きも，足部アライメントを適正に保つために必要になる（表3-18）．
扁平足	扁平足は下肢疾患の原因になったり影響したりするが，その成因をよく理解しておく．すなわち，①骨構造と関節構造，靱帯による補強のルーズさ（トラス機構が働かない），②アーチを引き上げる筋の弱化（とくに後脛骨筋），③アーチを支持する筋の弱化（足底筋膜を含めたウインドラス機構の不十分さ）などである．図3-5は左踵骨の回内が強く，
内側縦アーチ ハイアーチ	この後足部のアライメントが中足部にまで影響し，内側縦アーチが下降している例である．ハイアーチもまた，ショックの吸収という点では劣り，慢性スポーツ外傷の原因となる（図3-6）．疲労骨折の成因に扁平足やハイアーチが関連していることが多い．骨構造に加え，ヒラメ筋などの足部の動きに関連する筋の緊張なども発生に関連すると考えられており，足関節の柔軟性の確保が重要視されている．
距腿関節 距骨下関節	足関節は距腿関節（talocrural joint）で底・背屈の運動を行い（表3-19），足部では距骨下関節（subtalar joint）で内・外反（回外・回内）の運動が行われる（表3-20）．とくに足関節内反捻挫（ankle inversion sprain）と下肢アライメントの関係は見逃せない．

　図3-7はシューズを履いた状態での下肢アライメントを身体後方から撮影したものである．左側のシューズは外側が摩耗しているが，右側は内側が摩耗している．これは，右側の強い回内足に対してシューズの

表3-19　距腿関節の構造と機能

- 下腿は凹面のほぞ穴を形成し，凸面の距骨関節面がほぞ穴に入り込む．
- 外果は長く，内果より後方に下がっている．
- 足関節軸は後外側下方から前内側上方に抜ける．
- 足関節底屈（50°）には内転と回外が伴い，背屈（20°）には外転と回内が伴う．
- 距骨は底屈で前方に，背屈で後方に滑る．
- 最大背屈位が closed pack position になる．
- 外側に3つの靱帯（前距腓靱帯，後距腓靱帯，踵腓靱帯），内側に三角靱帯がある．

表3-20　距骨下関節

- 3つの関節面（anterior, middle, posterior）を有する．
- 距骨は距腿関節と距骨下関節の動きに関係するので key stone とも呼ばれる．
- 5つの距踵靱帯で補強される．
- 軸は背側で内側から，足底で外側に抜ける．
- 1st ray の方向に対して矢状面で16°内向き，水平面に対して42°上向き．
- 回内と回外の動きをする．
- OKC：回内；踵骨背屈，外転，外がえし．
- CKC：踵骨回内；距骨底屈，内転＋脛骨内旋．
- 回外は回内の2倍の可動性あり．

表 3-21 下腿・足部の運動連鎖

1. 接踵後の横断面での回旋力は，踵骨から距骨下関節に伝えられる．
2. 下肢の内旋は踵骨を外反させ，下肢の外旋は踵骨を内反させる．この動きは横足根間関節(transverse tarsal joint)を通じて前足部の運動コントロールに関与し，縦アーチのコントロールにも影響する．
3. 横足根間関節は距舟関節(talonavicular joint)と踵立方関節(calcaneocuboid joint)からなる．踵骨内反は安定性を増加させ，踵骨外反は安定性を低下させる．接踵時の踵骨の外反による横足根間関節の柔軟性を保証し，縦アーチの接触を促すが，何の筋の活動も必要としない．
4. いったん足底が床面で安定すると，下腿の外旋が始まり，踵骨内反が起こり，横足根間関節が固定され，縦アーチが硬く高くなる．

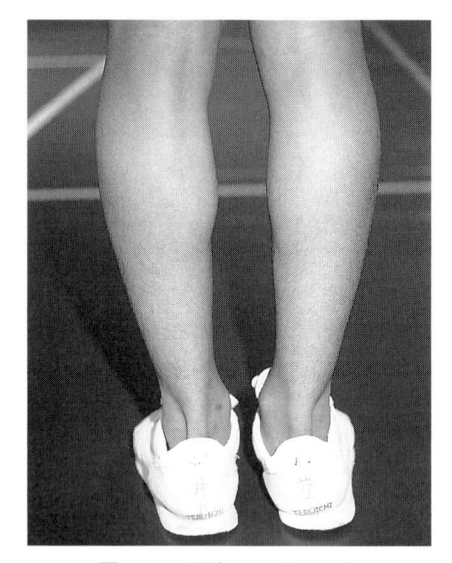

図 3-7 下肢アライメント

表 3-22 歩行時に生じる下肢各関節の運動連鎖

1. 立脚下肢の外旋は，遊脚側の骨盤を前方に出し，遊脚下肢の前方へのスイングを容易にする．立脚側では股関節を安定させるため股関節内転筋が働く．
2. 大腿骨の外旋は膝関節に伝えられ，靱帯や膝力筋などで安定させられる．
3. この外旋力がさらに下腿や足関節，距骨下関節に伝えられ，踵骨と横足根間関節をコントロールし，縦アーチを安定させ足に硬いレバーアームを与える．

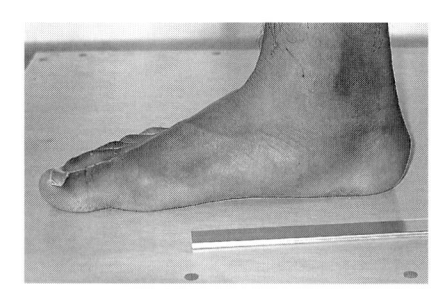

図 3-8 アーチ高率の測定

静的アライメント
動的アライメント

カウンターが対抗しきれなかった結果と考えられる．このような静的アライメントの左右差が，動的アライメントにもみられるかどうかを確認することも重要である．

一般的に内側縦アーチが高い凹足や，ストップ動作で足先が矢状面に対して内側(内転位)を向く選手に受傷が多いことはよく知られている．内側縦アーチの機能が低いと，体重負荷時に足部が回内する．これに誘導されて下腿の内旋が誘導され，運動が足部から身体の中枢部にさらに伝搬されていく．これを運動連鎖(kinetic linkage)と称している(**表3-21，22**)．内側縦アーチの測定方法は舟状骨結節から床面までの高さを足長で除することで簡便に評価できる．われわれは便宜的にこれをアーチ高率と称しているが，0.20を超えるとアーチが高く，0.15以下は扁平足傾向ということができる．

運動連鎖

アーチ高率

図3-8はアーチ高率の測定である．第1中足骨頭部までを足長とす

表 3-23 足趾の病変

1. 第5中足骨底部の骨折：短腓骨筋の付着部．
2. 疲労骨折（stress fracture）は第2ついで第3中足骨に多い：疼痛出現の際にX線像に異常はない．約1カ月後から化骨形成（callus formation）を認める．
3. 第5中足骨の疲労骨折はJones' fractureといわれ，難治性のものとして知られている．骨底部骨折より遠位に起こる．
4. Freiberg's infarctionは第2中足骨頭の無腐性壊死（avascular necrosis）．
5. Sever's disease.
6. 種子骨障害．

横倉法

曲げ応力

足趾の病変

外反母趾

る方法もある．その他は，横倉法も知られているが，基本的にはX線像から計算する方法である．アーチが高いと，アーチ部でのクッション性が低下することが考えられ，足部が床面に接したときの力の吸収が足部で不十分になった分，足部の骨や下腿に衝撃が強く伝搬され，疲労骨折をはじめとした障害が生じる．アーチが低いと，中足骨に曲げ応力が加わりやすい分，疲労骨折の危険が増す．

　足趾の病変について表3-23に示す．図3-9に第3中足骨疲労骨折（A）とその治癒の状態（B）を示す．アーチの高さは高すぎるのも低すぎるのもよくない．トラス機構，ウインドラス機構，筋機能を総合的に評価しなければならない．さらに足根骨と中足骨間の各関節の運動機能とアライメントに与える影響も見逃せない（表3-24）．足趾に疼痛を及ぼす疾患を表3-25に示す．外反母趾はさまざまな原因で発生するが，扁平足とリンクするものもある．図3-10は足趾が地面を捕まえているところである．このように足趾が屈曲した際に，小趾側が大きく屈曲すると，足関節内反捻挫を起こすこともある．シューズのなかではストップ動作などで足趾が屈曲しないように指導する．

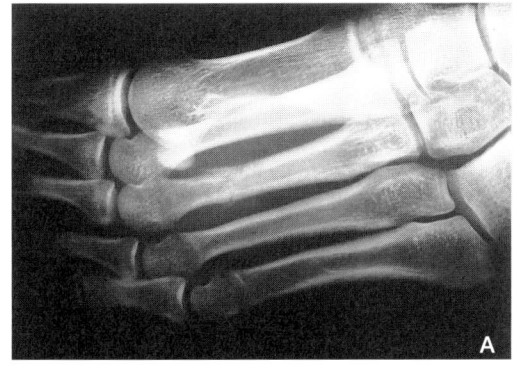

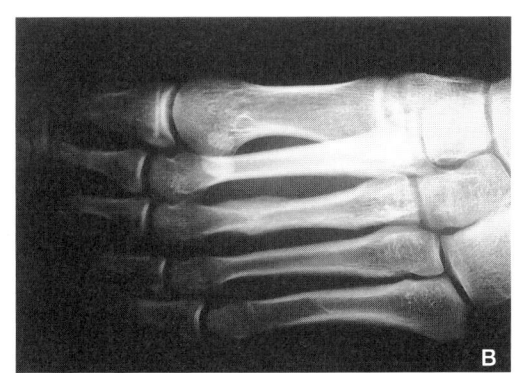

図3-9 第3中足骨疲労骨折

表3-24 metatarsal break

1. 横足根領域（mid-tarsal area）は回旋の関与は少ないが，中足趾節関節（metatarsophalangeal joint）は回旋に大きな役割を果たす．
2. metatarsal break による斜めの軸は，踵骨の内反による下腿の外旋を助ける．
3. 足底筋膜は踵骨結節から起こり，基節骨の近位に付着する．
4. 立脚期後半に足趾が背屈すると足底筋膜が中足骨頭を包み込むように緊張し，MP関節を安定させるだけでなく縦アーチの拳上も補助する．
5. 同時に固有筋の機能として収縮し，縦アーチの拳上を補助し安定性に寄与する．

表3-25 足趾の疼痛

- モートン神経腫（Morton's neuroma）：第3～4趾間に多く，第3中足骨頭外側に疼痛あり．窮屈なシューズの影響．
- 外反母趾（hallux valgus）：扁平足との関係が重要．

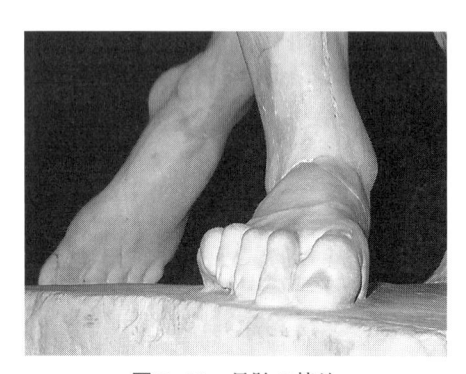

図3-10 足趾の接地

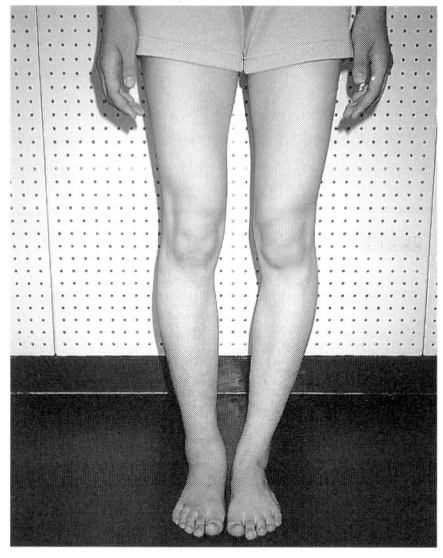

図3-11 右足関節捻挫の下肢アライメント

(2) 膝関節アライメント

膝関節は人体で最大の関節である．屈曲と伸展を許す蝶番関節であり大腿骨と脛骨（・腓骨）に挟まれ，関節に加わる内・外反や回旋のトルクが大きなストレスとなって，重大な損傷を惹起することも多い．しかしながら股関節は自由度3の関節であるため，下肢のマルアライメントがある場合，アライメントコントロールの可能性が大きく期待できる．図3-11は右足関節内反捻挫を起こした選手の下肢アライメントである．大腿骨内側上顆部で，一見して3横指程度のO脚（内反膝）が認められる．この例では内反膝のみでなく膝関節の過伸展が認められる．このようなケースは多い．静的アライメントのみでは断言できないが，knee-out & toe-inの下肢アライメントの組み合わせで，足関節内反捻挫のリスクが高まるとする考え方がある．

O脚（内反膝）

Q角

図3-12は3.5横指程度のO脚がある．通常O脚の選手ではQ角（Q-angle：正常では約15°以下，図3-13）が小さくなるが，この選手は20°以上の強いQ角を示していた．図3-14はスポーツ検診でみられた強

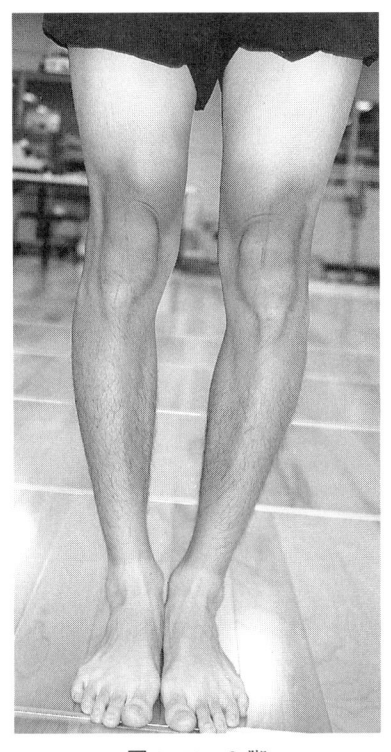

5．アライメントの評価と治療　65

図 3-12　O脚

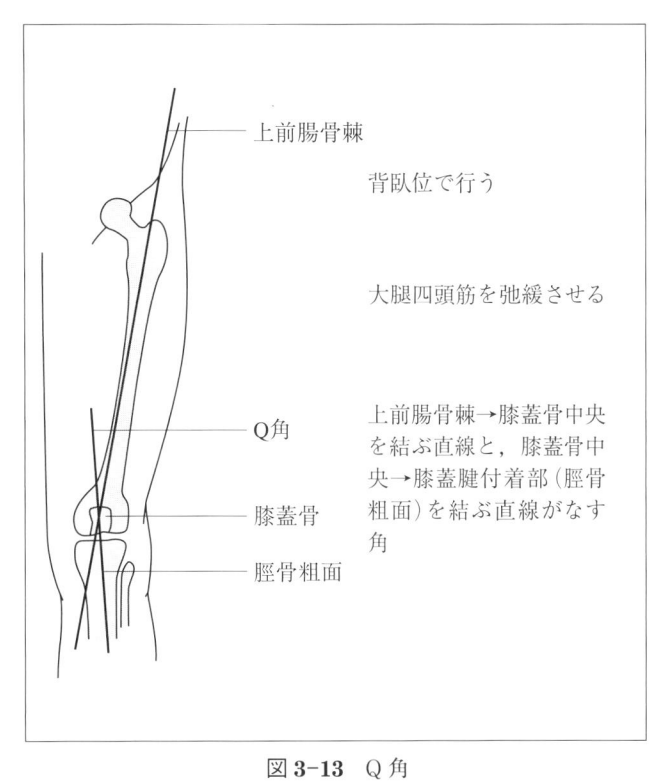

図 3-13　Q角

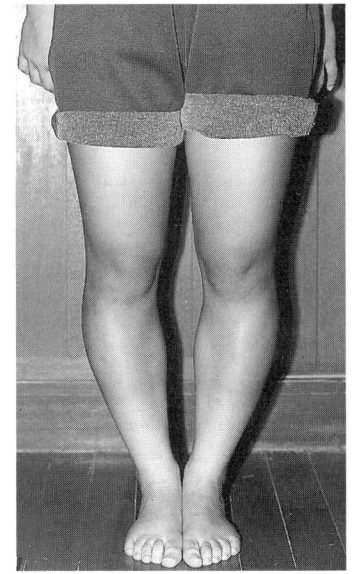

- 上前腸骨棘
- Q角
- 膝蓋骨
- 脛骨粗面

背臥位で行う

大腿四頭筋を弛緩させる

上前腸骨棘→膝蓋骨中央を結ぶ直線と，膝蓋骨中央→膝蓋腱付着部（脛骨粗面）を結ぶ直線がなす角

図 3-14　O脚 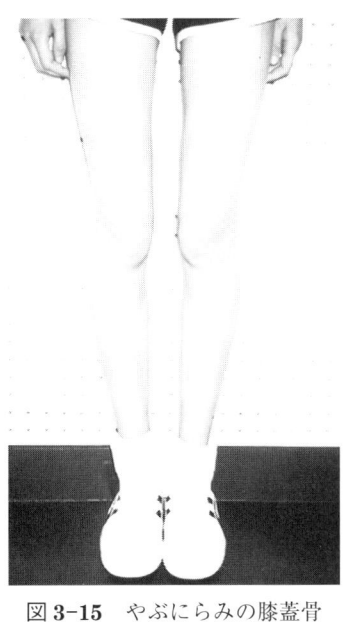　　　図 3-15　やぶにらみの膝蓋骨 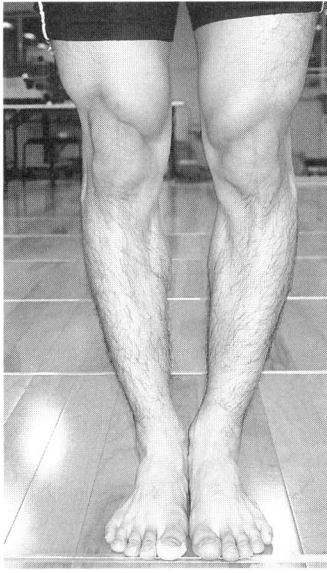　　　図 3-16　O脚

やぶにらみの膝蓋骨

いO脚である．このように極端なアライメントを有した選手が，今後スポーツ外傷を起こす確率が高いのかどうかを，われわれは prospective に追跡している．図 3-15 はO脚を示したものではなく，極端なやぶにらみの膝蓋骨（squinting patellae）を示したものである．この選手が

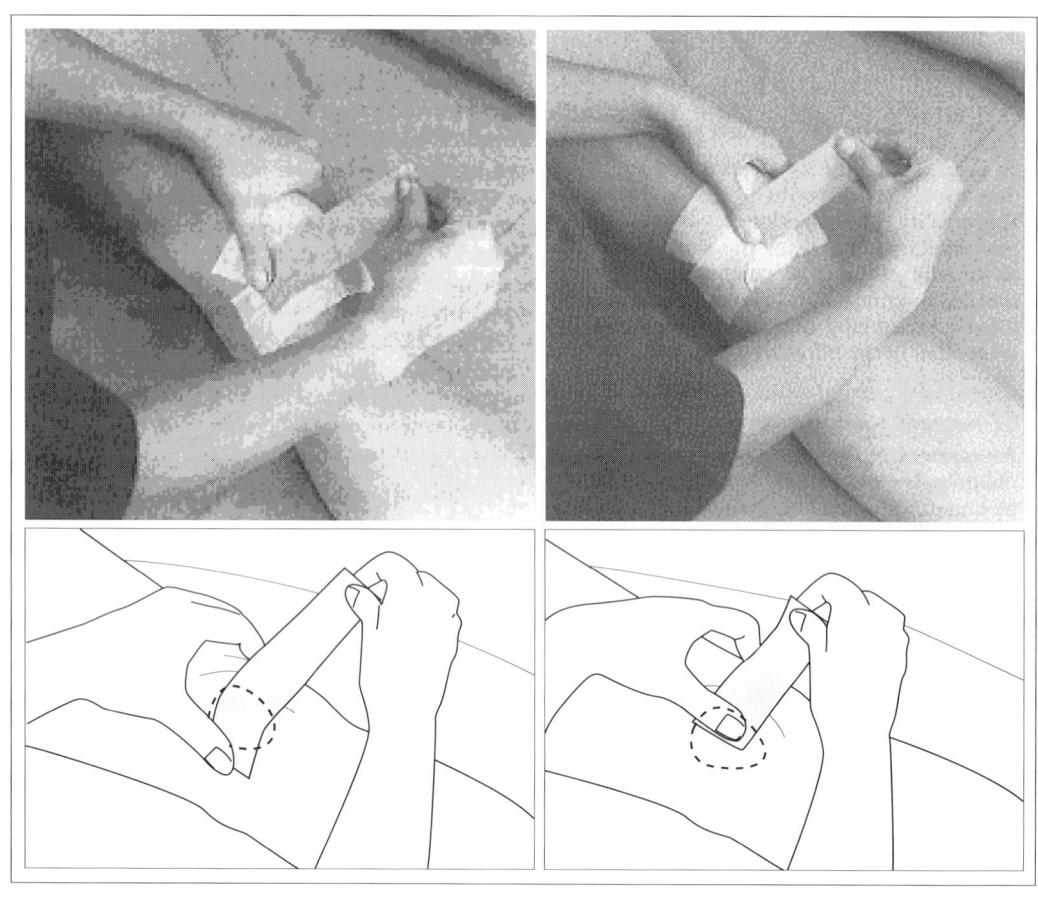

図 3-17 McConnell テーピング

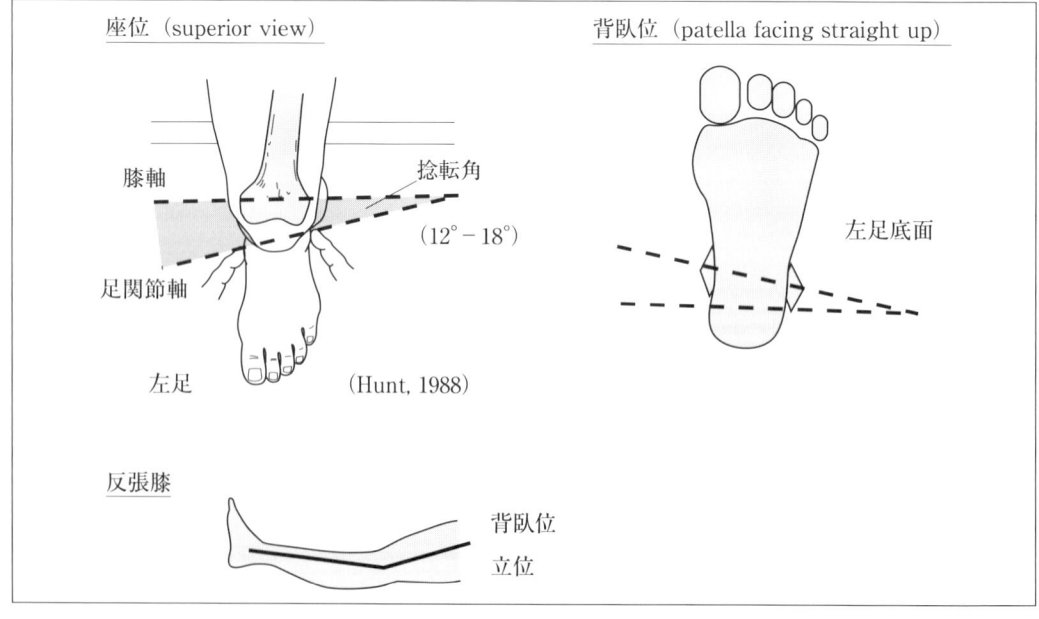

図 3-18 脛骨捻転

膝関節を屈曲すると，矢状線を越えて内側に膝が入る．矢状面に平行に運動しようとすれば，膝関節で修正することはなかなか困難で，股関節を外旋して対応させるが，結果として toe-out が強くなるので苦慮するところである．図3-16 は O 脚で，Q 角がきわめて小さい選手を示した．やぶにらみの膝蓋骨が強い選手は Q 角が強くなることも多く，膝蓋骨の外側への牽引力が増すことでさまざまな疾患が生じることがある．AKPS（anterior knee pain syndrome）に対して，膝蓋骨のマルアライメントを正す方法として McConnell テーピング（図3-17）が知られている．また，脛骨の回旋や反張膝はさまざまな疾患のリスクとなることが知られている（図3-18）．

アライメントとは直接関係ない可能性もあるが，本来ヒトの身体は左右非対称になっており，軸足は左下肢が多いということを知っておく．足裏の面積も統計的に左側が大きいといわれている．

2）下肢の運動連鎖とアライメント

閉鎖運動連鎖系（CKC）と開放運動連鎖系（OKC）の視点に立って運動を分析することが重要である．歩行時の下肢の運動連鎖について確認しておく必要がある．下肢は接踵後，内旋し踏切りに向けて外旋していく．歩行時の各角度の変化では，横断面では立脚期（stance phase）で歩行周期の15％に骨盤，大腿骨，脛骨の最大内旋が起こり，toe-off で最大外旋が起こる（表3-26）．さらに，ランニングも同様である（表3-27，図3-19）．これらの動きを理解することで，スポーツ外傷との関係もはっきりしてくる．この観察は通常の歩行分析とは異なり，選手の前方または後方から観察する．knee-in がある選手では，膝関節の回旋が急激に起こる様子が認められることがあるので，ビデオを使用して観

表3-26　歩行時の足部の動きの評価

1. 足部は趾接地では柔軟で，プッシュオフでは硬くならねばならない．
2. 趾接地直後足部は回内する．この回内は横足根関節のロックを緩め，踵打ちつけの衝撃を緩和する．前足部はさまざまな床面に適応できるように柔軟になっている．
3. midstance では身体が固定した足部を越え，足部は回外する．回外は横足根関節を固定させ，前足部を安定させ，プッシュオフのための硬いレバーを提供する．
4. 足部は次の踵打ちつけまで通常回外したままである．

表3-27　ランニング時の下肢の連動

1. フットストライク時は踵骨は回外，下腿は外旋，膝は内反．
2. 急激に踵骨は回内しミッドサポート．
3. このときに下腿は内旋，膝は外反．
4. ヒールオフで踵骨は回外．
5. テイクオフで踵骨は回外，下腿は外旋，膝は内反．

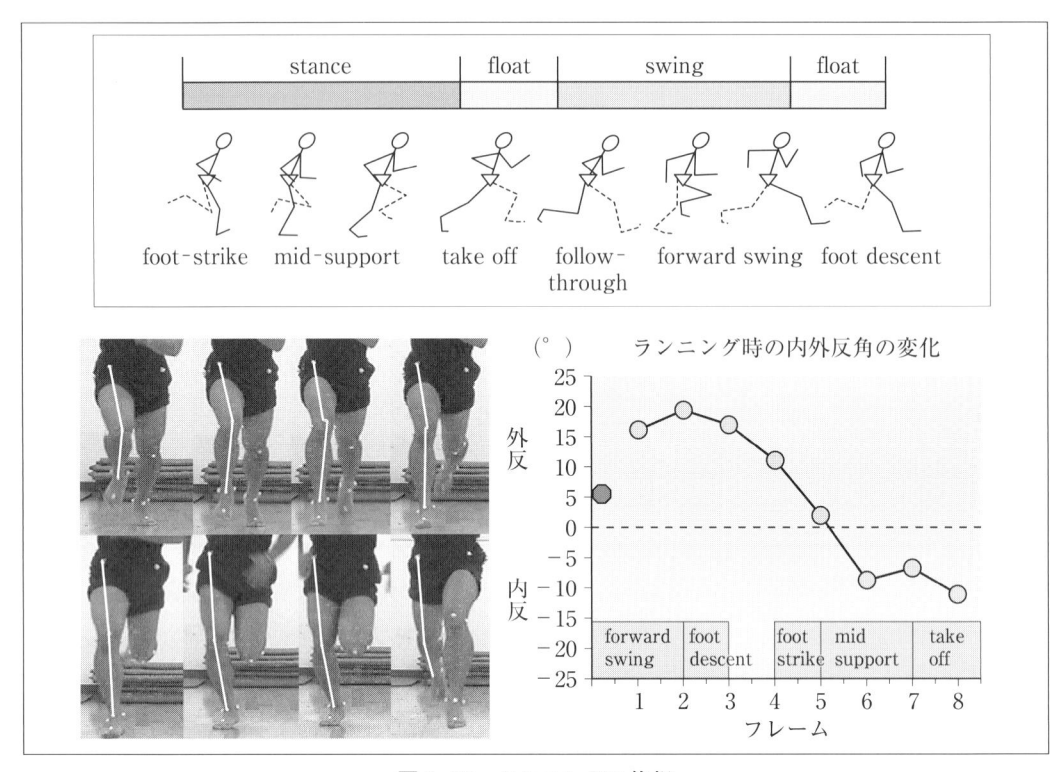

図3-19 ランニングの位相
(Adelaar RS：The practical biomechanics of running. *Am J Sports Med*, **14**：497-500, 1986)

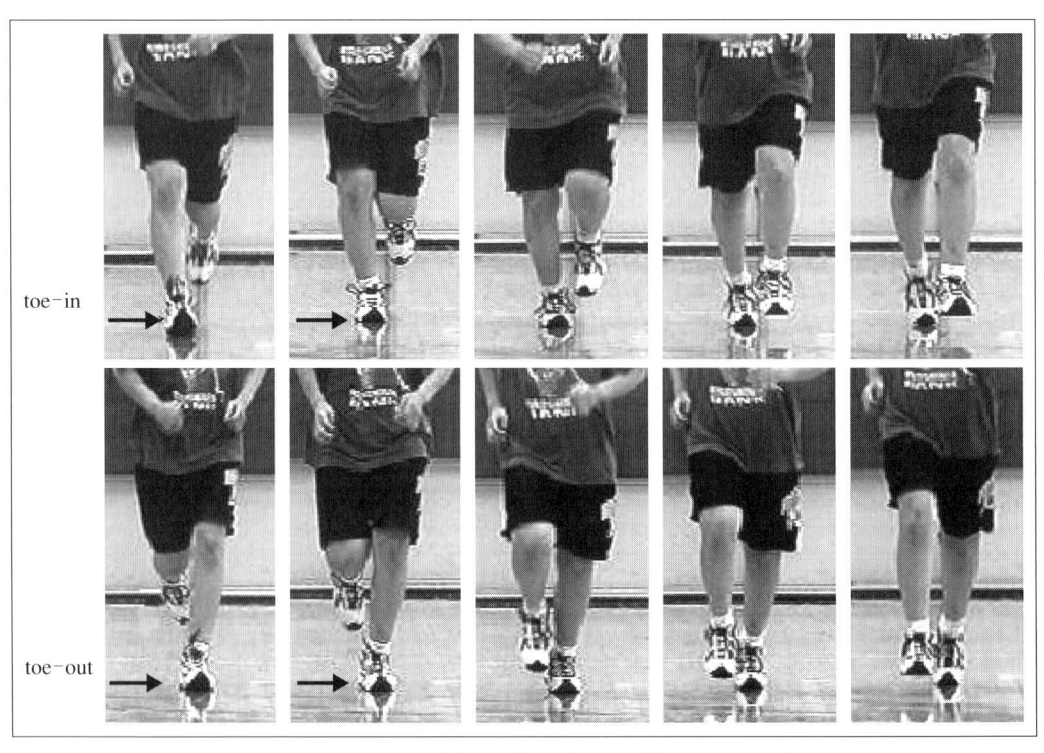

図3-20 ランニングとスプリントでの下肢アライメント

5．アライメントの評価と治療

察したりすることが大切である．図3-20にランニングとスプリントでの下肢アライメントを示すが，右下肢のtoe-in，左下肢のtoe-outという傾向が共通してみられる．図3-21に歩行とランニングの前額面でのアライメントの違いについて示した．図3-22はランニングの男女の比較である．

knee-in

toe-out

　knee-in & toe-outという下肢アライメントの組み合わせが，マルアライメントの代表的なものとしてあげられているが，ランニング中に右下肢でキックし左方向に移動しようとしている動作では，toe-outしているようにみえる．しかし，膝関節は内反方向に動いていき，次の瞬間にはknee-out & toe-inの組み合わせになって，足関節捻挫を起こしそうな状況になる（図3-23）．このように，動的アライメントは注意深く観察すると大きな意味がでてくる．川野氏が提案したsquatting testはこの原理を応用している（図3-24）．

squatting test

静的アライメント
動的アライメント

　立位などの静的アライメント（static alignment）と歩行やランニングなどの動的アライメント（dynamic alignment）で大きな違いがみられることがある．O脚の選手が支持期（support phase）ではX脚（外反膝）になっているような場合である（表3-28）．

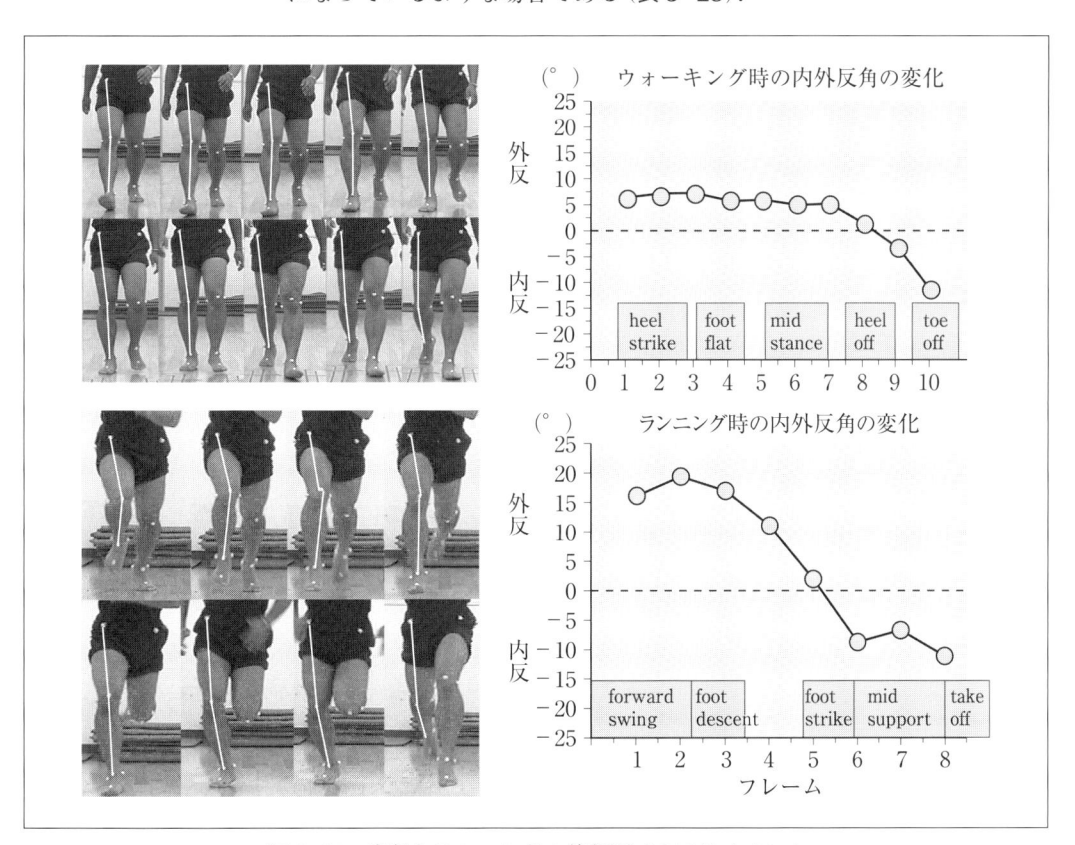

図3-21　歩行とランニングの前額面でのアライメント

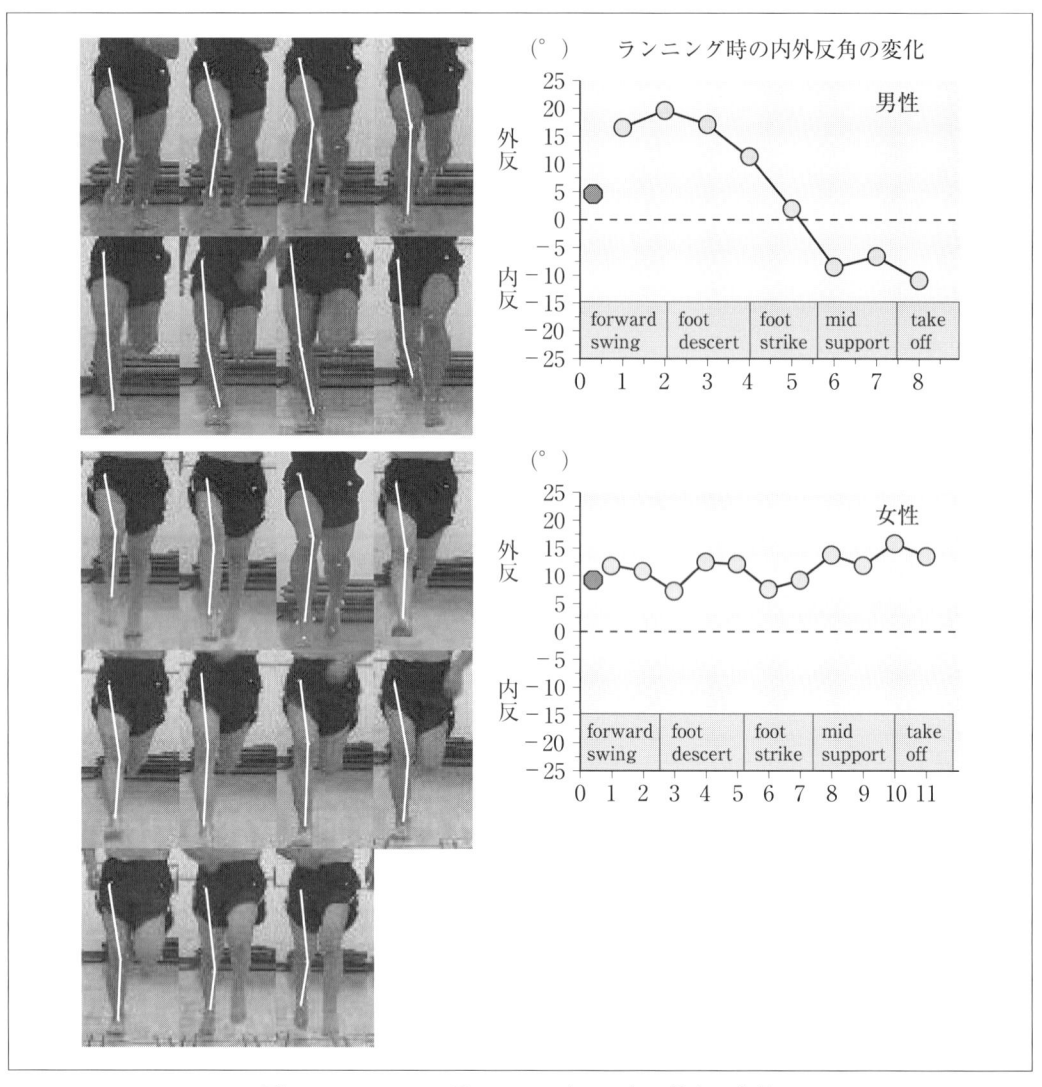

図3-22 ランニングでのアライメントの男女の比較

着地動作　　　　　　　　われわれの最近の研究で，ジャンプの着地動作で足尖が接地するときに下腿がいったんは外旋して内反膝のような形状をとり，足底接地前後から今度は下腿が内旋し，それに引かれるように大腿骨も内旋し，大腿骨が内旋し続けることで結果として下腿の外旋位すなわち外反膝が導かれるという一連の運動が確認された（図3-25）．多くの女子スポーツ選手はストップ動作で図3-26のような下肢アライメントをとる．なぜこのような下肢の使い方をするのか分析が必要である．

ストップ動作

表3-29〜31に高校でクラブ活動を行っている選手の下肢アライメント測定結果を示すので，参考にしていただきたい．

5．アライメントの評価と治療　71

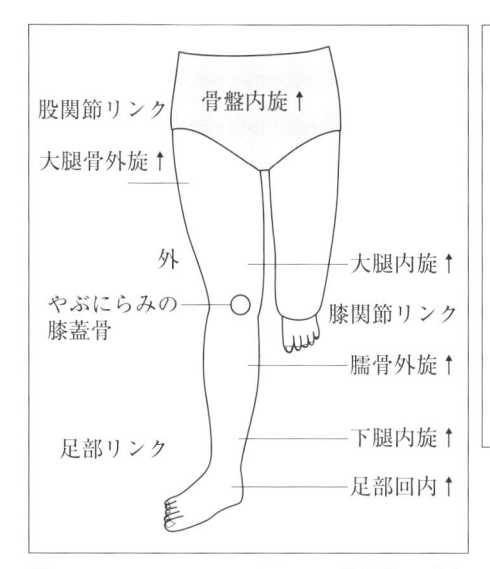

図 3-23　knee-in にみられる下肢関節の動き

図 3-24　squatting test

表 3-28　スタティックアライメントとダイナミックアライメント

1. スタティックアライメントの評価に加え，ダイナミックアライメントの評価が重要である．
2. ランニングのミッドサポートでは O 脚の者でも膝の外反が観察される．
3. このとき足アーチの低下がみられる．
4. この両者の関係を knee-in & toe-out と表現している．

図 3-26　knee-in でのストップ動作

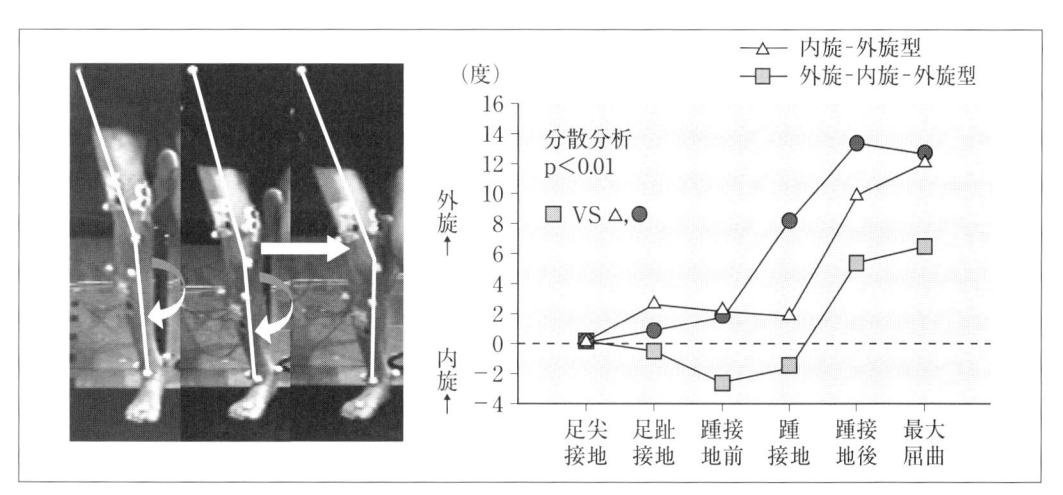

図 3-25　ダイナミックアライメントの分析

表3-29 下肢アライメント調査結果

対象：某高等学校体育科に在学する1〜3年生 220名 (440名)	男性　　161名 女性　　59名 平均年齢　16.4 ± 0.9歳

	右	左
Q角	12.8 ± 5.4°	12.7 ± 5.2°
反張膝	3.1 ± 4.1°	3.1 ± 4.1°
立位での踵骨の位置	外反 7.3 ± 3.4°	外反 7.6 ± 3.7°
足部内側縦アーチ (舟状骨粗面の高さ/足長)	アーチ高率 0.16 ± 0.03	アーチ高率 0.16 ± 0.03

| O脚（3横指以上） | 23.6% | 正常 | 25.9% |
| O脚（0.5〜2.5横指） | 49.6% | X脚（1横指） | 0.9% |

（平均値±標準偏差　N.S.）

（加藤・他：運動・物理療法. *J Phys Med*, **12**：38-42, 2001）

3) マルアライメント

マルアライメント

表3-32に足部の代表的なマルアライメントを示す．マルアライメントになると，一般的に慢性スポーツ外傷が生じやすいと考えることが多い．どの程度のマルアライメントがあると外傷の危険が増すのかについては，データの蓄積と詳細な分析が必要であろう．マルアライメントにはある程度の組み合わせがあることはよく知られている（図3-27）．以下に，代表的なマルアライメントを示すので，測定方法を熟知したい．

・外反膝（X脚, genu valgus or genu valgum）・内反膝（O脚, genu varus or genu varum）
・反張膝（recurvatum）

表3-30 下肢アライメントの男女別平均値

男子322脚	右	左
Q角（度）	11.9 ± 4.9	12.0 ± 4.7
反張膝（度）	2.4 ± 3.5	2.5 ± 3.8
踵骨の外反（度）	7.5 ± 3.6	7.7 ± 3.8
アーチ高率	0.176 ± 0.026	0.177 ± 0.027

女子118脚	右	左
Q角（度）	15.2 ± 6.1	14.7 ± 6.2
反張膝（度）	5.0 ± 5.1	4.8 ± 4.5
踵骨の外反（度）	6.7 ± 2.9	7.1 ± 3.4
アーチ高率	0.151 ± 0.036	0.148 ± 0.032

（平均値±標準偏差）

5. アライメントの評価と治療

表 3-31 競技種目によるマルアライメントの発生比率

	O脚	Q角	反張膝	踵骨の回内 (外反10°以上)	踵骨の回外 (外反3°以上)	扁平足	ハイアーチ
陸上競技 N=92脚	28.3%	23.9%	11.9%	17.4%	11.9%	25.0%	10.8%
バレーボール N=64脚	22.2%	25.0%	12.5%	11.1%	11.1%	36.1%	0.0%
剣道 N=64脚	12.5%	156.%	1.5%	14.1%	4.7%	17.2%	1.5%
サッカー N=62脚	38.7%	4.8%	4.8%	32.2%	6.4%	9.7%	25.8%
野球 N=58脚	20.7%	8.6%	3.4%	12.1%	8.6%	13.8%	15.5%
テニス N=40脚	20.0%	10.0%	7.5%	20.2%	10.0%	32.5%	0.0%
バスケットボール N=32脚	9.4%	6.3%	40.6%	3.1%	9.4%	3.1%	9.4%
器械体操 N=20脚	10.0%	0.0%	35.0%	0.0%	20.0%	90.0%	0.0%
平均値	23.6%	14.5%	11.1%	15.7%	9.5%	24.1%	8.9%

$P < 0.05$

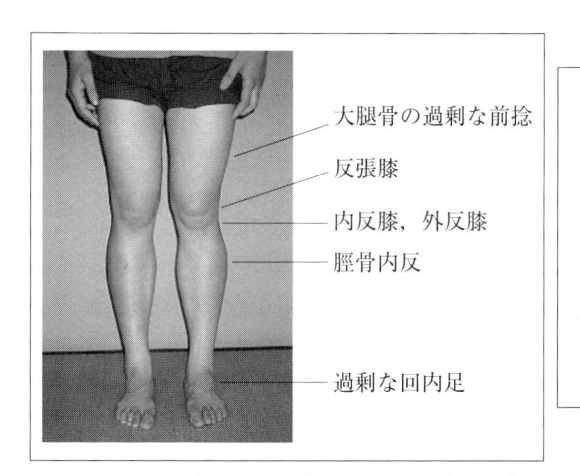

図 3-27 好ましくない下肢のマルアライメント

- 大腿骨の過剰な前捻
- 反張膝
- 内反膝, 外反膝
- 脛骨内反
- 過剰な回内足

表 3-32 代表的なマルアライメント

1. 足部の回内(扁平足)と回外(凹足)
   - トラス機構, ウィンドラス機構の理解.
   - 足部が回内すると踵骨が回内し, 下腿が内旋する.
   - 足部が回外すると踵骨が回外し, 下腿が外旋する.
2. 扁平足障害, 外反母趾, 脛骨過労性骨膜炎(シンスプリント), 疲労骨折などとの関係に注目.

- やぶにらみの膝蓋骨(squinting patellae)
- 強いQ角(Q-angle)
- 膝蓋骨高位(patella alta)・膝蓋骨低位(patella baja)
- 踵骨回内(calcaneus pronatus)
- 回内足(pronated foot, pes planus, flat foot)・凹足(hollow foot, pes cavus)

・外反母趾（hallux valgus）
・その他（tibial retroversion, tibial retrotorsion, bowleg, tibial varum）

必ずしもマルアライメントがスポーツ外傷を導きやすいという科学的な裏づけはない．しかし，スポーツ活動には不利になることが多いという認識は一致している．

一例として ACL 損傷の解剖学的なリスクをあげると，Ireland, ML (2001) のまとめによると，①体重に対する筋量の不足，②関節の過伸展，③身体の回旋方向の弛緩 (laxity)，④大腿骨の内旋と前捻，⑤外反膝，⑥大きな Q 角，⑦脛骨外旋，⑧前足部回内，⑨扁平足，そして女性は男性に比較して⑩大腿骨遠位・下腿近位が小さく，大腿骨が短い，同じく⑪骨盤が前傾し腰椎前彎が強まり，股関節が内旋・内反し，膝関節が外反・過伸展する，などとされている．これらが助長されると危険なマルアライメントとして捉えられる．

4）アライメント評価からアライメントコントロール実施の evidence

ACL 損傷が頻発するなかで，20 年間に ACL 損傷の発生がゼロだったわが国の大学トップの女子バスケットチームがある．これは確実な ACL 予防のための evidence の例である．この大学は 20 年間に全日本学生バスケットボール選手権（インカレ）で優勝 11 回，準優勝 5 回という成績を上げており，実質日本一を続けている最強チームである．このチームの練習内容はたいへん厳しいものであることは容易に想像される．このチームに ACL 損傷の予防に役立つ秘密があると考えるのはきわめて自然である．秘密の正体は徹底した「正しいスポーツ動作」の指導であり，「不正確な動作」を排除することであると思われる．

簡単にいうと，スポーツ動作で ACL 損傷を誘発するような因子を排除することで，ACL 損傷の予防が可能であるということである．基本的には，①下肢の屈曲機能を高め，②膝関節に加わる回旋力（とくに knee‐in & toe‐out）を抑えるということである．それを可能にするのは，基本的な筋力トレーニングや固有受容感覚（proprioception）を高めるエクササイズである．

ACL 損傷と下肢アライメントの間に関係はありそうだが，臨床的には未だ確証のもてる evidence は発見されていない．図 3-28 は高校女子バスケットボール選手のアライメントチェックにおける写真である．大腿骨内側上顆間は接触しており，脛骨内果間に 2.5 横指程度の間隙がある．膝関節のアライメントとしてはほぼ中間位ということであろう．この選手は検診後の観察期間に右膝のノンコンタクト ACL 損傷を起こした．このように，どのようなアライメントをもった選手が ACL 損傷

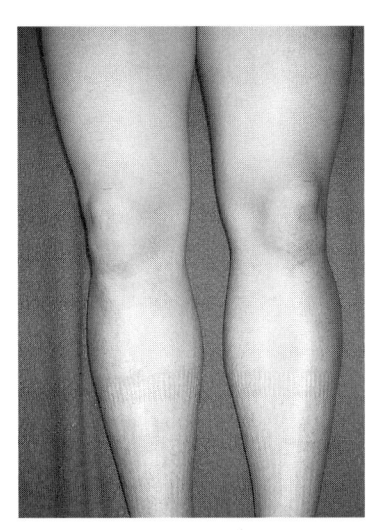

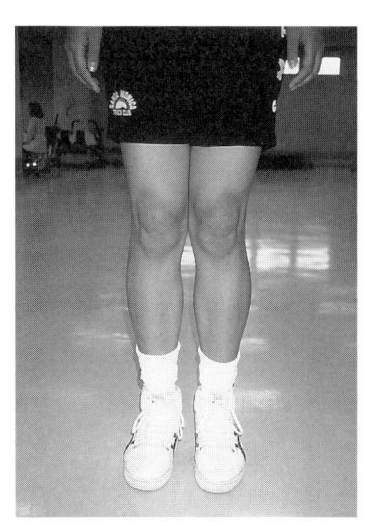

図3-28 アライメントチェック

を受傷するのかを調査したが，静的アライメントだけでは極端なマルアライメントがあっても，必ずしも受傷のリスクになるかどうかは不明であった．

　実際にACL損傷がジャンプの着地，ストップやカッティングなどの特定のスポーツ動作でみられることから，ACL損傷を発生させにくい動的なアライメント操作があるのではないかと考えるのは当然であろう．そして，それを実践したのが前述の大学女子バスケットボールチームとそのevidenceである．

　われわれは，ACL損傷の予防を目的にスポーツ選手に対して下肢アライメントに留意したステップドリルを指導してきたが，リハビリテーションにおいてスポーツ基本動作を指導する際に，膝関節0〜30°の範囲での筋収縮コントロール，バランス，固有受容感覚などを考慮したアライメントコントロールが重要と思われる．

5) アライメントコントロールの実際

アライメントコントロール

　まず，選手が何のためにアライメントコントロールを行うか，その目的を確認する必要がある．きちんとした評価を行って，選手自身のアライメントの特徴と欠点を知っておくことは不可欠である（表3-33）．足部のどこに体重が乗り，どこに重心がかかっていくのかを意識する．母趾球荷重を強調しているが，過剰に意識することなく「構え」の姿勢がとれることが必要である（表3-34，表3-35①②）．

KBW (knee bent walking)

　KBW (knee bent walking) はもっとも基本的な動作の一つであるが，体重が下肢に加わるにしたがってknee-inしてくる選手が多い（図3-

表3-33 安全に強くは矛盾するか

1. 体力を強化することが必要.
2. 基本的にスポーツにとってよい動きと外傷・障害を惹起しない動きは一致するという考え：外傷を誘発する動きは，基本的な身体運動のメカニクスを無視しているのみでなく，パフォーマンスも低下させる.
3. 個体差に応じた合理的な動きの追求.
4. 静的・動的なスポーツ動作で，いかに関節運動コントロールがうまく行えるかが最大の課題.

表3-34 構えの姿勢

1. 自由な足部の接地位置・荷重位置を覚える.
2. アライメントを意識したニュートラルポジションの体得.
3. 極端な knee-in と toe-out や knee-out と toe-in をとらない.
4. 下肢関節（股関節・膝関節・足関節）の屈曲が十分にとれる.
5. 腹筋・背筋の使い方の意識.
6. スポーツの局面に応じたさまざまなポジションの体得.

距骨下関節回外強い　　両膝に knee-in と toe-out あり

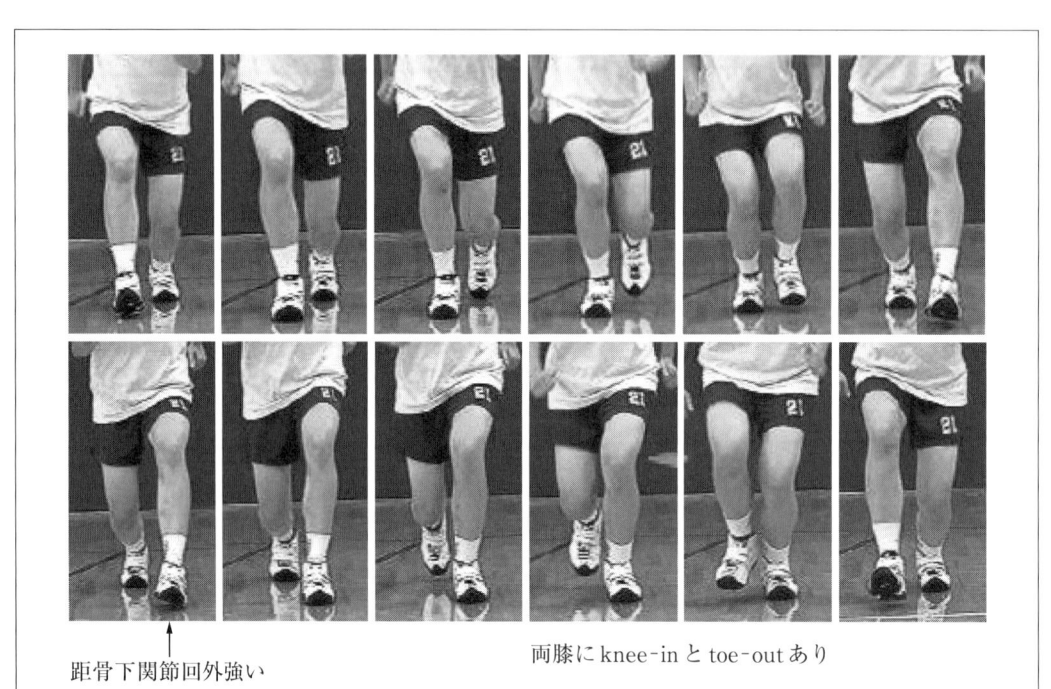

図3-29　KBWにおけるダイナミックアライメント

29）．相対的に足部は toe-out となり，大腿，下腿，足関節，足部で運動連関の修正が必要と思われる．ビデオ画面を選手に見せて knee-in と toe-out が下肢にストレスを与える可能性が高いことを説明する．鏡などに向かってどのように下肢をコントロールすればそのようなストレスが減弱し，knee-in と toe-out が中間位に修正できるかを確認する．きちんと歩行することは意外と難しい（表3-35 ④⑤）．

フォワードランジ　　　フォワードランジでは立位姿勢から前方に脚を1歩出し，そこに荷重していくことを学習する（表3-35 ③，図3-30）．この動作はきわめて

表3-35 アライメントコントロール

① レッスン1．姿勢を正す
・頭部の位置
・頸部の形態
・脊柱の形態
・下肢スタティックアライメントの特徴
・鏡やビデオで確認

② レッスン2．重心の確認
・アライメントを確認しておく
・スタンス時の足部位置を確認
・上下に重心を動かしてみる
・各関節が柔らかく動くが，アライメントは崩さない
・足部のどこに重心がかかるか？→母趾球荷重の意識
・フルスクワットまでもっていけるか
・スポーツ基本姿勢（構えの姿勢）をとれるか

③ レッスン3．足を1歩出してみる
・フォワードランジ
・母趾球荷重
・フォワードレッグに完全に荷重
・重心が極端に下がらない

④ レッスン4．歩いてみよう
・左右の対称な歩行
・上下動を少なく
・左右の振れを少なく
・heel-toe gaitができること
・母趾球で踏み切れる

・踏切りを意識すると速度が上がる

⑤ レッスン5．KBW
・いろいろな下肢屈曲角度でKBWに挑戦
・heel-toeの原則
・重心位置の変動を少なく
・深い屈曲角度でできるように
・無理なくスムーズに動く
・腕振りは重心を抑えるために不可欠

⑥ レッスン6．ストップ動作
・減速の意識
・歩幅を徐々に減少させていく
・重心後ろ型にならない
・下肢は伸展ではなく屈曲
・1歩の負担を減らせ
・急に重心が下がるのはダメ
・体幹の急激な屈曲もダメ
・目線は一定に

⑦ レッスン7．ツイスティング
・母趾球荷重で接地面積を減らす
・フロントターンは簡単
・バックターンでknee-inにならない
・股関節を柔らかく使う
・骨盤から上は回旋させない
・体幹機能が重要になる

⑧ レッスン8．ターン動作
・90°ターンから180°ターンへ
・ターンした角度を意識できる

・バックターンでknee-inしないように
・片脚にしっかり荷重できるように

⑨ レッスン9．サイドステップ＆カッティング
・スライドステップでは宙に浮く時間を少なくしてしっかりハーキーを行う
・サイドステップカッティングでは股関節を柔らかく使い体幹は安定させる

⑩ レッスン10．ダッシュ→ストップ→ターン→ダッシュ
・連続したスムーズで速い動き
・局所にストレスが加わる場面がないか観察

⑪ レッスン11．ジャンプ＆着地
・着地動作は下肢を屈曲して
・関節に骨性の負担をかけない
・いつまでも屈曲が続くのもダメ
・回旋などを入れる

⑫ レッスン12．応用動作
・スポーツ種目に応じた応用動作
・一定時間の運動を無駄なく行えること
・シャトルランでの時間測定などでoutcomeを評価する

簡単であるが，ジャンプの着地動作でも結果として膝屈曲位をとることになる．常に十分な膝屈曲位のポジションがとれることがACL損傷の予防で重要になることを強調し，徹底的に反復練習をする．

ボックスジャンプ　ボックスジャンプからの着地動作では，下肢の筋収縮を十分に感じな

図 3-30　フォワードランジ　　図 3-31　ボックスジャンプ

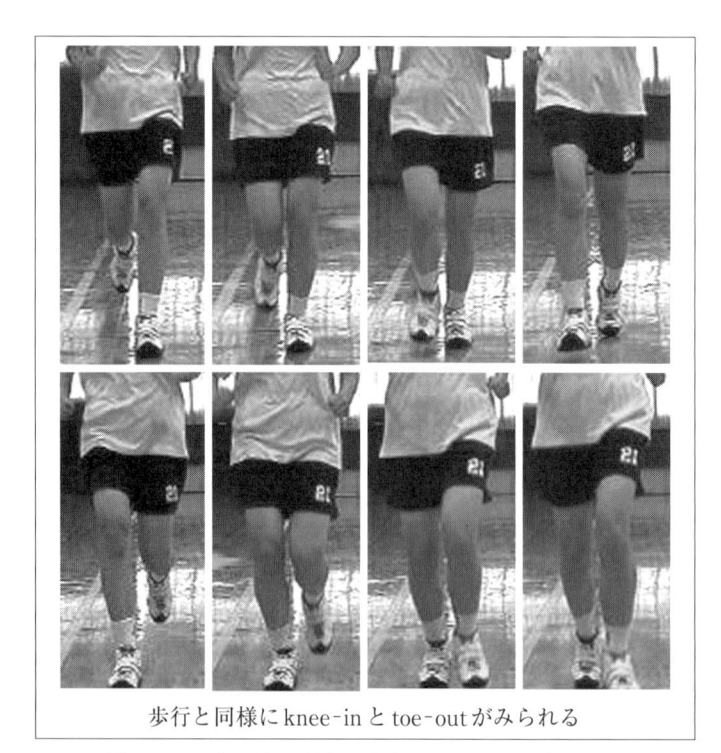

歩行と同様にknee-inとtoe-outがみられる

図 3-32　ジョギング時のダイナミックアライメント

ジョギング
ランニング
ダッシュ

　　　がら深い膝屈曲位をとれるようにする．さまざまな工夫があるが，常にビデオ撮影し，適宜選手に見せ，情報の確認やフィードバックを繰り返す（表 3-35 ⑪，図 3-31）．
　　　ジョギングやランニング，ダッシュはスポーツ動作の基本ともいえる

knee-outがみられる

図3-33 ダッシュ時のダイナミックアライメント

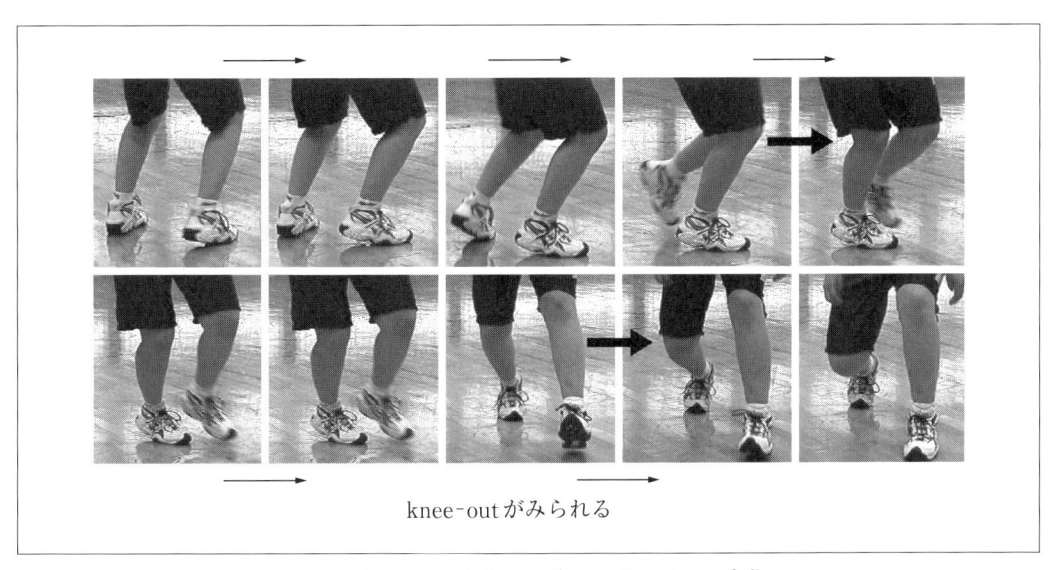

knee-outがみられる

図3-34 フロントターン時のアライメント変化

が，加速，減速を意識し，ストップ動作を徹底的に修得する（表3-35 ⑥⑩，図3-32, 33）．全足底接地・膝伸展位・後方荷重という動作がもっとも起こりやすい．また，体幹が急に屈曲してガクンとお辞儀をするよ

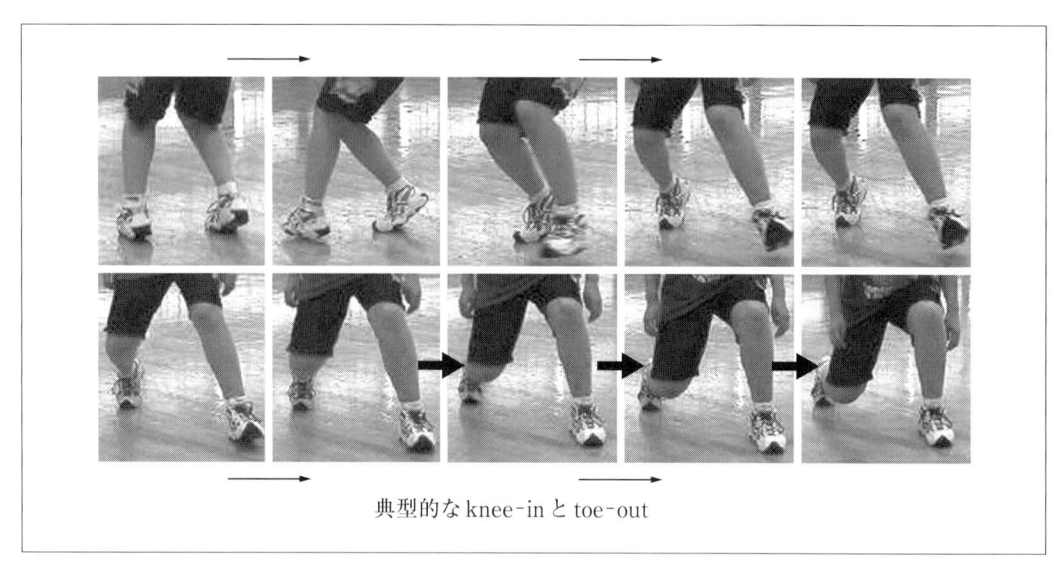

典型的なknee-inとtoe-out

図 3-35　バックターン時のアライメント変化

図 3-36　ステップ動作と下肢アライメント変化

うな格好になることも多く，身体全体の筋機能を高めていく必要がある．

ツイスティング動作　下肢に捻りを減少させるようにツイスティング動作を修得する（**表 3-35** ⑦）．この際にはやはり母趾球荷重で足底の接地面積を小さくしておターン　　　　く．この動作をターンやカッティングの動作に応用していく（**表 3-35**カッティング　　⑧⑨，**図 3-34，35**）．これらに慣れたら，何種類かの動きを組み合わ

せてやってみる．

　アライメントコントロールの指導上のポイントは，選手が自分の関節位置を意識できることである．そしてどのようにすればスムーズに身体が動くのかを反復練習しつつ，選手自身の動きとして理解・学習することである（**表3-35 ⑫**，**図3-36**）．

6）スポーツと姿勢

姿勢の評価

　姿勢の評価はなかなか発達しない．脊椎は頸椎，胸椎，腰椎，仙椎が連なり，脊柱として特有の形状をつくっている．ROMにしても，脊柱全体の動きを測定しているため問題があり，可動性が少なくなっている部位の動きを他の関節部位が過剰に動いて，一見すると標準的なROMと表示せざるを得ないような場合が多く，これが評価の発達しない要因であろう．

安静立位

しかしながら，現実には，安静立位の姿勢（**図3-37**）をチェックするなり，写真を撮るなりで相当の対応ができる．たとえば右利きの選手の場合，右肩が一見して左肩より下がる（右肩下がり）．また，右上腕骨頭が前方に出ることで，肩甲骨も外転位におかれることが多い．胸椎は左回旋するということになる．頸椎も当然影響を受ける．胸椎の回旋に伴って頸椎も回旋するが，頭部も左回旋するため，顎は正中線よりも左方向に向く．右胸鎖乳突筋のほうが膨隆してみえることが多いかもしれない．これは一例であるが，右利きでとくにオーバーヘッドスポーツを行う選手でこのような傾向は強まるため，観察のみでも相当な情報が得られるわけである．姿勢を観察することで，選手の動作を想像できるようにトレーニングすることは重要であろう．

猫背
円背

　猫背とか円背といわれるような悪い姿勢がある．基本的に背筋を優位

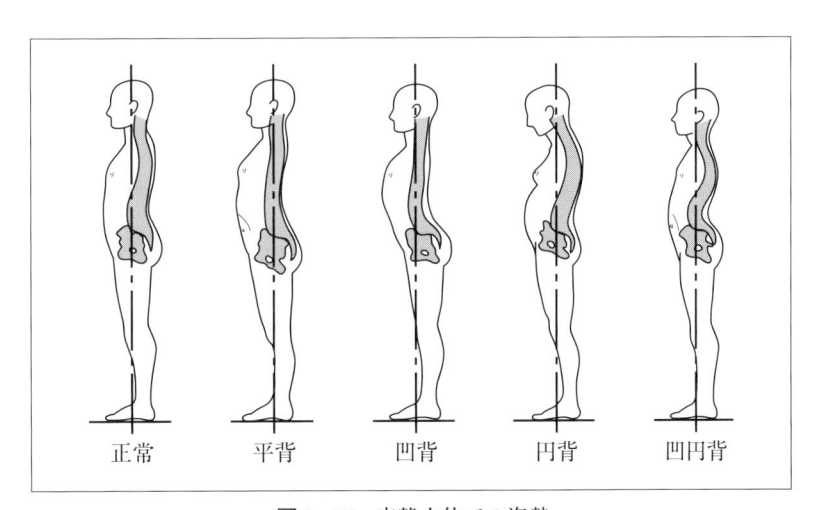

図3-37　安静立位での姿勢（正常，平背，凹背，円背，凹円背）

に使えない結果と思われる．このような状況では上腕骨頭がより前方に出ることで肩関節内旋位が強くなり，投球動作では外旋側に過剰な努力が求められるようになるため，結果としてパフォーマンスが下がるし，外傷の危険が増す．背部をまっすぐに伸ばすようなエクササイズか，上腕骨頭を中間位に置く（胸を張るか反らせる）ことが必要である．姿勢が悪くなる理由を明らかにし，正しい姿勢をとることが，スポーツ動作に直接的・間接的に影響する．

　頸椎，胸椎，腰椎，仙椎のそれぞれの構造と運動を理解することが，姿勢の評価に役立つ．各脊椎のユニットが屈曲，伸展，側屈，回旋のどの動きを制御しているかを知ることが評価に役立つ．頸椎はどの方向にも動くが，上位と下位での差がある．胸椎は回旋優位で，これに対して腰椎は下位になるほど回旋の要素はなくなり，屈曲・伸展の動きとなる．最近は脊椎の運動を記録する装置も開発されているが，前述のように写真撮影などが意外と役に立つということを補足しておきたい．

● 参考文献

1) 木村　功：ケガをさせない指導．*Sports medicine*，**13**(6)：18-21, 2001.
2) 浦辺幸夫：下肢の各関節の連関を考慮した外傷の発生機序についての運動学的分析．理学療法学，**21**(8)：532-536, 1994.
3) 浦辺幸夫：スポーツ動作からみたアライメントコントロール．整・災外，**41**(10)：1237-1247, 1998.
4) 川野哲英：スポーツ外傷のリハビリテーションにおけるウォーキングの考え方．臨床スポーツ医学，**9**(2)：167-172, 1992.

6．関節可動域（ROM）の測定とエクササイズ

1) ROMとは

ROMの測定

参考可動域

解剖学的肢位

　ROMの測定は，評価のなかでもたいへん多く行われる．身体運動は各関節が標準的な可動範囲を有することで正常な運動が行える．スポーツ選手では一般的な角度（参考可動域と称している）をはるかに超えたROMを有するものがいるが，スポーツへの適応なのかむしろ不利になるものなのか見極めも必要であろう．日本整形外科学会と日本リハビリテーション医学会によりわが国独自に，方法や参考可動域が設定されており，統一した方法で測定しないと測定値の互換性がなくなるという心配がある．解剖学的肢位を原則とし，面と軸を理解しておく必要がある．

参考可動域はあくまで参考であり，性別，年齢，スポーツ種目などによって大きく異なる．たとえば，オーバーヘッドスポーツ（野球，バレーボール，ハンドボール，テニスなど）を長く行うと，右肩関節の外旋角度は左よりも大きくなり，内旋角度は逆に右肩関節で減少することはよく知られている．姿勢での左右差があることを示したが，ROMでも左右差があるのがむしろスポーツへの適応と考えられるケースがあることを知っておく必要がある．

正常に関節が動くためには，関節自体の構造が正常であること，軟部組織が正常であることが必要である．ROM測定は他動的・自動的に行われるが，他動運動が原則である．関節運動では主動作筋側と拮抗筋側での相反神経支配が健全でなければならない．運動のスムースさの確認に加え，最終域での終末感（end feel）もROM制限の要因を探る目的でたいへん有用な情報となる（表3-36）．

終末感

角度計
ゴニオメータ

ROM測定用には特別の角度計（ゴニオメータという）を使用する．ゴニオメータには東大式，神中式に加え，水平を保つための水準器をつけたものや，プラスチック製のもの，手指用の小型のものなどさまざまな種類と大きさのものがあるため適宜選択したい．基本的には正しく角度を測定するために，ゴニオメータのアーム長は25〜30cmは確保したい．プラスチック製のものは携帯に便利であるが，大きな関節の測定ではどうしても誤差が大きくなるので正しい測定はできない．ゴニオメータは，角度表示目盛りが正しく刻印されているか確認し，関節運動の最後に原則として関節の外側に軽く接触させ，角度を読みとる．この際に，身体からゴニオメータを離して角度を読みとってはならない．ゴニオメータを使わないで角度を距離などで標記しようという工夫もなされている（表3-37）．現在，基本軸と移動軸でROMを標記する方法をとっており，軸心の表現はなくなったが，運動の起こる関節中心を意識して

表3-36 ROM測定結果の解釈

1. 拮抗筋の緊張．
2. 疼痛：原因部位・組織の解明．
3. 関節構造の破綻：関節軟骨の損傷，脱臼など．
4. 関節包，靱帯，腱に問題があり正常な関節の遊びの欠如：終末感（end feel）の慎重な観察．

参考ROMを念頭におき，年齢，性別などを参考に解釈する．ROM制限があった場合は制限因子を明らかにする．

表3-37 角度以外の表記

〈メジャーなどで距離を測定する場合〉
1. FFD（finger floor distance）：床に指尖が届かない場合は－で表記．
2. heel-buttock距離：膝関節屈曲制限．
3. 膝窩から床：膝関節伸展制限；fb（finger breadth）で示す．
4. 脊柱間距離の変化：C7-L5間の可動性の確認．

おくことは重要である．身体表面の骨の突出部をランドマークとして軸を決められるようにしておく．

全身のROM測定をできるようにしておく必要があるが，肩関節屈曲，外転，股関節伸展，膝関節（過）伸展，足関節背屈については測定を多用する．とはいえ，腰痛症では体幹のROM測定，頸椎捻挫では頸部のROM測定，手指の骨折では手指のROM測定というように，疾患別に身体各部位のROM測定は熟知しておく必要がある．ROM測定は疾患の治療への情報になることに加え，メディカルチェックとしての意味も大きい．

過剰な関節の動きはgeneral joint laxity（GJL）として確認する必要があるし，スポーツによって筋緊張が高まることで筋短縮という現象が起こり，運動範囲が減少する特定部位があるため，ThomasテストやSLR，尻上がり現象などについても必ず確認しておく．

general joint laxity (GJL)
Thomas テスト
下肢伸展挙上テスト (SLR)
尻上がり現象

2）ROM測定の原則と注意点

以下にROM測定の原則と注意点を箇条書きにする．
- 基本軸と移動軸を説明できる．正常なROMについて知っておく．
- ある関節のある運動についてどのような終末感があるか知っておく．それが阻害されたとき，阻害因子が何であるか予測を立てる．
- 他動的なROMと自動的なROMの違いを知っておく．
- どの筋に問題があるとどの関節運動が侵されるか知っておく．
- ある関節に二関節筋と単関節筋が作用するとき，両者の鑑別方法を知っておく．
- 筋の短縮について，人名がついているような有名なテストについて知っておく．
- 記載方法を工夫する．
- 疼痛などがあった場合どう記録するか．
- ゴニオメータはどのようなものを選ぶか．
- ゴニオメータは皮膚に軽く接触させる程度．
- 運動の開始と終わりに軸がずれていないという保証がないことに注意する．
- 軸心の表現はなくなったが，基本的にどの部位が関節運動の中心であるか正しく知っておく．
- ゴニオメータは5度単位で読むが，関節によっては1度単位も意味のあることを知っておく．
- ゴニオメータを読むときには目を水平位置にもってくる．ゴニオメータを外して目の位置にもってきてはいけない．

- ゴニオメータをあてるときには自分の目からできるだけ離し，全体の位置関係を見渡せるかあるいは俯瞰できるような位置におくように心がける．
- 軸を決めるときには bony land mark を活用する．マークも必要かも知れない．
- 該当する部位の体表面が見えるようにすることは必須条件．
- 巻尺や指による距離で ROM の代わりをしようとする方法があることを知っておく．
- 何を目的として ROM を知ろうとするのか常に考えながら実行する．
- 患者に対する環境設定，オリエンテーションは十分行う．
- 患者をあちこち動かさないようにする．
- やさしく，スピーディーに行う．
- 教科書や整形外科学会，リハビリテーション医学会の方法と臨床的に用いられている方法は必ずしも一致しないことを知っておく．
- ROM の角度は1度単位で読む（5度単位で記録することが一般的）．
- さまざまな腕木の長さのものを用意する．
- 2点間の距離で表す方法もある．
- fb（finger breadth）で表すこともある．
- 測定部を露出する．
- 室温に注意する．
- できるだけ臥位で測定する．
- 自動運動では日常よく使う肢位がよい．
- 基本面から離れるときはその肢位を記載する．
- 一般的には他動運動の角度を測定，日常使用を知りたいときには自動運動の角度を測定する．
- 二関節筋の短縮を鑑別する方法を知っておく．
- 基本軸，移動軸を決める．
- 軸の平行移動は支障ない．
- 角度計から目を離して読む．
- 他動運動は身体を密着させて行う．
- 運動中に軸が変わる場合，運動終了後に測定する．
- 二人で測定すると正確だが，一人でできるようにする．
- 疼痛があった場合 pain の p の略字などの印をつけておく．

ジョイントラキシティ

関節の緩み

3）ジョイントラキシティの測定

ジョイントラキシティ（joint laxity）は「関節の緩み」のことである．従来，関節が硬く柔軟性が少ないとスポーツ外傷・障害に陥りやすいと

考えられることが多かった．しかし，関節がむしろ柔軟なことで損傷に陥る危険が高いことも考えられるようになった．ACL損傷はその代表的なものであろう．膝関節過伸展との関連が取沙汰されている．また，動揺性肩関節（loose shoulder）や膝関節亜脱臼症候群などでも関節が異常に柔軟なことが知られている．

ジョイントラキシティに最初に気づいたのはCarterであり，先天性股関節脱臼において，いくつかの関節の過剰可動性を記録し，Carter testを提唱した．わが国では岩田が発表し，中嶋が7つのテストとしてほぼ完成させた．関節ルーズネステスト（joint looseness test）としてスポーツ選手のメディカルチェックでは必ず行われている．代表的なものは，母指屈曲，手指MP関節過伸展，肘関節過伸展，肩関節回旋，立位体前屈，股関節外旋，膝関節過伸展，足関節背屈などである．

以上のように，関節が柔軟であることが，スポーツによっては有利になる反面，スポーツ外傷・障害の誘因になっていることを知っておく必要がある．とくに膝ACL損傷，膝蓋骨亜脱臼症候群，動揺性肩関節などはスポーツ外傷の発生に大いに関連すると考えられている．

4）ROMエクササイズの注意事項

ROM拡大のためのエクササイズ（ROM ex：range of motion exercise）は運動療法でも重要な位置を占める．「ROM exの原則はgentle & slowly，そしてfull rangeで」という基本的合意があったが，細心の注意を払っても，頭部外傷や痛みの強い患者では異所性骨化や複合性局所疼痛症候群（CRPS）を惹起することになりかねないので注意を要する．ROM exは関節包内の運動をねらったモビリゼーションなど治療的なものに加え，スポーツ選手がコンディショニングで行うストレッチングも含まれる．以下に，一般的注意事項を示す．

① 治療は平安な室内で行うことが多いが，スポーツ現場では体育館の床面やコートサイド，グラウンドサイドで行われることも多いので，シートなどを用意しておくとよい．
② 安定したベッドがあるとよいが，床面で行う場合の工夫など，環境に即した方法を工夫する．
③ 術者は突起物（時計，指輪，イヤリング，長すぎる爪）を外す．清潔な服装に注意する．
④ 関節の形状をよく知り，関節の運動方向と参考可動域にみあったエクササイズを行う．各関節によってROMの障害のされかたに共通性がみられることも多い．
⑤ 関節運動が阻害される組織を把握し，どの組織に対して対応する

のか考える．基本的には，関節構造体の異常（骨，関節軟骨），軟部組織の異常（関節包，滑膜，半月板，腱，筋）のどちらに問題があるのか捉えておく．

⑥ 運動によって伸張される筋について知識をもつ．とくにストレッチングを行う場合，どのような方向に肢節を動かせばよいのか考慮する．

⑦ 関節包内運動と関節包外運動の関連を考えておく．

⑧ 他動運動に加え自動運動，支持運動，抵抗運動などを活用する．

ROM制限　　拘縮，強直，癒着，筋の短縮，インピンジメント，神経刺激徴候，痙性，痙直，末梢神経損傷，関節変形など，ROM制限の起こっている原因を確かめる．この原因に対して対応できるのかそうでないのかの判断を評価の際につけておく．疼痛を伴うことも多いが，その際の対応も考慮しておく．基本的には「no pain is no gain（良薬口に苦し）の原則はあてはまらない」ことを確認しておきたい．疼痛は関節運動制御を阻害し，結果として目的としたROMの拡大にはつながらない．

関節包内運動　　筋・腱や関節包を伸張して疼痛の訴えがある場合，関節包内運動を行い，環境を調整するとよい．一般的にはモビリゼーションといわれているが，グレード1～4という刺激の振幅の大きさとリズムのなかで，疼痛に対応できる部分は大きい．とくに関節運動の終末感を検査していくことで，問題の内容や障害の程度がわかる．

ROMの拡大が要求される動きとしては，足関節背屈，膝関節屈曲と伸展，股関節屈曲（SLR）と伸展，体幹屈曲と伸展，肩関節屈曲・外転・内旋などが代表的なものである．関節包の拘縮や短縮，筋の短縮による緊張増加，疼痛による運動回避などのどの原因が強いかを探る．

5）ストレッチング（stretching）

ストレッチング　　ストレッチングはアメリカ人のボブアンダーソンが創った言葉である．スポーツ愛好者を中心に1970年代以降，世界各国に広まった．主

静的ストレッチング法　流は静的ストレッチング法であり，数秒から数十秒かけてゆっくり筋を引き延ばし，筋の伸張反射を抑制することで筋の緊張を低下させるものである．その結果，二次的にROMが拡大したり，いわゆる柔軟性が向上するという効果がある（図3-38）．ストレッチングとROM exの違いは判然としないが，スポーツ現場ではコンディショニングとして，ストレッチングという表現が日常的に使用されている．

balistic stretching　その他の方法として，反動やリズムを用いた動的なbalistic stretching
PNF　やPNFを利用したものがある．PTあるいはATとしては何を目的にストレッチングを行うのかを明確にすることが必要である．表3-38に

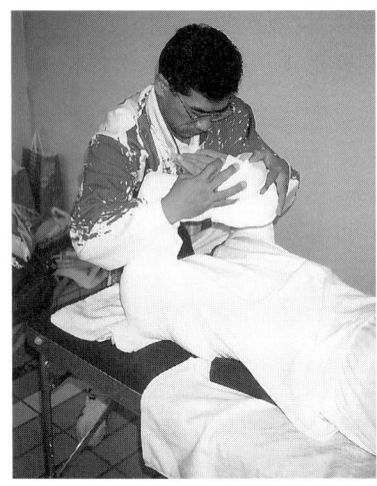

図 3-38　ストレッチング　　図 3-39　セルフストレッチング

表 3-38 ストレッチングの効果

1. ウォーミングアップやクーリングダウンの補助
2. 短縮した筋の伸張
3. ROM の拡大
4. 治療の手段として
5. その他

セルフストレッチング

ストレッチングの効果をまとめた．図 3-39 はセルフストレッチングの一場面である．選手が自身の身体のどの部分をストレッチングすべきか意識することが重要である．ストレッチングに慣れてくると，コンディショニングの好調・不調も関係していることがわかることも多く，重要な情報になることもある．

ROM の拡大には筋以外の軟部組織の伸展性を高めることも必要である．そのためには，物理療法，マッサージ，ROM ex，モビリゼーションなども併用する．スポーツ競技や選手個人の特徴を捉え，ROM の特徴，筋の硬さ，年齢と柔軟性などについて観察し，治療に結びつける．

以下のような関節についてその動きと，関連する筋のストレッチング法を習熟しておく．

① 手関節，指関節，手根骨，前腕：骨折，靱帯損傷，突き指などによる指関節 ROM 制限，三角線維軟骨複合体（TFCC）損傷，手関節背屈制限．前腕は肘関節との関連で対応．

② 肘関節：蝶番型の安定した関節，終末感がとくに重要．内側不安定性と過伸展には注意．

③ 肩関節：胸鎖関節，肩鎖関節，肩甲骨との連動，肩甲上腕リズムに注意．レバーアームの長さにより大きなストレスが発生することがある．関節包の伸張方向を理解する．

④ 椎間関節：部位（頸椎，胸椎，腰椎）によって動きが異なる．

⑤ 仙腸関節：nutation，counter-nutation．

⑥ 股関節：屈曲，伸展，内転，外転，回旋のいずれの運動に問題があるか確認する．

⑦ 膝関節：解剖の理解，ストレッチングにより関節不安定性を助長

させないようにする．膝蓋大腿関節の機能を見逃さない．
⑧ 足関節，足部：背屈ROMをどのように獲得するか，足部には多くの疾患があることに注意する．

ストレッチングをいつ行うかは重要である．スポーツ開始前のウォームアップを長時間かけて行うのが常識的になっている．「スポーツ障害の予防のためにストレッチングを行うことが必要」と一般的に信じられて指導されているが，そのようなevidenceは明らかではない．静的ストレッチングが伸張反射を抑制するものであれば，身体の活動性を上げていくウォームアップには適さない．また，循環機能を高めるには静的ストレッチングでは大きな循環の改善はねらえない．それでも現実にストレッチングが行われている理由としては，習慣化されていることに加え，それまでの練習に対する疲労回復の度合いを確認するという意味が大きいのかもしれない．そのような意味で，ストレッチングがもっとも意味をなすのはスポーツ活動後に，疲労して緊張の増加した筋を伸張することであろう．クーリングダウンのストレッチングは残念ながら，スポーツ活動前のストレッチングほど熱心に行われていない．

クーリングダウン

7．筋力の評価と筋力強化エクササイズ

1）筋力とは

（1）客観的な筋力評価の重要性

筋　力

EBMが理学療法の科学的な裏づけの推進に大いに貢献している．筋力（muscle strength）の改善は運動療法のなかでも中心的課題の一つとなる．したがって，筋力を正しく測定，評価することは，今後客観的なevidenceに基づいた効果の高い理学療法を行うためには不可欠になる．現実に，われわれが接する選手の多くが筋力低下をはじめ，筋機能に関連したさまざまな治療上の問題を有している．スポーツ理学療法評価において，問題点のリストに「筋力低下」が挙げられることはたいへん多い．しかしながら，筋力の測定を客観的に行っていないため，筋力低下に対応した治療プログラムが漠然とした「筋力増強エクササイズ」に終始してしまうことを経験する．筋力の重要性についての認識があるにせよ，肝心な筋力の評価についてはこのようにあまりにも粗雑な面があり，今後EBMを推進し，治療の結果として高いoutcomeを得るためには筋力評価を厳密に行えるようにする必要がある．

筋力低下

筋力評価

（2）随意最大筋力をいかに発揮させるか

随意最大筋力

生体における最大筋力は随意努力下で発揮される（随意最大筋

表 3-39 筋力の生理的限界と心理的限界

1. 生理学的限界：構造的要素によって決まる筋力の上限.
2. 心理的限界：機能的要素によって決まる筋力の上限．火事場の馬鹿力，かけ声など．

表 3-40 最大筋力を決定するもの

1. 構造的要素：筋の断面積，$4 \sim 8 \mathrm{kg/cm^2}$.
2. 機能的要素：筋を支配する運動単位，神経筋単位の興奮状態（活動している運動単位の数と，活動する運動単位の発射頻度の増加）．

MVS　　MVS：maximum voluntary strength または MVC：maximum voluntary contraction）．福永[1]は MVS を規定する因子を表 3-39 のように表している．身体外部に出力される筋力の発揮は表 3-40 のように構造的因子に機能的因子が働きかけて行われる．つまり，MVS を大きくするためには，筋線維断面積を増大させ，張力の高い速筋線維を動員し，筋収縮に参加する筋線維数を多くすればよいのである．したがって，筋断面

筋線維　積が大きいこと，速筋線維比率が高いこと，多くの筋線維が活動することが高い筋力を発揮することにつながる．スポーツ理学療法評価では必要に応じてこのような項目について測定手段を開発できればよいわけである．

　　　収縮に動員される筋線維数は，大脳の興奮水準が高まるほど多くなる．表現を少し変えると，筋力は構造的因子に由来する生理的条件による

生理的限界　上限（生理的限界）と，大脳の興奮水準の高さによる心理的条件による

心理的限界　上限（心理的限界）があり，心理的限界の上限が生理的限界を上回ることはない[2]．疾病利得を得ようとする詐病の場合に，あえて随意最大努力をしないことによって筋力発揮の心理的限界を引き下げ，故意に低い筋力に止めようとするような状況に遭遇する．いかにそれを見破り，患者や選手の納得したなかで正しい筋力の大きさを測定できるかが必要になる．また，このような心理的限界近くで MVS を測定する場合，プロ選手の場合には注意が必要である．すなわち，最大努力をしたことによって筋・腱を含めた関節構成体に何らかの損傷が発生すれば，補償問題になりかねない．メディカルチェックの一環で筋力測定を行う機会は多いが，選手には目的をよく説明して，理解と納得，合意を得ておくことが不可欠である．

疼痛　　　心理的限界に影響を与えるもう一つの理由として疼痛があげられる．疼痛が筋力発揮を低下させる要因であることは容易に推測できよう．選手は「痛みを我慢してでも高い MVS を出す必要があるのか」を質問してくるが，疼痛の許容範囲で測定を行うのが通常である．あるいは，疼痛が強すぎて，選手の協力が得られない場合や信憑性の少ない結果が予測できるなら，筋力測定の意味をもたないので，測定を延期することも必要である．筋力測定を行う際には，対象に測定の意味と方法を十分に理

7．筋力の評価と筋力強化エクササイズ

解してもらい，最良の協力のもとでMVSを測定できるように努める．

筋力増強エクササイズ
筋線維断面積
筋線維数

　筋力増強エクササイズ (muscle strengthening exercise) によるMVSの増加は，筋線維断面積と活動する筋線維数の増大によって起こる．通常は，個人が有している身体各筋の筋線維組成によってその人が高い張力発揮に優れているのか，むしろ持久力系統の運動に向いているのか，あるいはその中間的なものなのかが生来ほぼ決まっている．エクササイズにおいては筋力系か持久力系か，その種類によって反応する筋線維の動員形態に異なった適応が起こる．筋線維組成の変動は比較的少ないが起こることが知られている．近年は筋組成を知るために行う筋生検は，倫理的理由もあって容易には行えないが，筋力測定の方法を工夫することによって，選手の筋の特徴を推測することはできる．

　筋断面積の増加はエクササイズ開始後4〜6週間程度経過してから起こり，これがいわゆる筋肥大 (muscle hypertrophy) といわれるものである．このことから筋肥大をねらった筋力増強エクササイズの効果につ

筋 肥 大

いて中間評価を行う場合は，初期評価から1〜1.5カ月の期間を開けて行うべきであることがわかる (図3-40)．筋力増強エクササイズ開始後2週間程度までみられる筋力の増加は，筋肥大によるものではないことを知っておく必要がある．これは同じような筋収縮形態を反復することによる運動への慣れ効果，すなわち大脳から脊髄，末梢神経を介した神

神経系のトレーニング
**　効果**

経系のトレーニング効果によって心理的限界が上昇し，収縮に動員される筋線維数が増加し，発揮される筋力が増加したことによる筋力の増加の要素が大きい．そう考えると，初期評価で測定したMVSは慣れ効果

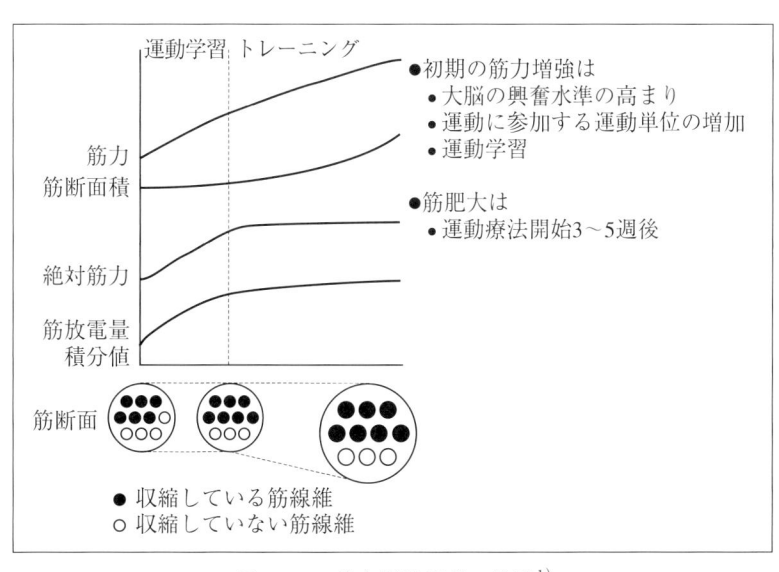

図3-40 筋力増強運動の効果[1]

表3-41 筋収縮形態の比較

筋収縮形態	等尺性収縮	等張性収縮	等速性収縮
長　所	・簡便，安価 ・安全性（高） ・関節運動なし（急性期） ・疼痛への影響（小）	・負荷，抵抗量の定量化可能 ・心・循環系の負担小 ・持久力，耐久性向上 ・自主運動可能 ・運動の動機づけ大	・全関節角度での最大張力可能 ・データ保存，処理に便利 ・最大筋力，持久力ともに向上 ・安全性が高い ・有効性，進歩の視覚的確認
短　所	・関節運動なし（回復期） ・動きの単純化 ・心・循環系への負担大 ・個々人の動機づけによる差 ・特定の可動域状況下のみ	・負荷が一定 ・時間を要す ・器械の設定必要 ・疼痛の影響大 ・安全性に劣る	・高価 ・器具設定を要す ・実際の筋収縮と異なる ・データの分析の熟練 ・単関節運動

（奈良　勲監修：標準理学療法学，運動療法学　総論．医学書院，2001，p.163）

もないため過小評価気味になり，中間評価との差が大きくなり，結果として中間評価の結果が過大評価され，真の筋肥大が少なくても，理学療法実施の効果として誤って信じられてしまう危険も大きい．

2）筋力測定の意味と重要性

筋収縮形態

（1）筋収縮形態

表3-41に筋力の発揮形態の違いについて示した．動物実験では筋力を測定する場合，筋を切り出して一端を固定し他端にトランスデューサを装着し，電気刺激を与えて直接の収縮力を測定できる．しかし生体では，筋を直接取り出して収縮力を測定するわけにはいかないので，関節運動により外部に現れた肢節の力やトルク（力と作用点までの距離を乗じて算出する）を筋力とみなして読み取っている．また，筋電積分値から発揮された張力を予測しようとすることも行われている．力の単位は重さの単位とは異なるので，N（ニュートン）などで表す．トルクはNm（ニュートンメータ）やkgm（キログラムメータ）という単位で表している．

トルク

張　力
ニュートン
ニュートンメータ
キログラムメータ

等尺性収縮

筋力はそれぞれの発揮形態により運動療法上の長所・短所があり，それをよく理解したうえで筋力測定やエクササイズ計画に反映させていく必要がある．たとえば，等尺性収縮（isometric contraction）による筋力測定は比較的簡単で正確に行えるが，関節運動がないため動的な運動の評価（例：椅子からの立ち上がり，スクワットジャンプなど）にはむ

7. 筋力の評価と筋力強化エクササイズ

かない．この場合は，等張性収縮（isotonic contraction）や等速性収縮（isokinetic contraction）など動的な筋力発揮形態での測定も加える必要があろう．

（2）力と速度の関係

筋力の発揮形態を力と関節運動速度の関係から作図したものが図3-41，42である．これは力-速度曲線（force-velocity curve）とも呼ばれる[3]．等尺性収縮でMVSを発揮すると速度がゼロになり関節は静止していることになる．それ以下の力（負荷）でなら徐々に速度を得て関節運動が起こり（短縮性収縮または求心性収縮 concentric contraction），負荷が最低ならもっとも速く関節が動くことになる．

パワー（power）という表現がよく使われるが，パワーは力と速度の積であり，一定の質量（たとえば砲丸投げの砲丸，バスケットボール，野球のボールなど）を素早く移動させるような能力である．たとえば，砲丸，バスケットボール，野球のボールを投げたときの肘関節の運動角速度を想定してみよう．砲丸を最大距離投げようとする際の肘の伸展速度はバスケットボールより小さい．野球のボールを投げるときがもっとも肘関節の伸展速度が大きい．各負荷条件での力と速度を乗じた機械的

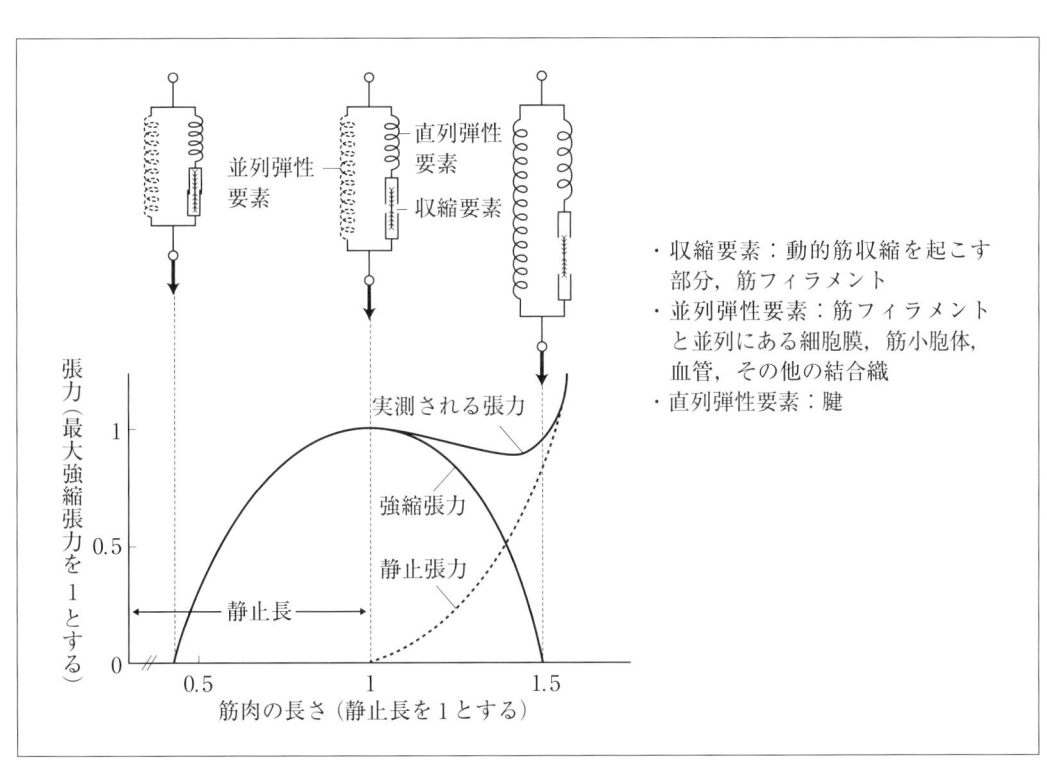

側注： 等張性収縮／等速性収縮／力-速度曲線／パワー

- 収縮要素：動的筋収縮を起こす部分，筋フィラメント
- 並列弾性要素：筋フィラメントと並列にある細胞膜，筋小胞体，血管，その他の結合織
- 直列弾性要素：腱

図3-41 長さ・時間曲線
（奈良　勲監修：標準理学療法学，運動療法学　総論．医学書院，2001, p.158）

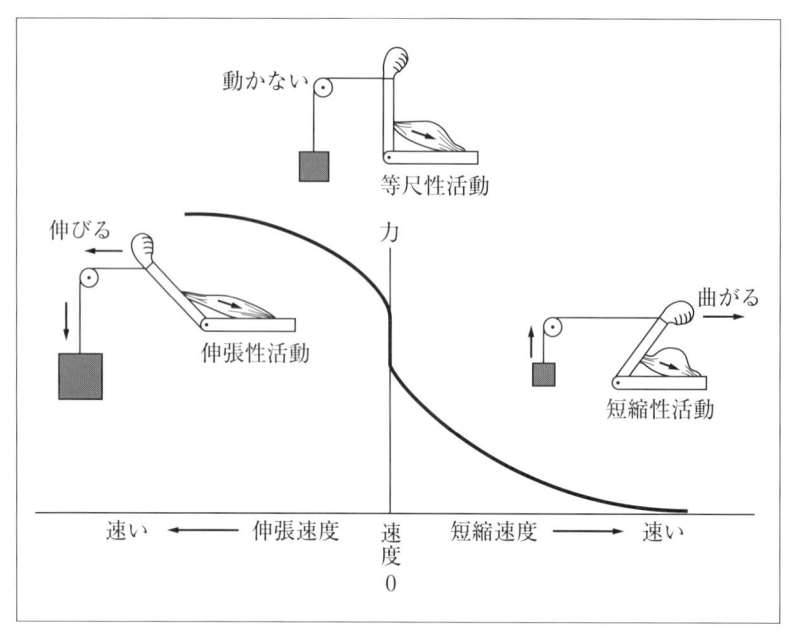

図 3-42 張力・速度曲線
(トレーニングの科学的基礎. ブックハウス HD, p.32)

パワーの最大値は力が MVS の約 35％, 速度も約 35％のときであることが知られており, パワーを向上させる際のエクササイズの負荷と速度として応用されている[4].

一方, MVS の 100％より大きな力が加われば等尺性収縮による静止状態を保てなくなり, 今度は伸張性収縮または遠心性収縮 (eccentric contraction) となる. 伸張性収縮に変わる変換点では筋力が等尺性の MVS より 20〜30％も大きく発揮される (breaking strength[5]) ことが特徴で, 筋のみではなく腱器官などを含めた stretch‑shortening cycle[6] の関与も考えられている. 現在の徒手筋力検査 (MMT：manual muscle testing) は抑止テスト (break test) を原則としているが, 最大等尺性収縮時の MVS を意味するか, さらに発展させて遠心性収縮になる瞬間の強力な筋力を測定しようとするものかは曖昧である. いずれにしてもこれまでに行われてきた full arc test (ROM テスト) は求心性収縮で行われていたため, 発揮される筋力は小さかったことは間違いない.

さらに, 筋力発揮をエネルギーの視点からみると, 有酸素運動は MVS のおおよそ 30％程度以下でなければ持続することが困難である. 全身持久力とは別に等尺性収縮で筋持久力 (muscle endurance, strength endurance) を測定しようとする方法もあり,「MVS の 50％にまで筋力が落ちるのにかかる時間, あるいは運動回数」というような検査法もスポーツ選手の運動能力の評価ではよく用いられている.

伸張性収縮
遠心性収縮
stretch‑shortening cycle
徒手筋力検査
抑止テスト
full arc test
有酸素運動
筋持久力

(3) どのような視点で筋力を評価するのか

筋力は単関節での力や関節トルクとして測定されるのがもっとも一般的である。一般に開放運動連鎖系（OKC）での筋力測定がこれにあたる。MMT の基本的な考えがこれにあたり、膝関節伸展（レッグエクステンション leg extension）（図 3-43）や屈曲（レッグカール leg curl）などは臨床でもっとも頻繁に測定されている。できるだけ検査したい筋が特異的に活動できる姿勢や関節位置を工夫して測定される。単関節運動での筋力測定は行いやすい反面、二（多）関節筋（multiple articular muscle, two joint muscle）をどのように評価するかという点で難しさもある。たとえば、大腿直筋やハムストリングの評価であり、これらの筋の重要性はたいへん高いが、膝関節のみ、股関節のみという単関節の筋力測定だけでは評価が不十分であろう。

次の視点の筋力測定が、多関節同時運動による測定である。閉鎖運動連鎖系（CKC）での筋力測定がこれにあたる。大腿四頭筋やハムストリングを検査したいときには、レッグプレス（leg press, 図 3-44）やスクワット（squatt, 図 3-45）が行われる。図 3-46 のような、重力を制御しながら大腿四頭筋を収縮させるような装置もある。CKC で多関節同時運動を評価する最大の長所は、この動きがヒトの動作に近いということである（表 3-42）。OKC での膝関節伸展や屈曲はあくまで関節の運動であるが、スクワットになると下肢を伸展する動作と考えることができる。CKC がもう少し進むと椅子からの立ち上がり動作や、階段昇降のように ADL に関連した目的動作に結びつけて考えやすくなる。

多関節同時運動における筋力測定の意味を理解していただけたと思うが、逆に欠点もある。すなわち、動作のなかで特定の筋がどれだけの筋力を発揮しているかは不明なのである。レッグエクステンションでは等

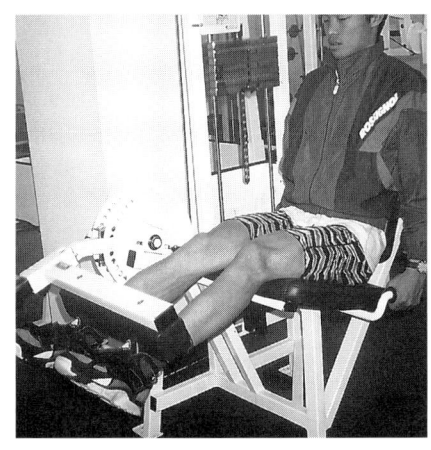

図 3-43 レッグエクステンション

図 3-44 レッグプレス

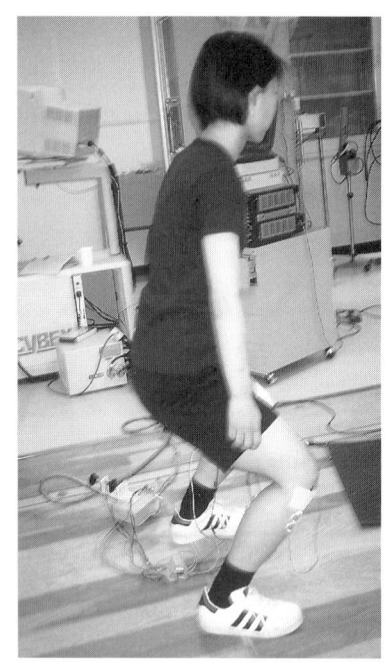

図 3-45 スクワット   図 3-46 大腿四頭筋を収縮させる装置

表 3-42 OKC 運動と CKC 運動の比較

	OKC	CKC
関節運動	単関節運動	他関節運動
評価	個別評価可能	個別評価は不可
運動学習	不十分	良い
安全性	ある	ある
エクササイズ効果	ある，不十分？	ある
適用（例）	半月板切除術後	ACL 再建術後
エクササイズの例	レッグエクステンション	レッグプレス，スクワット
注意すべきこと	関節面の摩擦	床反力の大きさ

（奈良　勲編：理学療法のとらえかた．文光堂，東京，2003，p.166）

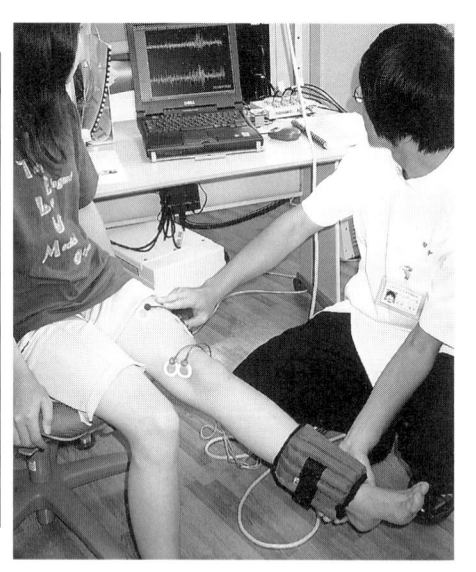

図 3-47 筋電図検査

筋電図

　尺性収縮であれ等張性収縮であれ，等速性運動であれ，膝関節伸展で発揮した大腿四頭筋の収縮力を力なり，膝関節トルクなりで測定することは可能である．ところが，同じ膝関節伸展動作でもスクワットになると，大腿四頭筋の筋力がどのくらい発揮されているかほとんど不明である．筋電図を積分したり，整流化して推測する方法もあるが（図3-47），相当の誤差が含まれることは否定できない．単関節運動と多関節

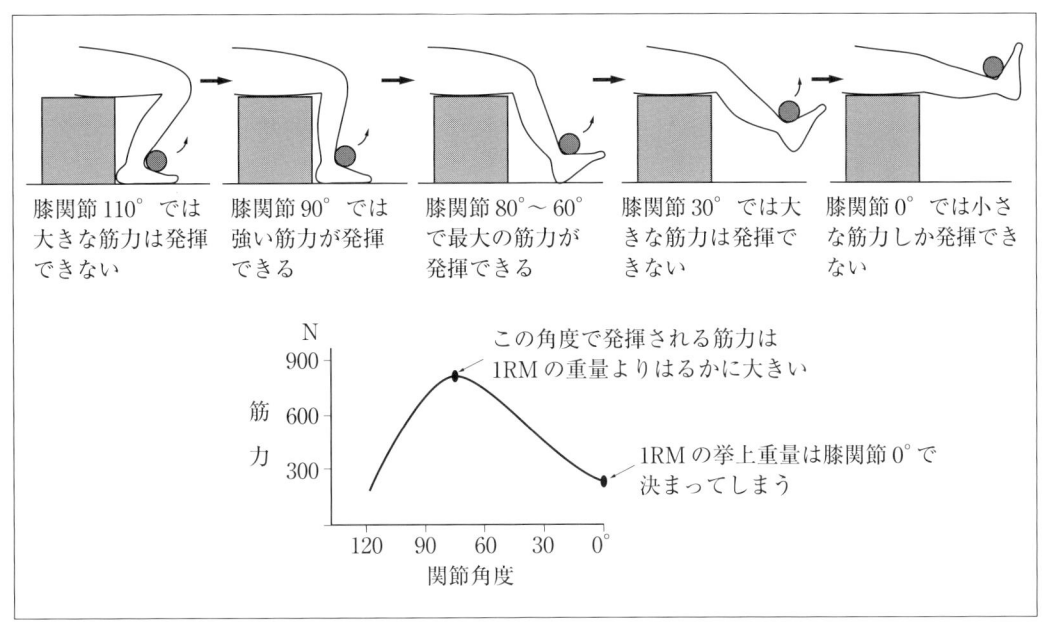

図 3-48 関節角度と発揮される筋力の関係
(奈良　勲編：理学療法のとらえかた．文光堂，東京，2003，p.163)

同時運動のそれぞれ特徴をとらえながら筋力測定を行う必要がある．さらに，関節の角度によって発揮される筋力が変化するため，どのような角度で測定したかは重要になる（図 3-48）．

スポーツ理学療法の分野で筋力が測定される場面を考えると，エクササイズや治療効果の判定のためのパラメータとしての利用がもっとも多いと思われる．「A と B の治療法のどちらが優れているか」とか「膝のスポーツ外傷による運動能力の低下と手術療法後の改善」というような場面である．その他として，筋力発揮のしやすさそのものをテーマにした場合（例：姿勢の差による膝関節筋力発揮の差）や筋力と ADL 動作やスポーツパフォーマンスの関係についての考察など，たいへん多くの場面で筋力が測定されるため，測定方法を適切に選択する必要がある．

筋電図
筋断面積
関節運動速度

パフォーマンス

筋力と同時に測定されることの多い項目は，筋電図（例：積分値，周波数分析など），筋断面積（例：周径囲の測定，超音波画像分析，CT や MRI 画像からの分析など），関節運動速度（例：立ち上がり速度，歩行速度，走行速度，投球時の肩関節回旋速度・肘関節伸展速度・股関節の運動速度など），パフォーマンス（例：歩行速度，階段昇降速度，ジャンプ高，投球速度・距離，水泳，他）などなど枚挙にいとまがない．

3）筋力測定の各種方法とその意義ならびに特徴

（1）評価で用いられる方法

① 徒手筋力検査（MMT）

MMT については後述する．

② 等尺性筋力測定法

ケーブル・テンシオメーター[7]を使用した方法などが古くから行われていたが，各種ストレインゲージによって歪み量を電気的に変量として捉え，正確に測定できるようになっている．また，簡易なものとしてはマイクロ FET や Power Track 2（日本メディックス）などのハンドヘルドタイプのテスターで MMT 時に発揮された筋力を測定することができる．しかしながら，MMT では単関節の break test によって等尺性筋力を測定することが多いので，MVS 発揮時の安全性の配慮が必要である．例として，膝関節伸展は「新・徒手筋力検査法 原著第7版」[9]ではほぼ完全伸展位で抵抗を加えるが，これをうち負かすような過大な抵抗負荷は膝蓋大腿関節の構成体に大きなストレスをもたらし，事故の発生につながりかねない．また，徒手的に加えられる力は 350N 程度が限界かと感じている．

等尺性収縮はマッスルセッティングにみられるように，外傷後きわめて初期に行われる筋収縮としての重要性はいささかも低下しているものではない．等尺性収縮は，最大収縮力（MVC：maximum voluntary contraction）を2～数秒発揮するだけで最大の筋力強化の効果が得られるということで，疼痛の訴えのある患者では関節運動がなくても行えるためよく使用されている．しかし，エクササイズを行った角度でのみ効果が得られる強い筋収縮は，血管を圧迫し血流遮断を起こすので持久力トレーニングには向かない，関節運動がないので運動の学習には向かない，などが欠点としてあげられている．また，筋収縮をしようと呼吸を止めて力むと，バルサルバ効果で血圧が一気に上昇し心疾患や高齢者ではリスクとなるので気をつけておく必要がある．

筋力トレーニングの条件として閾上刺激（supra-threshold）を使用することが必要である．これを過負荷の原則（overload principle）と呼んでいる．いかなる筋収縮形態でも一定以上の負荷を筋に加えないと筋力強化が起こらない．等尺性収縮の閾上値は MVC の 30％以上と考えられている．われわれの通常の日常生活では筋が肥大も萎縮もしないが，そうすると日常生活は MVC のおおよそ 20～30％で営まれ，MVC の 20％あるいは 10％以下になると筋萎縮や筋力低下が起こると考えられる．現代人の肉体労働のほとんどない労働形態では，通常は過負荷にな

らないような負荷でも筋疲労を感じたりするほど，もともとの筋力が低下してしまっていることが考えられる．通常は閾上刺激にならないような階段昇りでも，運動不足で筋力が低下した状態では筋力強化の効果があるかもしれない．膝関節の手術後の患者に「階段昇降で筋力がつきますか？」と問われることがあるが，「筋力はつくかもしれないが，関節軟骨などへの負担が考えられるため，他のエクササイズを行って，階段昇降はほどほどにしてほしい．無理に長い距離を歩行することも同じ」というように説明し，他に行うべきエクササイズのプログラムを与えている．

③ 重錘を使用した方法

重錘
等張性収縮

エクササイズ用の重錘などのおもりを利用して，等尺性収縮や等張性収縮で筋力を測定する方法も理学療法上，大いに使用できる．等張性収縮はもっともよくみられる筋収縮形態の一つである．重力下で身体運動を行うと，おおよそ関節運動が起こり，筋の起始と付着が近づくような短縮性収縮（求心性収縮）や起始と付着が遠ざかるような伸張性収縮（遠心性収縮）がみられる．

短縮性収縮（求心性収縮）
伸張性収縮（遠心性収縮）

通常の筋機能として短縮性収縮ばかりに目が向くが，実際の身体動作では伸張性収縮，等尺性収縮，さらには主動作筋（agonist）と拮抗筋（antagonist）の同時収縮（co-contraction）もみられる．階段を昇る際に，大腿四頭筋は膝関節を伸展させるように働く（短縮性収縮）．階段を降りるときには大腿四頭筋が伸張性収縮をしながら膝関節をスムーズに屈曲位にもどしていく．激しい身体運動後に筋痛を訴えることがある．これは遅発性筋痛（DOMS：delayed onset muscular soreness）と呼ばれ，運動後数時間に出現する．DOMSの発生原因は伸張性収縮であり，筋線維の破壊と新生による筋力強化の理由とも考えられている．

同時収縮

遅発性筋痛

RM
最大挙上重量

等尺性収縮の負荷強度は％MVCで表されたが，等張性収縮の負荷強度はRM（repetition maximum）で表す．これはある重量を挙上できる最大反復回数のことである．1RMはその人の最大挙上重量を示すが，ここで問題になるのは1RMの挙上重量でも関節角度や重力の影響によって必ずしも常にどの関節角度でもMVCが発揮されているとはいえないことである．大腿四頭筋でいえば関節運動の中1/3は筋力を発揮しやすいが，前後1/3に発揮される筋力はそれより小さくなる．したがって，膝関節を最終伸展できる筋力よりも膝関節をたとえば70°程度まで伸展する筋力のほうが大きくなる．大腿四頭筋の1RMの重量は膝関節最大伸展位では100％MVCであるが，70°では40％MVC程度しか筋力が必要でないかもしれない．等張性収縮では関節角度によって発揮される筋力に差が出るため，マシンなどではカムの形状を工夫し，運動の

最初と最後は負荷を軽くし，中1/3は重くするように工夫されている．大腿四頭筋の一例を示したが，主要な関節でそれぞれに筋力の発揮しやすい角度とそうでない角度があることに注意が必要である．

筋肥大　　等張性収縮で筋力発揮能力を高めるためには5～10RM程度の重量で3～7回というようにかなり強い負荷強度でトレーニングを行う．筋肥大を狙うためには10～15RM，場合によっては20RM以上に落とした重量で7～10回，13回というように少し負荷を下げ反復回数を増加させるとよい．また，休憩を交えセット数を増やす（3～5セット）のが一般的である．トレーニングでは適度な疲労感が至適量の目安になっており，多分に経験の入る余地がある．DOMSのある期間には通常無理はさせないし，ここで頑張っても効果が少ない．むしろさらに筋痛が悪化し，ひどい場合には筋挫傷を引き起こすこともある．

4）一般的な筋力測定法

（1）握力測定，背筋力測定

ストレインゲージ　　ストレインゲージ（strain gauge）を内蔵した測定機器が使用されており，健診を含め身体機能の大まかな評価には十分に役立つ資料になる．しかしながら近年，背筋力測定中の事故もあり使用されなくなりつつあ

ピンチメータ　　り，他の測定方法の工夫が必要である．他に手指の筋力を測定するピンチメータなどもあり，疾患や対象によっては利用価値が高い．これらの装置はキャリブレーションを行って測定値の信頼性を維持しておくことが必要である．

（2）運動能力テスト（パフォーマンステスト）

垂直跳び，立ち幅跳び，ボール投げなどはパワーの測定指標になる．

動的筋力測定　　また，鉄棒の懸垂は肘関節屈筋，腕立て伏せは肘関節伸筋の動的筋力測定と考えることができる．もう少しADLに近い動作を利用した筋力に関係する測定では，椅子からの30秒間立ち上がり回数，10m歩行速度，time up and go testなどが一般的に行われる．OKCの単関節筋力とCKCの多関節同時運動の筋力を常時比較する習慣をつけることは，スポーツPTにとってたいへん重要なことであろう．これらの工夫によっ

パフォーマンステスト　　て，大がかりな道具を用いないでも，いろいろなパフォーマンステストを考え実施することができ，そのなかからスポーツ選手の治療に有効な客観的測定方法を選出できるとよい．

（3）フリーウエイト，ウエイトマシーンを使った測定

スポーツクラブなどでは筋力エクササイズを始める前に，エクササ

ウエイトマシーン　　イズに使用するウエイトマシーンなどの機器を用いて評価を行うことが多い．これらは等張性収縮を用いるものが一般的であるが，必ずしも最大

または最大下の負荷量で測定するとは限らず，RM の指標を応用できる．たとえば 5RM は 1RM の約 75 〜 80％の負荷量であるというように経験的に推測できるわけである．

「筋はその安静長で最大の収縮ができる」といわれており，生体では関節ごとに最大の力が発揮できる角度がおおよそ決まっている．一般的に，最大の力が発揮できるのは最終の ROM ではなく，中 1/3 である ROM の中間に位置すると考えられる[3]．等張性収縮ではこのように，関節の全 ROM にわたって過負荷に適切な量の刺激が加わるとは限らない．全 ROM にわたる運動ができる最大負荷ということは，RM の決定因子としてその関節のもっともトルクの発揮しにくい位置での負荷に決まってしまうということであり，それ以外の角度ではより大きな負荷が加えられることは多い．このような理由から，多くのウエイトマシーンが ROM 全般にわたって適度な負荷がかかるように，カムを同心円状ではなく巻貝のように楕円形にするなどの工夫をしている．

バーベル　　バーベルを用いたフリーウエイトは大きな負荷を扱うので効果も大きいが，落下などの危険があり，十分な注意が必要である．ウエイトマシーンの多くはガイディングマシーンともいわれ，運動の方向が決まっており，重錘のプレートの落下による事故が抑えられている．落下事故への対策は必要であるが，フリーウエイトは重力下での荷重コントロールという点でたいへん優れた評価法である．フリーウエイトでは負荷の挙上フォームなどの誤りで怪我を起こすこともあるので，スポーツ PT は十分な知識と指導技術を備えておく．

フリーウエイト

図 3-49　固定自転車

固定自転車　　　　　　　固定自転車（stational bicycle）を使った評価では，筋力，持久力，パワーのいずれに重きを置くかで測定の設定が異なるが，左右の下肢を交互に運動させるので，人の日常動作に近い動作でデータを収集することができるし，エクササイズにも使用しやすい（図3-49）．

（4）パワー測定

慣性車輪を用いた測定であるが，詳細は他書[7]に譲る．

5）筋力測定の実施法

（1）徒手による筋力測定とその意義

徒手筋力検査（MMT）　徒手筋力検査（MMT）は筋力検査をするうえで臨床的にもっとも利用されている方法で有用性は高い．わが国では，Daniels Worthingham's Muscle Testing が理学療法教育において基本とされてきた経緯がある．

抑止テスト　現在，原著第7版[9]が発行されている．MMTの主流が抑止テストになってから数年経過し，現場にほぼこの抑止テストが定着したかに思われ

full arc test　る．このなかに full arc test（ROMテスト）と思われる記載も散見されるが，双方の意味を捉えながら，筋力検査の目的を考えおのおのの手技を採用するとよい．

① MMT の概要

MMT は患者が重力や抵抗に抗して，各関節の筋または筋群の発揮しうる筋力を量的に測定し，非連続変数ではあるが0～5の6段階に分けて記載する方法である．セラピスト自身が徒手的に行える分，臨床現場ではもっとも多用されることになるが，徒手的であるが故に生じる問題点や欠点も多数存在するので，応用範囲と限界をよく踏まえて活用する必要がある．

② MMT の目的

MMT の目的は，ある特定の筋または筋群がどの程度の麻痺や筋力低下をきたしているか否か特定するものである．具体的には以下の3つが考えられる[9]．

a. 診断の補助手段：末梢神経損傷や脊髄損傷の部位診断に役立つ．
b. 運動機能の予後予測：筋のアンバランスによるさまざまな変形を予測する資料となる．
c. 治療方法あるいは効果判定：腱移行術やエクササイズ方法の検討材料としたり，エクササイズの効果判定に役立てる．

③ 筋力の判定基準

MMT の段階はまったく筋の活動を示さないゼロ（0）から，テストに対し正常の力で応じ，正常と変わらないと判定しうる（5）までの数字によるスコアとして記録する[9]．筋力4または5の判定をするために等尺

性収縮を基本にした抑止テストを行っている．MMT 第 5 版までは短縮（求心）性収縮を基本とした ROM テストが主流であり，近年の決定的に大きな変化である．抑止テストは等尺性収縮に対して抵抗を用いて筋力を判定するもので，原則として筋力 4 以上の際に用いるとされている．このテストは動かし得る ROM の最終点，あるいは筋がもっとも働かなければならない運動範囲の一点で，患者に検者が手を用いて運動を抑止しようとするのを，そうさせないように頑張り続けさせる．徒手による抵抗は四肢やその他の身体部分が運動を行いうる限り行って，その運動域の終わりに，あるいは検者が最終 ROM までもっていったうえで行う．したがって，抑止テストでは等尺性収縮から遠心性収縮に変換する際の大きな関節トルクが発生することも考えられ，ROM テスト以上に抑止テストでは大きな関節トルクが発生するので骨，関節，関節包，靱帯，筋・腱を含めた安全上の細やかな配慮が常に必要であろう．

④ MMT の手順

以下の諸注意に従って実施するよう心がけたい．

a．検査の目的を患者に十分説明し，理解と協力を求める．疾病利得や詐病などのために筋力を発揮しようとしない者もいることに注意する．

b．検査しようとする筋または筋群により，体位，肢位を決定する．特別の肢位で行った場合はその旨，注記しておく．

c．検査を行う筋または筋群に直接関係する関節の近位関節は固定しておく．

d．抵抗は検査筋または筋群の運動方向と正反対で，運動が起こる関節の遠位端に加える．

e．判定基準に準じて，筋力の段階を用紙に記載する．検査中に得られた他の情報は特記事項として記録する．

⑤ MMT の全般の諸注意

[測定前]

a．患者に十分なインフォームドコンセントを実施し，協力体制を整える．とくに，年齢の低い選手では検査の意味や力を入れる筋肉について説明の工夫が必要であろう．

b．テストを行う部屋は静かで室温が快適であるように整えておく．

c．筋力テスト実施のために必要となる材料はすべて手元にそろえておく．とくに肢節を安定させるためにタオルやパッドを用意しておくことが必要になる．

d．テストを行うために使用するベッドは清潔で，体格の大きなスポーツ選手でも測定中に不安定になったり滑り落ちないようなしっ

かりしたものを選ぶ．検査者が抵抗を適切に与えるために，高さが調整できるベッドであるとさらによい．場合によっては椅子や台を用いて適切な高さに調節する．
e. 検査部位は筋を触知・視診するためにも体表面を露出させるのが原則である．

[測定中]
a. スポーツ選手の完全な協力なしでは行えないテストであるため，不快感や痛みを与えることは最小限にとどめる．
b. 最大努力での筋力発揮が行われたかを常に意識し，確認する．
c. 検査肢位は患者の疲労感を考え，同一肢位で行い得る限りすべてのテストを行う．スクリーニング（選り分け）テストとして，一通り終えてから，再度必要な部位を詳細に検査することも必要になる．
d. 必ず反対側も測定し比較する．検者の特徴として利き腕（多くは右上肢）で抵抗を与えるときには過小評価傾向，非利き腕（多くは反対の左上肢）では過大評価傾向になることを念頭に入れ，それを補償するような手段を有する必要がある（例：Power Track 2 の使用など）．
e. 急激な抵抗は関節や骨に損傷を起こす危険性があるので，抵抗を加える位置，抵抗の方向，力の増加のさせ方などに細心の注意を払う．
f. 抵抗の位置は骨のレバーアームの長さを十分に考慮して与える．長いレバーアームでは抵抗力は少なくてすむが，近位の関節には相応の負担がかかっていることに配慮する．

代償運動

g. 代償運動（trick-motion）が生じないように抵抗を与える位置や与え方に注意し，代償運動が出たときはそれを見逃さないようにする．

[測定後]
a. 記録に際してどのような肢位だったか，疼痛はあったか，ROM は十分だったか予測された筋力低下の原因などの情報も同時に記載する．
b. MMT は 1 回の測定で全身のテストをくまなく行うことは，現実的に不可能（所要時間と患者の協力を含めて）であり，正確性が期待できなければ測定の意味も少なくなる．なぜ MMT を行うのかをセラピストがきちんと認識し，行いたい部位についても把握し，直接的に治療に関係しない部位については分散してテストを行うほうがよいかもしれない．また，通常は 2 回目，3 回目に精査を含め

c. 疾患によっては短期間で筋力が向上する場合がある．また，日ごとや日内に変動することもあるので注意を要する．
d. MMT には ROM テスト，抑止テスト，さらに short arc（小さな運動範囲）を利用するような方法があるので，これらについてしっかり習得する．
e. 正確に筋力を把握したいときには MMT では限界がある．そのときどうするか工夫できるようにしておく．たとえば Power Track 2 などの等尺性筋力測定器を使用したり，ダイナモメータによる関節トルク測定などを行うなどである．
f. 基本的には該当する筋を露出させる．筋収縮を視覚で確認し，筋緊張を触診する．これによって運動が他の筋で代償して行われていないかを探る．
g. 抵抗をかける部位や方向を間違えないようにする．タイミングの声，強化の声をしっかりかけ，最大の MVC を得られるようにする．このとき，他の筋や関節運動による代償運動が起こらないように注意する．
h. 局所運動には中枢側の固定（患者自身の固定筋の能力ということ）が必要である．ある運動を行っているときの全身反応も見逃してはならない．主動作筋が確実に収縮しているか確認する手段をもつことが必要になる．このような注意を常時怠らないことで代償運動を除外できるように心がけるべきである．一般的にどのような代償運動が起こるのかを予想しておく．
i. 手指や足趾，顔面も含め，全身の MMT をペアでしっかり練習し，うまくいかない場合，教官に相談する．うまくできないときには，ほとんどの場合，間違った方法になっているようである．
j. グレードの意味づけを理解する．年齢，性別，体格でどのように判断するか，スポーツ選手の場合はどうか，利き腕と非利き腕の差などについて自分の見解をもつことは大切である．
k. グレード相互の関係を理解する．基本的に数値間が連続変数的な関係になっていないことが MMT の特徴であるが，大きな欠点でもある．0 や 1 の筋収縮力はたいへん小さい．1 と 2 の力の大きさの差は何倍もあるであろう．2 と 3 は比較的似た大きさかも知れない．3 と 4 はかなり異なる．4 は 1 回だけなら 5 に匹敵する力が出せるかも知れないが，反復するとすぐに疲れてしまうような状態といい換えられるかもしれない．正常な歩行時の主動作筋に求められる最低限の筋力はどのくらいかというようなことを考えることはた

いへん意味がある．通常は MMT4 程度の筋力があれば短距離の歩行は問題ないであろうが，その際の筋力の大きさは MVS のわずか 30％程度かもしれない．重力方向と筋力の関係について理解し，寝返り，起き上がり，立ち上がり，立位，歩行，階段昇降そしてランニングなどの運動動作に，筋力がどの程度貢献しているか予測することが必要であろう．

l. グレードにプラス，マイナスをつけると便利である．しかし，5－や手指・足趾に＋，－をつけるかは意見の分かれるところである．

MMT はスポーツ PT の一つの大きな武器になるものであるし，運動療法においても筋機能の改善は常に重要視されるものである．

⑥ MMT の結果に影響を及ぼす諸因子

[患者側が有する問題]

a. 協力・理解力：小児や老人の場合，検査者の指示に対する理解が十分にできないこともある．

b. 意欲・疼痛・疲労・不安定感・疾病利得の有無：これらの因子のため，正確な筋力測定が阻害されることも多い．

c. 適切なポジショニング：免荷や手術後の禁忌事項のため定められた肢位をとれないことがある．測定肢位が異なると，筋力も大きく変化することがある．

[検者側が有する問題]

抵　抗　　a. 抵抗のかけ方：同一の患者に対して検者間で抵抗量が一定に与えられたかの保証がない．患者の最大努力に対して最大の抵抗を加える必要がある．また，テストによっては四肢を握ったり，手掌でおさえたり，指でおさえたりとさまざまであり，これによっても測定結果に影響がでることがある．抵抗を中枢にかけるか末梢にかけるかで抵抗の大きさが変わってくることも知っておく（例：股関節外転では大腿骨遠位に加える場合と，下腿骨遠位に加える場合が考えられる）．

固　定　　b. 固定の仕方：固定の方法が適切でないと，容易に代償運動が起こる（例：股関節屈曲テストにおける縫工筋による股関節外転，外旋運動など）．

グレード　c. グレードの判断：とくに＋，－の判断は検者の主観にゆだねられることが多い．5－の使用は賛否の分かれるところである．原著では3＋，2＋，2－の使用を推薦しているが，その他のグレードに＋，－をつけることは望ましくないとしている．また手指のグレードでは＋，－をつけないのが一般的と思われる．

代償運動　d. 代償運動を見抜く能力：テストする筋機能の正しい運動方向を

知っておく必要がある．一例として後脛骨筋の収縮に際してこの筋の腱を内果の後方や下方で確認していても，前脛骨筋が同時に働いていることに注意が向かずに，結果として筋力を過大評価するような失敗がある．また，走行が似た筋である短腓骨筋と長腓骨筋は同じ足関節外返しをする筋であるが，起始，付着をよく考えながら，双方の筋機能を分離して検査できることが望ましい．

触診能力　　e．触診能力：0か1の判断の際に必要である．また代償動作が起こっているかどうか鑑別する際にも必要である．

［判定結果の解釈の問題］
a．筋力の単位：MMTでは0～5の6段階で筋力のグレード化をしているが，絶対値を求めることはできないという大きな欠点がある．正確に筋力を求めようとするなら，Power Track 2など種々の工学的装置を使用すべきである．
b．上位運動神経障害の評価：中枢性の運動麻痺に対して基本的にはMMTの有効性は疑問視される．筋収縮以外にも筋緊張や共同運動，姿勢反射などの影響を受けるので注意を要する．しかしながら，運動麻痺がこれらの共同運動から逸脱するようなレベルではMMTの利用価値がある．
c．グレード間の関係：0～5までのグレード間の関係は連続変数ではなく，数値間に直線的比例関係はない．したがって，グレード3はグレード5の何％くらいの筋力かということは直接比較できない．これを求めるためにはPower Track 2など工学的装置により関節に生じた力を測定し，数値化して比較する必要がある．

⑦　各テストにおける注意点

以下に代表的と思われるいくつかのテストについて，臨床で頻繁に行われると思われる部位のMMTの項目からさらに抜粋し，テストの際に見極めたいポイントやよくある失敗などを紹介する．

体幹屈曲　　a．体幹屈曲
腹筋群の評価　いわゆる腹筋群の評価であるが，身体機能評価においては必須測定項目であろう．しかし，規定どおりの検査では現実的には差が出にくいことを多く経験し，結果として腹筋群の客観的な筋力測定結果が曖昧になっている．そこで筆者らは，上肢の位置は同じにして，下肢を屈曲位において末梢部を固定することなく，自力で起き上がる（sit up）方法を補助的な検査法として使用している．比較的筋力に恵まれた若い女性でも，固定していない下肢末端が浮き上がってしまうことがある．このようにして，中高年の患者にはそれぞれ40歳代，30歳代，20歳代というような判定を伝えることで，おおよその筋力のレベルやエクササイズの

目標が明らかになってくる．

b. 肩甲骨外転と上方回旋

前鋸筋は肩甲骨外転と上方回旋を行う筋で，その重要性は論を待たない．長胸神経麻痺などで前鋸筋の筋力低下が起こると，特徴的な翼状肩甲（winging scapula）がみられることはあまりにも有名であるが，臨床的にも肩甲骨外転や上方回旋に問題を有する患者は多く存在する．上肢を挙上するなかで，肩甲上腕関節の屈曲や外転に伴い前鋸筋が肩甲骨外転および上方回旋を行い，健全な肩甲上腕リズム（scapulo humeral rhythm）を形成している．前鋸筋のMMTではwingingを起こさないで肩甲骨の固定性が得られるかがポイントになる．肩関節を130°屈曲位におき（段階3），屈曲方向に対する十分大きな抵抗力を上腕に与えた際に，肩甲骨の固定力を確認することで段階づけを行う．検査中，前鋸筋の触診を行い，肩甲骨内側面や下角の浮き上がりや，抵抗を与える際の上肢と肩甲骨の連動，さらに三角筋の収縮の大きさなどに注意を払う．

c. 肩甲骨内転

僧帽筋中部線維のMMTは肩関節を水平外転する三角筋後部線維の収縮に抵抗を加えることで，肩甲骨の安定をみている．実際には，三角筋中部線維の付着部を意識して，肩甲骨内転に対する十分な固定力があるかを確認する．

d. 肩関節屈曲

三角筋前部線維のMMTであるが，これも臨床上の有用性は高く，頻繁に検査される．右上肢の検査では，検者が右手で抵抗を加えることになり，左上肢の検査では左手で抵抗を加えることが多い．したがって，前述したように右利きの検者の右手による検査では筋力の過小評価，左手による検査では過大評価が起こる可能性が高い．何度か繰り返して検査することで，左右の疲労しやすさなどで違いを見出すこともできるかもしれないが，結論としてはPower Track 2などの抑止テストにおいて発揮された力を絶対値として表示することが必要である．

e. 肩関節外旋

肩関節外旋は棘下筋と小円筋が主動作筋になる．肘関節を90°に屈曲したリンクを介して間接的に前腕部に加える抵抗で外旋力を検査するためにそれなりの配慮が必要になる．測定肢位にもよるが，肩関節外旋力は100Nを超えるようなことは少ないので，検者は指2本程度で与えた抵抗の強さで，左右差を判断することになる．われわれは臨床的に，肩甲上神経麻痺で棘下筋の萎縮などがみられるような場合，保持できる重錘の重さに明らかに左右差が出るし，保持できる最大重量以外にも，軽めの重錘で外旋運動を反復できる回数を比較するような方法でも評価し

ている．いずれにしても，患者の筋力が年齢・性別・体格・体力レベルをマッチさせた他の対象と比較してどうなのかを知らせるために，MMT の段階づけでは限界があることがわかるであろう．そのためにも，普遍的に表記・比較できる新しい方法を開発する必要がある．

f．肘関節伸展

肘関節伸展は上腕三頭筋が主動作筋となる．もっとも典型的な MMT で前腕が水平になった位置から抑止テストを行うなら，上腕三頭筋の付着部である肘頭に相当の伸張ストレスが生じることになる．この位置では成人男性で 300N 近くの筋力を発揮できる場合もあるため，肘関節の過伸展は避けて測定する必要がある．しかしながら，このような配慮が過ぎると正しい MVS の測定に限界が生じる．われわれは肘関節 90°屈曲位にて肘関節伸展トルクが強大にならない範囲で抵抗を加え，筋力を測定している（図 3-50）．

g．股関節伸展

股関節伸展は大殿筋とハムストリングで行われるが，膝関節のリンクを介して下腿遠位に抵抗を与える方法と大腿遠位に抵抗を与える方法がある．さらに膝関節を屈曲し大殿筋を主に測定するような方法も使用できる．また，新しい方法として MMT の段階 2 以上の筋力がある場合の方法もある．検者はテーブルから 60～65cm 下肢を持ち上げるとなっているが，体格の小さい日本人にそのまま当てはまるかどうかは疑問である．しかし，腹臥位をとらなくてよいということでは，利用価値があるかもしれない．

h．膝関節屈曲

ハムストリングの筋力測定も基本的な MMT の測定項目の一つであろう．膝関節は屈曲角度が増加するに従って筋力が発揮しにくくなるた

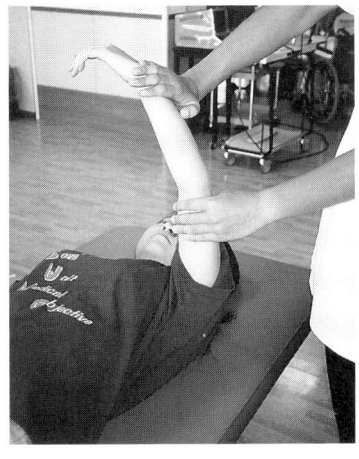

図 3-50　肘関節伸展筋力の測定 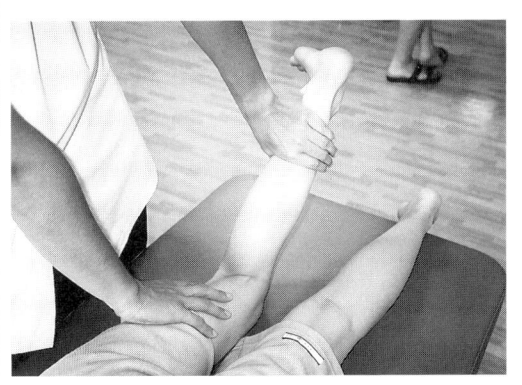　　図 3-51　外側ハムストリング検査

内側ハムストリング	め，一定角度での評価に努めるべきである．内側ハムストリングといわれる半腱様筋と半膜様筋を検査する場合には，下腿を内旋位において，腱や筋腹を視診・触診しながら行うとよい．図3-51は下腿を外旋位に
外側ハムストリング	おいて行う外側ハムストリング（大腿二頭筋）の検査である．両者がうまく鑑別できない症例も多い．膝関節に疾患を有する患者では絶対値を測定するなど，厳密に筋力測定を繰り返すことで問題解決に至ることが多い．

i．膝関節伸展

最大努力を維持できる限界で関節は等尺性収縮による静止状態をとるが，これを sticking point（棒のようになる状態）と呼んでいる．筋力低

sticking point	下があると屈曲の途中でこの sticking point が現れる．等尺性大腿四頭筋の筋力テストは理学療法上，もっとも多く行われる検査であろう．それだけ大腿四頭筋の能力を知ることが患者にとって重要であり，PTの治療でも同じであるということであろう．抑止テストを施行するときは膝関節過伸展にしてロックさせないということが明記されているが，膝関節伸展の最終 ROM で MVS を求めるような強大な収縮を行わせることはセラピストに過大な労力と患者に大きな危険を伴わせることは間違いない．この肢位でも下腿遠位で400N以上の力が発揮され，正確にセラピストが抵抗を与えることは不可能に近い．現実的に膝蓋大腿関節を
膝伸展機構	含めた膝伸展機構にこのような OKC で抑止テストを行うことは推奨できることではない．それでは膝関節屈曲位で測定すれば安全のようにも思われるが，伸展筋力は屈曲70〜80°で最大になり600N以上にもなる．端座位で下腿末端に抵抗を加えるとなると，セラピストがしゃがみこんだ姿勢ではなかなかこのような力に対抗できる抵抗力を与えることは難しい．けっきょく，ほとんどのPTが「手加減して」大腿四頭筋のMMTを行っていることになるが，これではEBPTはおぼつかない．大腿四頭筋の検査を正確に行うならさまざまな筋力測定装置に頼らざる
レッグプレス スクワット	を得ない．さらにCKCではレッグプレス，スクワットなどで測定することになる．
片脚スクワット	このような装置がない場合も多いが，筆者は片脚スクワットを行わせることである程度，筋力の大きさを予測しており，この方法は臨床上，有用になることが多い．CKCでは膝関節伸展位に近いほど大きな筋力が発揮しやすいことを応用して，立位から遠心性収縮で屈曲できる最大
フルスクワット	角度を検査する．筋力が高い人はフルスクワットまでもっていき，そこから再び立ち上がれるか観察する．筋力が不十分な人は，スクワットの途中で急に脱力してフルスクワット状態になることは危険なため，セラピストは患者の身体を支える配慮をしておく．

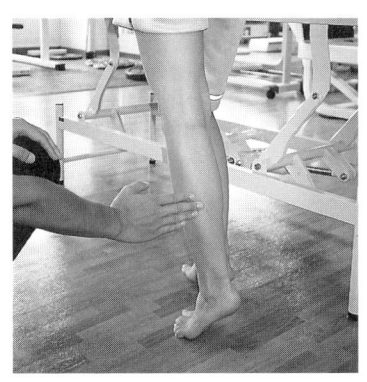

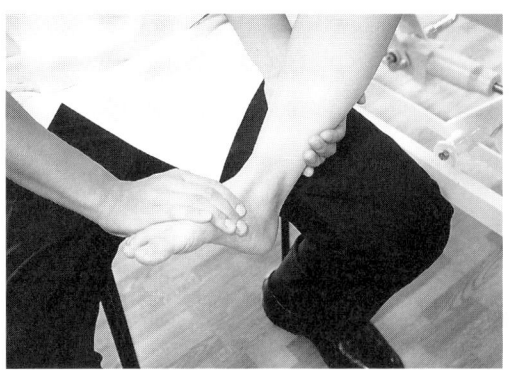

図 3-52　足関節底屈　　　　　　　図 3-53　前脛骨筋の検査

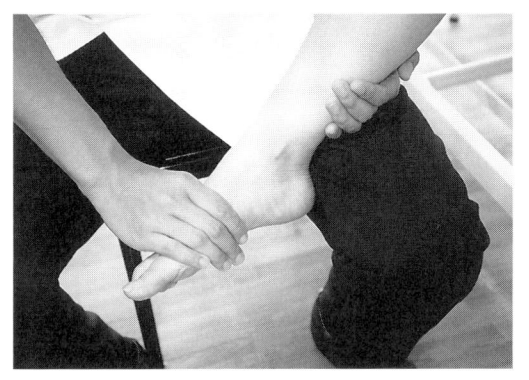

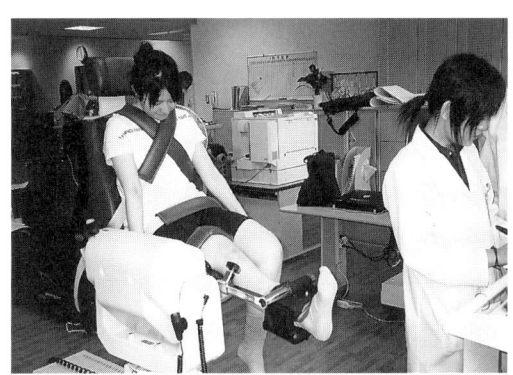

図 3-54　後脛骨筋の検査　　　　　図 3-55　等速性運動測定器

j. 足関節底屈

腓腹筋
ヒラメ筋
足関節底屈

　腓腹筋とヒラメ筋によって足関節底屈が行われる（図 3-52）．段階 5 では 20 回の踵持ち上げ動作を行うという，比較的強度の強い検査であり，筋力に何らかの問題のある患者にとっては有効になることが多い．ヒラメ筋の MMT ではたとえ膝関節を屈曲位にしたとしても，きちんと筋が収縮していることを確認し，代償運動を避けることが必要である．

足の背屈・内がえし
前脛骨筋

k. 足の背屈・内がえし

　前脛骨筋の MMT であるが，測定しやすいような肢位をとり，腱の膨隆を確かめながら抵抗を与える（図 3-53）．抵抗を加える検者の指の位置が足趾に触れてしまうと，足趾の伸展も加わってしまうことに注意を要する．後脛骨筋が収縮していないことを確認しておく．

足の内がえし
後脛骨筋

l. 足の内がえし

　後脛骨筋の MMT は足関節軽度底屈位で行われ，この際に前脛骨筋が働いていないことを確認しておく（図 3-54）．後脛骨筋の付着の一部は舟状骨結節であり，内果後方から腱が浮き上がってくるのでこれを確かめながら検査を進める．

m. 足の背屈・外がえし

長腓骨筋と短腓骨筋の MMT である．短腓骨筋は腱が第5中足骨底に向かうためよく確認できる．背屈力がどの程度強いかは，報告によって見解が異なるようである．長腓骨筋は外がえしを行う際に第1中足骨底を下方に引き下げる働きがあり，どちらかというと底屈に作用する可能性がある．したがって，MMT では第1中足骨底を押し上げるようにしながら，外がえしに抵抗を加えていく．短腓骨筋の腱とは明らかに異なる腱の膨隆を確認できることも多い．

6) 等速性運動測定機器による測定

等速性運動を用いたトレーニングは isokinetic exercise といわれる．ヒトの随意運動では関節運動速度を一定にしたものは少ないと考えられているが，水泳のプル動作などは比較的等速性運動に近いと考えられている．等速性運動測定機器は 1960 年代にアメリカの PT が考案し，スポーツ医・科学の発展に多大な貢献をもたらした，筋力測定に不可欠な装置でもある（図 3-55）．

筋トルクの発揮については速度依存性が高い (force or torque-velocity relationship がはっきりしている) 膝関節，肘関節，股関節や，速度依存性がきわめて低い肩関節など，関節により特徴がある．筋トルクの指標は体重比（トルクを体重で除したもの）で吟味されることが多い．スポーツ（競技）レベルと体重比の関係や，スポーツ外傷と体重比の関係を検討した報告がある．また，主動作筋と拮抗筋のピークトルクの比率を検討することも多い (H/Q ratio，膝関節屈筋であるハムストリングスのピークトルクを膝関節伸筋である大腿四頭筋のピークトルクで除したもの)．ピークトルクとスポーツパフォーマンスの関係では，比較的高い相関が得られる種目とそうでない種目がある（以前の研究では大腿四頭筋の筋力と垂直飛びは $r = 0.7$ 程度の相関が示されていたが，最近は $r = 0.05$ という極端な例までだされている）．表 3-43 に等速性筋力評価で得られる筋力の測定指標の一部を一覧にまとめたものを示す．

伸張性収縮（遠心性収縮 eccentric contraction）が最近注目されている．評価には使用できるが，トレーニングとくに 200 d/sec を超えるような比較的高速では使用しづらいという難点がある．通常，伸張性運動におけるピークトルクは同速度の短縮性収縮より 30％ほど大きな値となる．伸張性運動では遅発性筋痛（DOMS：delayed onset muscular soreness）が起こることが知られており，筋破壊と再生という視点からも注目されている．

等速性運動測定機器は多くの機種があるがサイベックス，バイオデッ

表3-43 評価レポート

　一般評価レポートでは最大トルク，最大トルク体重比，最大仕事量，Var係数，平均パワー，加速時間，減速時間，総可動域，主動作筋／拮抗筋比の数値結果とパイチャートグラフで健側と患側の最大トルクの欠損をパーセンテージで表示してある．

　最大トルク：ROM内で発生した最大トルクの値．
　最大トルク／体重：最大トルクを体重で除算し表示したもの．最大トルクを単位体重当たりに換算したものなので異なる被験者間の比較になる．
　最大仕事量：ROMを通じて生み出される力と距離の積を表示したもの．
　Var係数：coefficient of variationの略．各角度の標準偏差をその角度での平均トルクで割ったもの．テストデータの再生を客観的に評価するのに使用する．
　平均パワー：総仕事量を時間で除算した値．
　総仕事量：全反復回数の総仕事量．
　加速時間：動き始めてからアイソキネティック速度に追いつくまでの時間．
　減速時間：アイソキネティック速度から速度0になるまでの時間．
　ROM：関節のROMを表示．
　主動作筋／拮抗筋比：主動作筋を100としたときの拮抗筋のパーセンテージ．

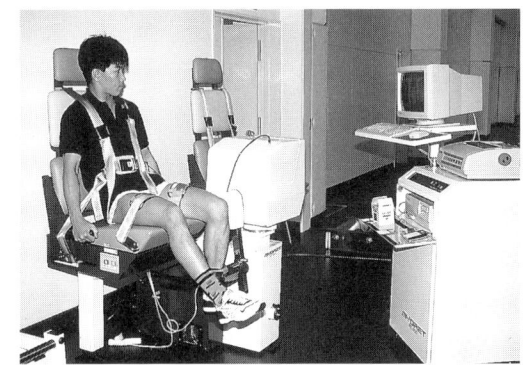

図3-56　サイベックス

クスなどが代表的な装置である（図3-56）．関節運動速度を一定にできることが最大の長所である．最近では短縮性のみでなく伸張性収縮のモードを加えたり，OKCのみでなくCKCを意識した測定もできるようになっている．OKCとCKCは運動療法上，近年とくに注目されている問題であり，最近は運動療法全般がこの視点から見直されている．OKCはランニングでいえばリカバリーフェーズにあたり，CKCはサポートフェーズにあたる．この考え方をトレーニングに応用し，膝前十字靭帯（ACL）再建術後成績は足部の地面接触がないOKCより足部を接地させたCKCの方が術後回復に優れていると考えられるようになった．しかし，関節軟骨への負荷が禁止される場合や半月板の部分切除術の後には，OKCが使用されるのは従来のとおりである．スポーツPTは荷重と非荷重という考えかたをうまく使い分け，低負荷から高負荷へ

という基本原則で対応していく．代表的なOKCのトレーニングは筋セッティングや脚挙上など，SCKC(semi-closed kinetic chain)では自転車，ステアマシン，レッグプレスマシンなど，CKCではスクワット，KBW(knee bent walking)，ランニングなどがあげられる．

等速性運動測定機器で実際に測定に用いる運動速度は0°/sec(等尺性収縮)から30～60～90°/secの低速，120～180～240°/secの中速，300°/sec以上の高速というように目的によって自由に選べる．関節や運動別で測定に至適な速度が測定マニュアルに記載されている[11]．

トルクカーブ
ピークトルク

運動中，発揮された筋力はトルクカーブとしてコンピュータ画面に描記される．トルクカーブの最大値をピークトルク(peak torque)とし，その大きさを筋力の最大値と考える．また，この位置がピークトルク発揮角度にもなる．ピークトルクは一般に角速度が大きくなると低下するが，関節によってその低下の仕方などは異なる．ピークトルクを体重(kg)で除し，体重当たりの筋力(体重比)とすれば他者との比較にも用いられる．一方の下肢に外傷などがある場合，患側/健側比をとることで，障害や回復の程度が推定できる．

患側/健側比

表3-44に筋力測定値から作成した筋力の評価表を示す．この表を参考にして現在の筋力を評価し，トレーニングの目標値を設定すればよい．

7) 筋力増強エクササイズ

筋力増強エクサイズ

筋力増強エクサイズ(muscle strengthening exercise)はスポーツリハビリテーションの中核であり，十分な知識と技術を要する．

表3-44 筋力測定の評価表

◆膝伸展60°/secにおけるピークトルクの評価区分◆　　　　　　　　　　　　　(Nm/kg × 100)

	弱い	やや弱い	普通	やや強い	強い	平均±標準偏差
男性	～234	235～277	278～322	323～326	366～	298±42
女性	～191	192～224	225～259	260～292	293～	242±33

◆膝屈曲60°/secにおけるピークトルクの評価区分◆　　　　　　　　　　　　　(Nm/kg × 100)

	弱い	やや弱い	普通	やや強い	強い	平均±標準偏差
男性	～127	128～155	156～184	185～212	213～	170±28
女性	～96	97～118	119～141	142～163	164～	130±22

◆60°/secにおけるピークトルク値の屈伸比評価◆　　　　　　　　　　　　　　　　(%)

	15～19歳	20～29歳	30～39歳	40～49歳	50～59歳	60～69歳
男性	56.3±6.5	56.5±7.5	55.4±6.7	58.8±8.1	55.8±7.1	58.9±7.1
女性	53.4±5.8	54.7±7.2	55.2±5.1	47.5±5.4	52.7±6.8	56.6±8.0

7．筋力の評価と筋力強化エクササイズ

負荷量（強さ）
収縮時間（反復回数）
頻　度
運動処方

運動の3大条件は負荷量（強さ），収縮時間（反復回数），頻度であり，運動処方の5つの条件は，運動の種類・形式・スポーツ種目，運動の強度，運動の時間，運動の頻度，運動の継続時間である．トレーニングでは，運動の方向，力の大きさ，回数，セット数，時間を必ず記載する．さらに継続期間，再評価日・目標値の設定も必要である．基本原則を熟知した上で，何を改善するのか計画をきちんと立てることが必要である．

トレーニングの5大原則

トレーニングの5大原則は，①全面性の原則，②個別性（特異性，特殊性）の原則，③漸増性（漸進性）の原則，④意識性の原則，⑤規則性の原則である．

運動全般にわたる原則は以下のとおりである．

全面性の原則
① 全面性の原則：偏った運動は，偏った身体器官のみを発達させる．健康に関する体力要素を万遍なく向上させ，心身のバランスのとれた全面的な体力づくりが必要である．

個別性の原則
② 個別性の原則：各自の体力特性，健康度など個人の特性を考慮する必要がある．

意識性の原則
③ 意識性の原則：運動に対する正しい知識をもち，自覚をもって運動しなければ，目的とする効果が得られない．

また，運動効果に関する運動生理学的原則は以下のとおりである．

過負荷の原則
① 過負荷の原則：運動強度が低すぎるとトレーニング効果が現れないので，適切な運動強度の設定が必要である．

漸進性の原則
② 漸進性の原則：得られる運動効果にしたがって，運動強度・運動量を漸増的に増加させていく．

反復性の原則
③ 反復性の原則：運動を繰り返し規則的かつ長期間行わなければトレーニング効果が現れない．

特異性の原則
④ 特異性の原則：トレーニングに用いた運動の種類によって，その効果は特異的に現れてくる．

可逆性の原則
⑤ 可逆性の原則：トレーニング効果は安静にすると減弱していく（脱トレーニング）．短期間に得たトレーニング効果は急速に減弱していく．

抵抗運動

基本的な運動には，他動運動，自動介助運動，自動運動，抵抗運動などがあるが，筋力増強のためには過負荷の原則（overload principle）によって，一定以上の抵抗を加えた運動を行うことが必要になる．抵抗運動には，筋に対して抵抗をかけ筋力を高めるトレーニング，マシーントレーニング（ウエイトスタック式，プレート式，油圧・空気圧・電磁抵抗・他，アイソキネティック），フリーウエイト（バーベル，ダンベル），自重を利用したもの，水抵抗を利用したものなどがある．MMTで3未満の場合，自動介助運動，懸垂療法，EMS（electric muscle stimula-

表3-45 徒手的筋力増強エクササイズ実施上の注意

1. よいポジションで治療ができること.
2. 筋に適切な負荷を与える：運動が繰り返し動揺するような負荷は強すぎる. 運動開始時は初速を与えるために負荷を調整. 筋収縮時間はできるだけ長くする. 運動回数は7～8回が適当である. 声かけをしっかりする. 適度な疲労感を覚えるのが終了の目安である.
3. 対象の運動の仕方を観察し，記載する.

表3-46 徒手接触の方法

- 近位関節を必ず保護，固定.
- 筋収縮を感じられること.
- 筋腹の圧迫が筋力発揮の妨げになっていないか.
- 強い筋力に対しては固定法を工夫.
- 長いトルクアームで力をかける場合は注意.
- 運動方向を適切に導く.
- 皮膚接触による固有感覚反応を適切に利用する.

表3-47 筋力増強エクササイズの例

1. 足関節背屈（前脛骨筋）
2. 下肢伸展挙上（SLR）（腸腰筋，大腿四頭筋）
3. 股関節内・外転
4. 股関節回旋，体幹回旋
5. ブリッジ（Gmax）
6. sit up
7. 膝屈曲（ハムストリング）
8. 股関節伸展（Gmax）
9. 体幹伸展
10. 運動は各8回×1セット，弱い部位は5回でゆっくり休息を含め2セット，1～9で8分間程度

図3-57 砂袋を使用した大腿四頭筋エクササイズ

tion），MMTで3以上の場合，自動運動，抵抗運動が選択される.

等尺性収縮は多くのメリットがある．しかしながら，関節運動を伴わないことが決定的な欠点にもなっている．

徒手的な筋力増強エクササイズはPTやATにとってかなり重要で，選手に対しても1対1でエクササイズをするという点で意味がある．原則を表3-45, 46に示す．高齢者ではこのような徒手的なエクササイズは愛護的に負荷をかけるという点でたいへん好ましいものである．表3-47に筆者が行っている全身の筋力強化運動の流れを示した．

大腿四頭筋エクササイズ

図3-57は砂袋を使用した大腿四頭筋エクササイズである．等張性収縮で短縮性と伸張性の両方を行うことができる．最大下の伸張性収縮時に「力を抜く」イメージが強いため，選手には短縮性に加え，伸張性収縮で関節運動を意識することの重要性を説明しておく．

フリーウエイトトレーニング

フリーウエイトトレーニングは，スポーツ動作に強く関連する筋力を鍛えることができる．すなわち，重力化での重量物の静的・動的制御能

表 3-48　パワーリフティングの注意点

1. スクワット ・股関節中心が膝上面より下がった位置まで降ろさなければならない． 2. デッドリフト ・足は腰の幅程度（前後に開かない）． ・足先は平行かやや外向き． ・母趾球がシャフトの真下にくる． ・引き上げ姿勢のスタートは背部を伸展させ，胸を張る． ・このとき肩はシャフトよりやや前方である． 3. ベンチプレス ・オーバーグリップが基本 ・グリップ幅に注意（narrow, medium, wide）：	バーベルを胸の前にセットして肘関節が90°になるのが基準，肩幅より一握り広いくらいが標準． ・バーベルを降ろすときに大きく吸気し，挙げるときに呼気（呼吸を止めない）． ・胸の上にタオルを置くと良い． ・ラックの支柱に肩がふれるかふれないかという位置に仰臥する． ・手掌を内側にハの字に向け，そこにシャフトを乗せる． ・手関節は背屈させ過ぎない． ・シャフトを降ろす位置は胸骨下部〜中央の間． ・シャフトはC型に弧を描く．

力を養うために有効であり，また最小の力で効率的に重量物を挙上するには身体をどのように使えばよいかを学習するのにも有効である．しかし長所が多いトレーニングである反面，重量物の落下などの危険性もあり注意が必要である．フリーウエイトトレーニングで使用する用具は，シャフト（バーまたはオリンピックバー20 kg），プレート（1枚30〜0.25 kg），カラー（1個2.5 kg），スクワットラック，ベンチプレス，プラットホーム（ラバーシート），ストラップ，グローブ，ランバーベルト，タルクほかである．

1回最大挙上量
　　フリーウエイトやマシントレーニングでは負荷を決めるために1回最大挙上量（1 RM：1 repetition maximum）を算出する．たとえば，10 RMが4 kgだった場合，10 RMは1 RMのほぼ75〜80％にあたるので，1 RM ＝ 4 kg ÷ 80/100 ＝ 5 kgとなる．それによって反復回数と1 RMに対する負荷のおおよその比率の関係が推測される．

パワーリフティング
　　フリーウエイトを使ったエクササイズの種目のなかで，パワーリフティング（スクワット，デッドリフト，ベンチプレスの3種目からなる．身体の大筋群が刺激できる）に含まれる種目もある．スクワット，デッドリフト，ベンチプレスのそれぞれの注意点を表3-48に示す．パワーリフティングの種目には含まれないが，クリーン＆ジャークについては全身の伸筋をうまく協調させることが必要となる．

漸増抵抗運動
　　抵抗運動を運動療法に用いたなかでDelormeの漸増抵抗運動（PRE）はたいへん有名である．すなわち，負荷を大きくして運動回数を少なくすれば瞬発力が増大する．反対に負荷を小さくして運動回数を多くすれ

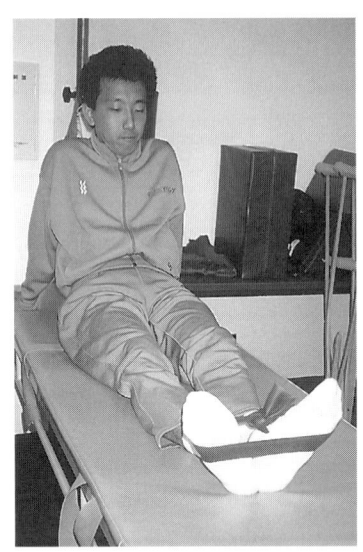

図3-58　ゴムチューブを使用したエクササイズ

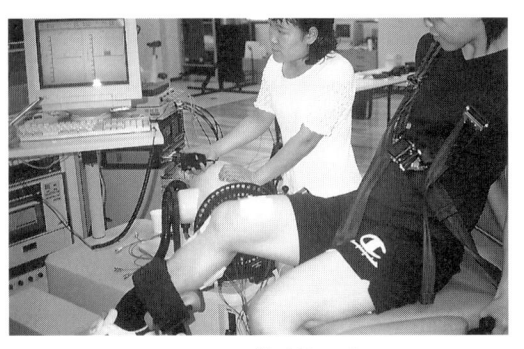

図3-59　等速性運動

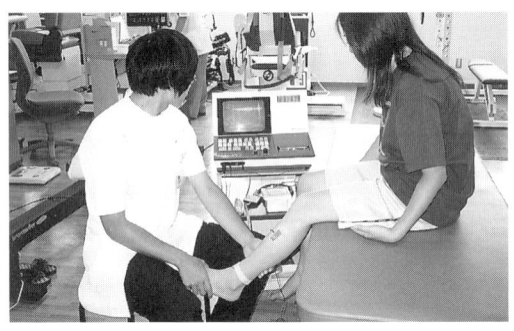

図3-60　EMGバイオフィードバック

運動効果の特異性の原則

Oxford technique

ゴムチューブ

等速性運動

EMGバイオフィードバック

前脛骨筋のエクササイズ

Skinerの学習理論

ば(筋)持久力が増大するというものである(運動効果の特異性の原則).同様にOxford techniqueもよく知られている.

　図3-58にゴムチューブを使ったエクササイズを示す.一つの筋の短縮(求心)性収縮と伸張(遠心)性収縮が行える.ゴムは,引き延ばされるに従って張力が増すことが特徴であり,それがメリットになったりデメリットになったりする.デメリットは,もっとも負荷をかけたい関節位置で必ず大きな張力が発揮できるという保障がないこと,また力の大きさが一定でないため客観的な記録方法が困難であることである.

　図3-59は等速性運動を行っているが,モニター画面を見ながら目標筋力に達するようエクササイズを続ける.麻痺筋に対しては図3-60のようにEMGバイオフィードバックを使用する方法もある.筋収縮のみから徐々に関節運動を行わせるようにする際に,このような方法は有効になってくる.スポーツ外傷に加え,多くの疾患で腓骨神経麻痺を起こすことがあり,前脛骨筋のエクササイズなどでとくに有効になる.

　筋力増強エクササイズを行う場合,どのような方法をとるにせよ,いくつかの原則を誤らないようにしなければならない.その際に,Skinerの学習理論(①簡単→複雑,②小刻みな段階を踏む,③刺激の強化)が大いに役に立つであろう.

● 引用・参考文献

1) 福永哲夫：筋力トレーニング．臨床スポーツ医学，**1**：571-578，1984．
2) 矢部京之助：人体筋出力の生理的限界と心理的限界．杏林書院，東京，1977．
3) 浦辺幸夫：エクササイズ．アスレチックトレーナーのためのスポーツ医学，文光堂，東京，1998，p.202-212．
4) Kaneko M：The relation between force, velocity and mechanical power. *Res J Phys Ed*, **14**(3)：23-27, 1970.
5) Lovett RW, et al：The spring balance muscle test. *Am J Orthopedic Surg*, **14**：415-424, 1916.
6) Komi PV：Physiological and biomechanical correlates of muscle function. *Exerc Sports Sci Rev*, **12**：81-117, 1984.
7) 前川峯雄，猪飼道夫・ほか編：現代体育学研究法．大修館書店，東京，1985．
8) 青木はる奈，浦辺幸夫ほか：体幹屈曲筋力測定方法としての Tilt Sit Up の信頼性．第17回中国ブロック理学療法士学会学会誌，2004．3．
9) 津山直一訳：新・徒手筋力検査法（原著第7版）．協同医書出版社，東京，2003．．
10) 千住秀明ほか編：理学療法評価法．神陵文庫，福岡，1996．
11) 浦辺幸夫：筋力測定．スポーツトレーナーマニュアル，南江堂，東京，1996，p.128-134．

8．テーピング

わが国では1970年頃よりテーピングが行われるようになったが，何のためにテープを巻くのかということと，目的達成のために適正にテーピングが行われているかという2つのテーマが常に存在する．

1) テーピングの目的

まず何のためにテーピングを行うかについて確認しておく必要がある．テーピングの目的は，① first aid，② prevention，③ protect，④ rehabilitation，⑤ performance，⑥ reinjury prevention である．救急処置のテーピングでは固定的な要素が強くなる．しかし，固定と安静をとらせるならギプスやシーネの方が確実である．救急処置のテーピングについては発生が予測される腫脹に対して圧迫することで，治療にかかる期間を短縮できるという点でたいへん利用価値が高い．しかしながら，予想以上に腫脹が激しい場合，循環障害がひどい場合は，神経麻痺

表3-49　テーピングの効果と限界

- 関節の運動制限：ある程度可能
- 関節の固定：不明
- 筋活動の補助：不明
- 筋力発揮：不明
- 皮膚感覚の向上：不明
- 持続効果：数分～数十分が限界
- 水中での使用：推進力にならない，緩みやすい
- 効果のある部位：足関節，膝蓋大腿関節，手指

を起こす危険もあるため，テーピングによる圧迫部位以外では除圧を図ったり，循環経路を確保する工夫が必要である．テープが体表面に食い込んでなかなか外せなくなることもある．また，腫脹が激しい場合，皮膚にも障害が及びたいへん脆弱な状態になることもあるため，皮膚には直接テープを貼らないようにとくに注意が必要である．

テーピングの効果　　表3-49にテーピングの効果について考えたが，関節の運動制限にはある程度の効果が認められるがそれ以上ではない．運動制限によって疼痛の軽減に役立ち，スポーツ活動がより積極的に行えることもねらうが，あくまでも2次的な効果であることに注意が必要である．

テーピングが効果を示す部位としては足関節があげられる．ワシントン大学でバスケットボールのクラスマッチを行った際に，足関節捻挫の発生を調査したものが現在も evidence になっている．すなわち，テーピンググループの方がテーピング費用を加えても捻挫に対する治療コストが低かったというものである．これによって，テーピングによる予防の発想が広がり，現在アメリカの大学で devision 1（一部リーグ）に所属するスポーツ選手は足関節にテーピングをしていないと捻挫をしたときに保険がおりないと聞いている．

クローズドバスケットウィーブ法　　実際，足関節テーピングについて一般的に行われているクローズドバスケットウィーブ法（closed basket weave）とその変法は，形骸化した感がある．仮に，90人のアメフト選手の180足関節のテーピングで，1足関節あたり2分でテープを巻くとして，1人の AT が行うと6時間かかる．練習開始前30分で終わらせようとするなら，12人の AT が必要になる．これがアメリカのスポーツ産業や AT の業務を保証している側面も小さくない．クローズドバスケットウィーブ法がまったく役に立たないかというとそうではないし，実際現場での多くはこの方法が行われている．ところが，短時間で行うがゆえに，鋏を使わないで手で切れる**ホワイトテープ**のみで行うという特徴がある．これで，実際のスポーツ活動を行うと，テープが伸びた分，復元力が期待できないし緩みの原

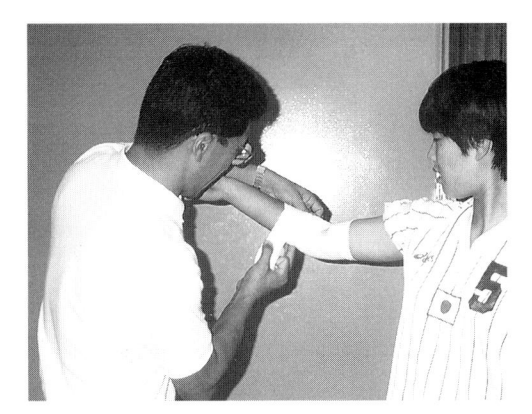

図 3-61 テーピングの実際

因になる．さらに，不必要な足関節運動の制限をもたらす．ところが，選手がこのテープに慣れていくという現象がある（テーピング依存症候群）．すなわち本来，足関節に内反の刺激が加わったときには，生体は大きな損傷に至る前にそれを回避しようと反応する．腓骨筋群で外反しようとするような反応がそれである．テーピングで足関節の固定性を高めると本来，生体が有する反応が不必要になるし，足関節に向ける選手の意識も必要性が低くなる．したがって，足関節捻挫を意識することなく，本来の足関節運動を犠牲にしながらスポーツ動作を学習していく．足関節を固定しすぎると，膝関節のスポーツ外傷が増えるのではないかという懸念が示されてきたが，このような要素があったからかもしれない．

　足関節以外では，膝蓋骨の外方移動を抑えるために McConnell 法が有名であるし，その他，手指のテーピングなどは evidence の明確なものであろう．しかしながら，実際は多くの関節についてスポーツ現場ではテーピングが使用されている．図 3-61 は肘関節内側側副靱帯損傷に対するテーピングを行っているところであるが，関節の運動制限を考慮しながらさまざまな方法を試みている．

　テーピングに使用する材料は，ホワイトテープ（インチサイズが基本．1.5 インチ（約 38mm）幅が使いやすい），伸縮性テープ（2 インチを多く使用），アンダーラップ，糊スプレー，鋏（皮膚を傷つけないもの）などである．現在は国産のものも多いが，もともとアメリカで開発されたこともあり，インチサイズを踏襲している．メーカーによって素材にかなり差があるため，われわれは目的や施行部位に応じてテープを選択することもある．テープの素材としては，強度・厚さ・腰の強さ・放湿性，糊のつき強さなどについての注意が必要である．またテープが皮膚に接触した場合，容易に皮膚炎を起こすことがある．これは接触による皮膚

呼吸が妨げられたり，その状態で発汗することで起こる接触性皮膚炎の要素もあるが，接着させるための糊面に含まれる物質による化学反応も考えられる．同じメーカーでも，制作時期が異なるだけで皮膚炎を起こしやすいこともあるし，テープの保管期間が長すぎたり適切でない場合も問題を起こすことがある．

2）テープの使用法

ホワイトテープ

テープの使用に慣れる必要がある．ホワイトテープの取り扱いについては全てのテープの基本となるため，手で難なく切れるようにトレーニングする．テープを切ることに時間がかかっては意味がない．テープの切断面がきれいになるように練習する．破りとったようなあとが残ったり，糸がよれたり，しわが寄ったりするのはよくない．切るときに「パシッ」という乾いた音がするとよいであろう．「ジャリッ」と切れるような場合はよくない．

糊スプレー

糊スプレーはテープが緩まないように使う．実際，運動を開始してわずか5～10分でテープが緩んでしまうケースが多い．発汗によるテープのズレもあるが，糊スプレーはそれを防ぐために不可欠である．しかしながら，毎日のようにテーピングを行う選手では，皮膚に障害を起こすことを助長するし，損傷した皮膚に糊スプレーはさらに悪影響をもたらす．また，糊スプレーの内容物に対して化学反応のアレルギーを示す選手も多い．やや高価になるが接着力のある殺菌包帯剤が入手できるため，われわれはそれを使用することも多い．

殺菌包帯剤

アンダーラップ

ウレタン地でできたアンダーラップは皮膚の保護のために使う（図**3-62**）．強く巻くほうが効果がでやすいように思えるが，実際は幅が70mm程度あるので，肢節の彎曲に対応しきれずに端が丸まってしまう．その上からさらにアンダーラップが重ねて貼られたりすると圧迫が強くなるので，絶対に避ける．アンダーラップは転がすように緩めに巻

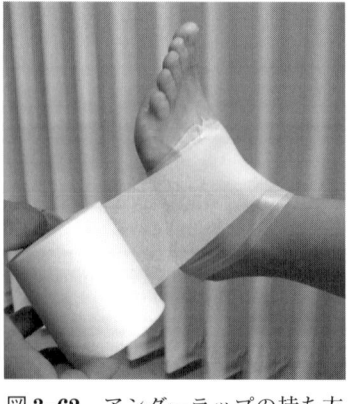

図**3-62** アンダーラップの持ち方 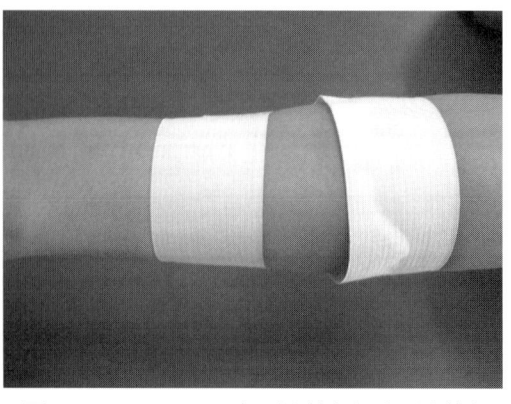　図**3-63** アンカー：良い例（左）と悪い例（右）

くのがよい．さらに，アンダーラップは残りが少なくなると，引き出すときに強く引かれるようになり，端が丸まりやすくなることも知っておく必要がある．

アンカー　　アンカーは図 **3-63** の左のように巻く．これは前腕に巻いている例であるが，多くの肢節は単純な円筒状ではなく，どちらかというと円錐状の形状をもっていることが多い．したがって，均一の圧で巻くならテープの端と端は×のような形で交わることが多い．この交わりが少なすぎるとアンカーの役割が果たせないので，十分な量を確保する．末梢から中枢に向けてテープを1/2ずつずらしながら3本程度巻く．3本でちょうどテープ2枚分の幅となる．これが粗になり過ぎるのも密になり過ぎるのもよくない．アンカーに他のテープを貼り付けていくため，きちんと巻くことに細心の注意を払う．巻き終わりの高さが重要で，高すぎると下腿三頭筋を圧迫することになるし，低すぎるとアキレス腱への刺激が強くなる．また，下腿の周径が太く足関節にかけて急に細くなる場合，他のテープを貼るとアンカーがすぐに下方に引かれて緩むこともあり，工夫と注意の必要なところである．アンカーがみるからに下腿の筋に食い込んで圧迫が強いと想像される場合があるが，他のテープを固定すると，もっと圧迫が強くなることが考えられるため強く貼りすぎることに注意する．われわれは，下腿三頭筋の筋腹が運動時に変化することに対応するように，下腿後面でテープを交叉させているが，選手自身がテーピングを行う場合，下腿前面で閉じてもかまわない．前足部のアンカーは遠位にあると横アーチを支えるが，中足骨部での圧迫感が強くなる場合があり，巻く位置によっていろいろな効果が考えられる．

　　テープ全体にいえることだが，どのくらいの強さで巻くかとなると，普遍的な答えは「一定の張力で貼る」ことに尽きる．緩すぎるのはいけないかもしれないが，強すぎると循環障害を起こすなど，違和感を訴える．そして，均一の張力でテープが貼られていない場合，強く貼ったところばかりが引かれて違和感が生じるので避ける．われわれはテープを貼るときの張力を測定したが，4kgではかなり強く，3kgが適度で，2kgは明らかに緩いという結果となった．

　　テープを巻くときの姿勢は大切である．図 **3-64** の左は体幹屈曲が強すぎる例である．初心者はどうしてもテープを貼る部分に目がいくので，このようなかたちになる．右図のように，距離をおいて全体を俯瞰できるようなイメージで巻けるとよい．

ホースシュー　　ホースシューは踵部後面に垂直になるように貼るが，足関節内反捻挫の場合，足部内転位は受傷機序になるため，外側から内側に向けて引くと，やや外転位におかれる可能性がある．しかしながら，足関節内・外

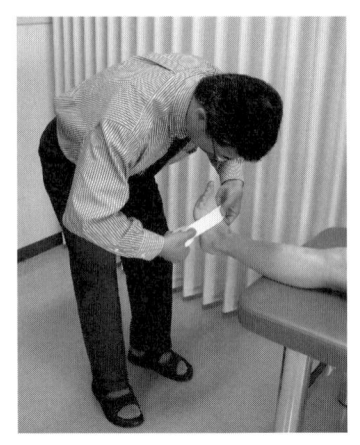

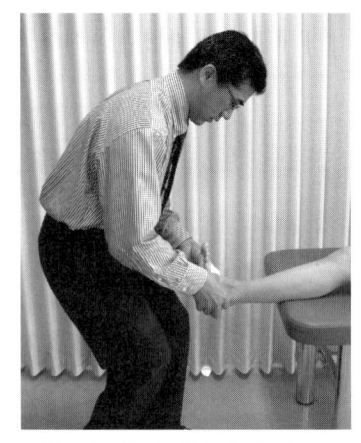

背中が丸まっている　　　　膝を曲げて距離を十分にとる

図 3-64　テープを巻くときの良い姿勢(右)と悪い姿勢(左)

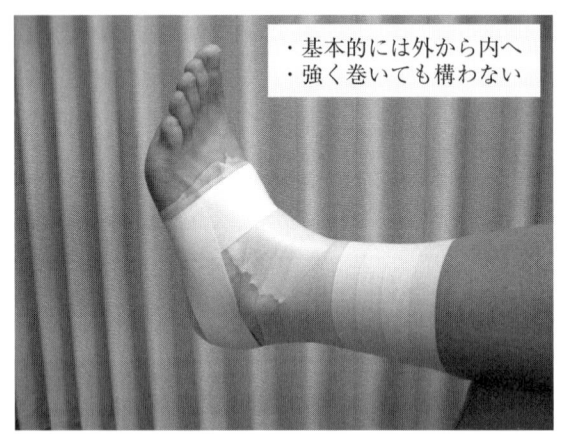

・基本的には外から内へ
・強く巻いても構わない

図 3-65　ホースシュー

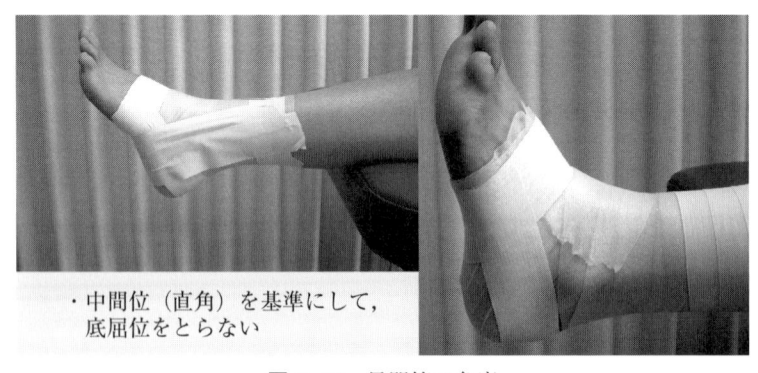

・中間位(直角)を基準にして，底屈位をとらない

図 3-66　足関節の角度

果の骨突出部にテープを掛けるわけではないので，そのような効果が的確にだせるかは明らかではない(図 3-65)．

クローズドバスケット　　クローズドバスケットウィーブ法の場合，足関節は直角にしておく．
ウィーブ法　　　　　座位をとってリラックスすると，足関節は底屈位となる．そのままテー

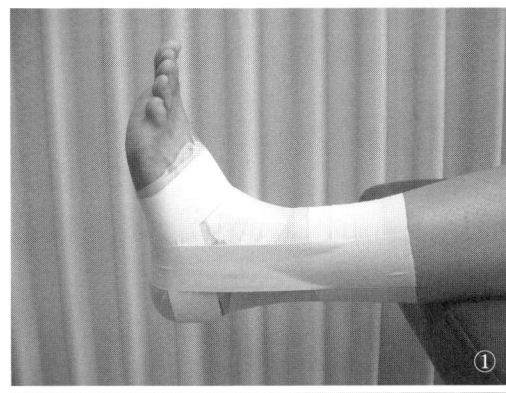

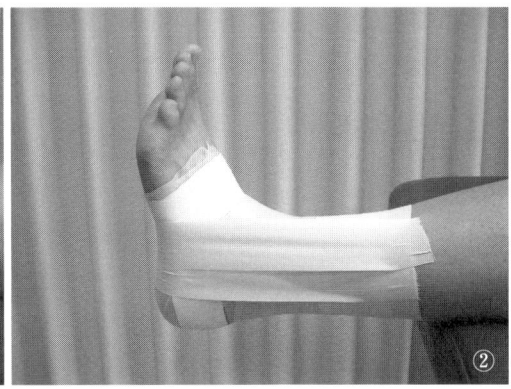

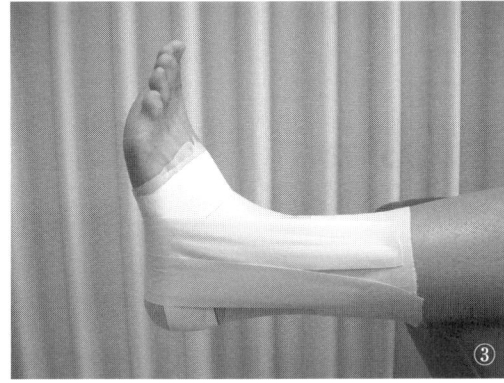

図 3-67 スターアップ
① 1本目：内果と外果を支点にしていく．内側から外側に引き上げる．
② 2本目：しっかり外側に引き上げる．
③ 3本目：スターアップがテープの効果を決める．

プを巻くと背屈制限が強くなり過ぎ，立位をとったとき身体が後方に引かれる感じとなり，構えの姿勢がとれなくなる（図 3-66）．また，初心者はテーピングに時間がかかるため，最初足関節を直角にしていても，徐々に緊張が緩んで底屈位になる．サポートテープを巻く足関節肢位が毎回変わっていくと，それ自体が違和感を生むことになる．

サポートテープ

スターアップ

代表的なサポートテープがスターアップである．内果と外果の骨突出部にテープを掛け，内反しないように外側上方へ強く引き，アンカーに止めていく（図 3-67）．1本目のスターアップの前後に 2・3 本目を貼る方法や，足底でクロスするようにやや前後にずらして斜め方向に貼る場合もある．スターアップはもっとも重要なテープであるが，これを支えるアンカーテープやアンダーラップなど，個々のテープがきちんと巻かれていることが必要である．

スターアップをきちんと固定するために，これと直交するスターアップを踵骨部から下腿に向けて巻いていく．これによって縦方向のスターアップと，これと交わる横方向のホースシューで強固な構造が得られる（図 3-68）．前足部のホースシューの端を固定するように再度アンカーを巻く．これまでのテープのほとんどは貼る感覚であるが，フィギュアエイトと後述するヒールロックは，テープを引き出しながら巻いていく

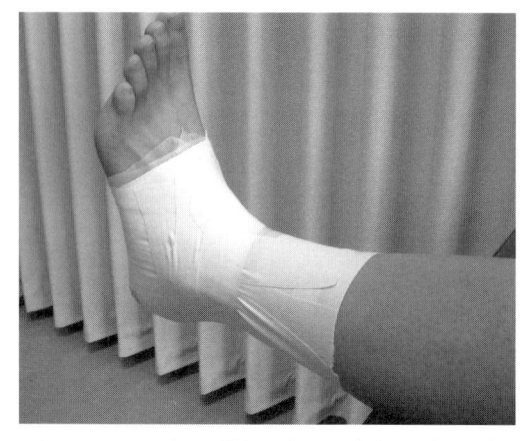

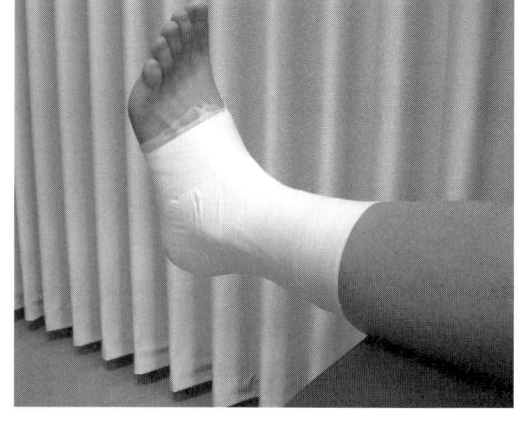

ホースシューを1/2ずらしながら巻き上げていく　　　ホースシューの完成

図3-68 ホースシュー

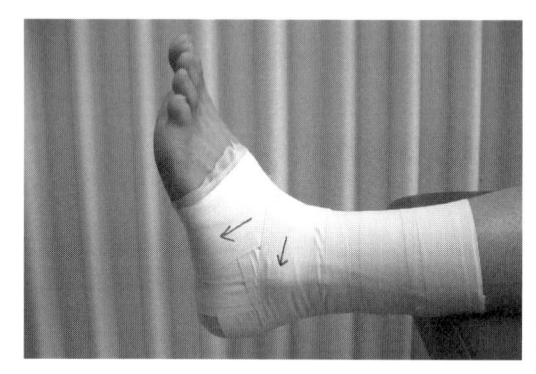

図3-69 フィギュアエイト
前足部と下腿の連結を強める

ものである．

フィギュアエイト　　フィギュアエイトは足部と下腿の連結を強化する目的で巻く．下腿に対して足部が前方に移動する不安定感に対応するが，効果がどの程度ねらえるかの判断は難しい（図3-69）．これらのテープは肢節を巻き込む

サーキュラーテープ　　ように巻くのでサーキュラー（circular）テープとも呼ばれる．ヒールロッ

ヒールロック　　クは最後の仕上げであるが，シングルヒールロックかダブルヒールロックを行う．図3-70にダブルヒールロックの方法を示すが，足関節前面から外側または内側から後方にテープを引き，踵部の後面で足底部に向かい，そこからスタート位置の足関節前面に戻り1/2が完成し，残りを繰り返すこのテープは一筆書きのように巻いていき，足関節内・外果かそのやや下方にコンパクトに施行すると安定性が高まる．踵部の形状によってやや難しいこともあるが，慣れると安心感のあるテープになる．

内反ストレス　　テープが終了したら，立位で足関節内反捻挫を意識して内反ストレスを加え，制限の効果がどの程度あるか確認する（図3-71）．さらに運動を行い，違和感がないか，ずれないかを確認し仕上げとなる．ここまで

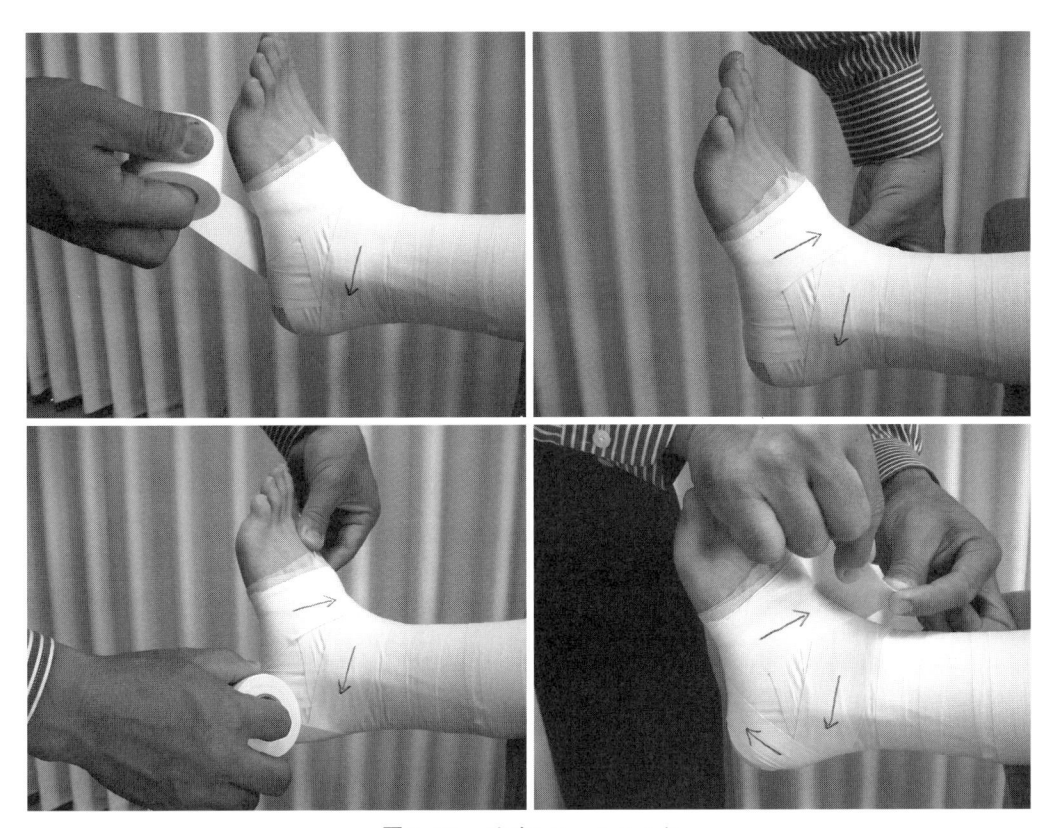

図 3-70　ダブルヒールロック
踵骨運動の制限

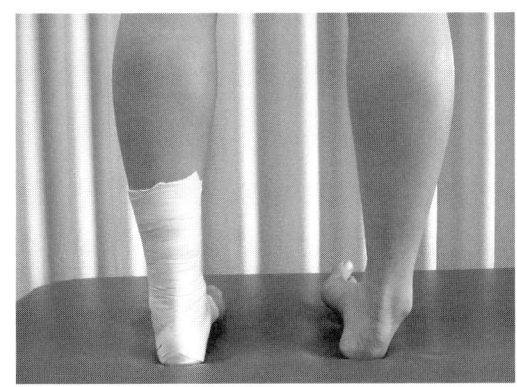

目標：ここまでの手続きが3分程度でできるように

図 3-71　内反ストレスを加えてみる

図 3-72　膝 MCL 損傷に対するテーピング

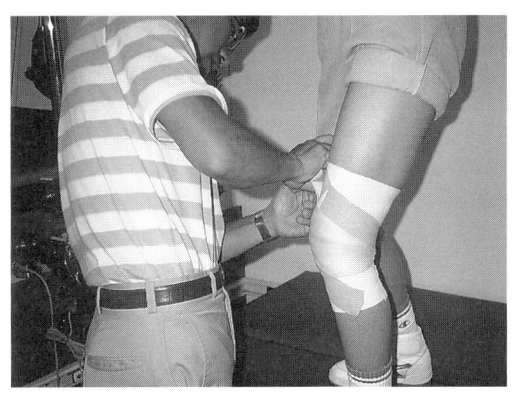

　の一連の手続きを3分間程度で行いたい．重要なのは目的とした効果の得られるテーピングを行うことであるが，選手が下肢を預けられる時間の限界は3分程度であることも事実である．
　図 3-72 は膝関節 MCL 損傷に対するテーピングである．足関節より形状は複雑ではないが，骨突出部は膝蓋骨，大腿骨内・外側上顆，脛骨

粗面などであり，膝蓋骨については膝関節屈曲・伸展時の運動を許容させるため直接テープを貼らないので，テープの固定場所を確保する工夫が必要になる．また，膝関節屈曲・伸展角度を確保しようとすると，運動軸に配慮しながらテーピングしていくが，可動性を優先すると固定性が落ちるし，固定性を優先させると運動制限が強くなり過ぎたりする．通常ランニングに耐えられるような，膝関節伸展 − 10°から屈曲 120°は楽に運動できるようにしておきたい．雨天や湿度の高い日にはテープが緩みやすくなるため，スポーツ種目に応じて，テーピングの方法も考えたい．

3）テーピングのevidence

表 3-50 は筆者が行った足関節捻挫の調査である．ここからさまざまなことがわかるが，高等学校の運動部員の 2 割近くが，足関節不安定性を常時訴えているという現状である．表 3-51 にスポーツ活動時のテーピングや装具の使用状況を尋ねているが，35％の選手がこれらを常時使用していた．装具は固定性のよさそうなものから，そうでないものまでさまざまな種類がある．装具でどの程度の安定性が得られるか，あるいは捻挫予防効果があるかは不明であるが，装具とテーピングを相互に比較したのが表 3-52 である．

テーピングを行っている運動部員で何か弊害があるかをみたのが表 3-53 であるが，テーピングを長期間続けることで，足関節の背屈制限が起こることが明らかになった．ちなみに，捻挫をしてテーピングも装具もしていない人の平均背屈角度は 34.7°であった．表 3-54 にテーピングの弊害をまとめた．テーピングを長期間継続して使用することで，本来，生体がもつ能力を低下させることは問題であろう．

シミュレーション装置で，スポーツ動作に近い足関節内反を行わせ，テーピングや装具でどの程度の効果があるのかを測定したが，足関節の動きの分析から，以下のように実際に制動を加えるべきポイントが明らかになった．

① 右足関節では内反すると右距骨突起が前下方に変位し，著しい不安定感を訴える．
② 左足関節は内反しても距骨は前方に変位しない．
③ 第 5 中足骨底が外旋し，これに引かれるように立方骨・踵骨・距骨が変位するケースがある．
④ 中間位での内反で距骨の前突起が底屈し前方に変位するケースもある．
⑤ 踵骨の内反（回外）に距骨の動きが誘発されるようなケースは少

表 3-50 足関節捻挫の調査

（広島県内7校の運動部員430名の調査）
(1994年～2000年)

練習を休むような捻挫→ 55%(237名)が経験
捻挫の再発→ 62%(147名)が再発
　　　　　　 34%(81名)が慢性の不安定感

↪ 足関節捻挫は治っているか？

- 1回のみの捻挫は約5割強が経験
- 経験者の約6割は2回以上の捻挫
- 経験者の約3割強，運動部員全体の約2割(18.8%)に慢性の不安定感

表 3-51 テーピング，装具の使用状況

（広島県内7高校の運動部員430名の調査）

テーピング	:	79名	(18%)
装具	:	71名	(17%)
何もしていない	:	280名	(65%)

↪
　慢性の不安感がある81名　　(13%)
◆ 常時テーピング　：　58名　(18%)
◆ 常時装具　　　　：　44名　(10%)
◆ 何もしていない　：　36名　 (8%)

表 3-52 足関節にテーピングあるいは装具のどちらを選ぶ？

1. 装具の装着は簡単
   - フィッティングの良い装具を選ぶ．
   - 素材の問題が大きく，消耗・変形・変質する．
   - どのような機構で捻挫を防止するのか．
   - コストパフォーマンスは高い．
2. テーピングを自分で巻くのは難しい．
   - コストパフォーマンスは装具より劣る．
   - ねらった効果を出せる．

表 3-53 テーピングの長期使用が足関節背屈 ROM に影響を与えるか？

荷重時に膝関節伸展と屈曲で背屈 ROM を比較
1. 過去に捻挫の既往のない193名（386脚）
   - 膝伸展位 28.1±13.5°，膝屈曲位 38.5±17.2°
2. 1年以上テーピングを使用している47名
   - 膝伸展位 23.0±10.3°，膝屈曲位 32.4±14.6°
3. 1年以上装具を使用している38名
   - 膝伸展位 25.6±12.0°，膝屈曲位 34.4±15.1°

＊テーピングとテープなしの間に $p<0.05$ の有意差

表 3-54 テーピングの弊害

1. テーピング依存症候群の発生
   → テーピングや装具なしではスポーツができない．
   → より強固なテーピングを好む．
   → テーピングを過信し，弛んだテーピングで損傷を起こすことがある．
2. 長期間の使用による ROM 制限の発生
3. 固有受容器への悪影響
   → 本来，関節運動をコントロールすべき筋機能が抑制されることで，機能低下を起こす（例：腓骨筋活動への影響）．
4. 品質の悪いテーピング材料の氾濫
   → 安価なテープの使用に用心．

表 3-55 足関節にテーピングあるいは装具を選ぶ基準

1. 何もしない状態でスポーツができるようにすることがもっとも大切．そのためには予防・再発予防のためにさらなる基礎研究が必要．
2. どのような関節運動をどの程度制御したいかで選択が決まる．
3. テーピングでは微妙な関節運動制御が可能．
4. 装具では粗大な関節運動制御が可能．

なかった．

　以上のことから，テーピングでも装具でも以下のように距骨の動きを直接・間接に制御することが大切であることがわかる．

　① 第5中足骨底の下降を抑える．
　② 踵骨の内反（回外）の動きを抑える．
　③ 距骨の前方突起の前下方への動きを制動する．
　④ 足関節内側に支持面をつくり，内反しにくくする．

　表3-55に装具とテーピングのそれぞれの選択の基準を示した．

4）ファンクショナルテーピングの実践と応用

ファンクショナルテーピング

　ファンクショナルテーピング（FTA：functional taping）が1988年に衆目にふれることになり，この考えを随所に取り入れた方法でスポーツ現場でのテーピングが行われてきている．

　FTAでまずおさえておかなければならないのは，テーピングを行う目的をはっきりさせておくことである．FTAでは関節の運動方向に細心の注意を払うので，その結果としてアライメントのコントロールにたいへん有効になる．スポーツ外傷や障害に陥ると，筋力が十分に発揮できなくなる．この筋力発揮の不足をテーピングによって補うことで，症状の一つである疼痛が抑えられるのかもしれない．このようなところばかりに目が向きがちになるが，重要なことは関節運動の不足をFTAが助けているということである．

　ここで，テーピングの基本的な考えとして，予防を目的にしたとき，そのねらいの根拠が何かを考えたい．身体に加わる物理的な外力に対抗することか，あるいは骨性支持を高めることか．仮に，テーピングが足関節の運動方向をあらゆる意味で制限するとして，本来，重力下で行われるべきアライメントコントロールがなくても捻挫などに陥らないとすれば，正常な筋機能に抑制が加わることを念頭におかなければならないであろう．そのようなテーピングをいったん覚えた身体は固有受容感覚からの情報の変更が容易には行われず，身体も本来備わっている関節運動能力を放棄することになりかねない．以前，「FTAでは関節の固定性がしっくりこない」と選手にいわれたことがあるが，これはまさに

テーピング依存症候群

「テーピング依存症候群」のように思われる．

　結論として，FTAの優れているところは，関節が本来動くように動き，固定すべきところが固定されるという，身体の通常の機能を何ら制約するものではないことであろう．先にも述べた，アライメントコントロールの重大な側面がそこにある．

膝関節のテーピング

　膝関節のテーピングについては，バイオメカニクスの考えと実際に行

える手技の間にさまざまの葛藤がある．とくにPCL損傷に対しては膝関節屈曲60～80°付近でみられる急激な脛骨の後方落ち込みに対して実際の活動時にどのように作用しているか，いまだに十分には確信がもてず，対応に苦慮するところである．しかし，MCL損傷にみられる外反不安定性，ACL損傷にみられる回旋不安定性については，相応の効果が出せるようになってきた．膝蓋大腿関節では膝関節屈曲に伴って増加する関節圧に配慮しながら，内側への牽引ベクトルを有効に発揮できるようにさまざまな方法が試みられる．

外反不安定性
回旋不安定性

肩関節については，テープ1本の方向や強さがほんの少し異なるだけで効果に大きな違いがみられる．とくに牽引方向を誤ると，上腕骨頭に前方引き出し力が加わることも考えられる．しかしながら，テープのもち味をうまく引き出せると，劇的な運動の改善がもたらされることも多い．このように，FTAについては身体の各関節に対して広がりの幅をもち，徹底して効果を究明する深みがある．われわれがファンクションを追求していくときに，たいへんわかりやすくかつ有効なものである．「FTAはかたちではなく考え方だ」といわれるが，この言葉を追求し，選手個々に適したテーピングを進展させる必要がある．

9．スポーツマッサージの実際

1）マッサージの基本概念

（1）マッサージの定義

マッサージの定義

マッサージの定義は「人の手（足）または特殊な器具を使って一定の手技および方法で，対象者の皮膚に摩擦，圧迫，揉むなどの力を与えて疾病の治療や疲労の回復を図る方法の一つである」とされている．理学療法学教育でマッサージは「身体外部から物理的刺激を加える」という視点から，物理療法に含まれていることが多いようである．しかし，マッサージ，あん摩，指圧などを総称し手技療法と呼ばれることもある．マッサージは原則的に皮膚に直接手を当てて，摩擦を使ったり，揉む方法によって身体の末梢の部分から心臓に向けて手を動かし，皮下の静脈の流れやリンパの流れを促進させる．あん摩や指圧は，押さえることや撫でることを主とし，薄い衣服の上から，身体の中枢部から末梢部に向けて手を動かし，筋や軟部組織に停滞している不用物質を圧し出すことがねらいであるとされている．

手技療法

（2）マッサージの起源

マッサージの起源

マッサージの起源は明らかではないが，紀元前から手技療法に類似し

たものがあったことは事実である．マッサージという言葉の語源はフランス語であるが，もともとはアラビア語の「圧する」，ギリシャ語の「こねる」，ヘブライ語の「触擦」というような意味から起こったとされている．わが国にはドイツで完成された方法が明治時代に伝えられた．スポーツマッサージについては昭和6年に第1回日米水上競技大会が開かれた際に初めての記録が残っている．

（3）スポーツマッサージ

芹沢はスポーツマッサージについて「スポーツマンの運動機能の亢進，コンディションの調整，疲労の回復を図ることにより，スポーツ障害を防止し，記録を向上させるために行われるマッサージの一分野」と定義している．スポーツマッサージは，マッサージのもつ生理学的な効果を最大限に活かし，①障害の予防，②競技力向上，③全身の調整（コンディショニング），④疲労回復，⑤障害の治療，などのために施行されるものである．いずれにしてもよりよい効果を得るためには，目的をはっきりさせて，目的にあった手技を選択し，施行することが肝心である．スポーツマッサージは対象がスポーツをする人であり，多くは練習や競技に備えてのコンディショニングを目標に行われる．スポーツマッサージがウォーミングアップの補助手段として使われることもあるが，これはあくまで補助的なものである．スポーツ外傷の治療でスポーツマッサージを行う際，これは医療マッサージに近いものであるが，この場合も適応をよく考え，あくまで補助的な手段であることを忘れてはならない．理学療法では温熱療法や電気療法などをマッサージと併用して効果をあげている．

2）マッサージの生理学的効果

詳細な効果については他の項に譲るが，以下のような効果が期待されている．

（1）血液とリンパ液などの循環の促進

末梢から中枢に向け連続的にマッサージを行うことで，末梢側に沈滞している血液やリンパ液，老廃物などを機械的に中枢側に押し出し，循環を良くする．

（2）皮膚温の上昇とそのコンディションの改善

機械的な刺激により皮膚の知覚受容器を興奮させ，反射的に血管を拡張させる．

（3）神経系への影響

皮膚や筋の圧迫の程度やマッサージの手技により，神経系に対しても興奮性の増大や，逆に鎮静効果もみられる．また，自律神経系に対して

もよい影響を与えるとされている．結合織マッサージ（connective tissue massage）は皮下結合織をマッサージすることによって，自律神経の終末網を活発にし，体表-内臓反射の神経路を通して脊髄に働きかけ，交感神経の過敏を抑制し，疾患部の循環障害，疼痛，こりなどを取り除き，内臓の治癒を促進するものである（内臓に対する効果）．

結合織マッサージ

（4）筋の緊張の調整

他動的に筋に刺激を加えることによって筋緊張は変化する．循環が促進されることは筋に貯留した疲労物質を取り除き，速やかな疲労回復につながる．さらに，皮膚や筋を刺激することは筋の興奮性を高める．これによって筋力発揮がしやすい状態になることが考えられるが，マッサージは他動的に行われるため筋肥大による筋力の増強がないことは明白である．

（5）身体に対する全般的な鎮静効果

マッサージの心地よさは，全身にリラックス感を与える．また，自律神経などの神経系に対する二次的効果，循環の促進などにより全身性にコンディショニング効果を有する．ここで注意を要するのは，心地よさ，快適さは当然依存性が高まることにつながる．スポーツ選手の場合，疲労回復を促進する目的でマッサージを行うことがもっとも多いが，慰安のマッサージにならないようにPTやATは節度をもちたい．

コンディショニング効果

3）マッサージの原則・注意点

（1）マッサージの原則

マッサージは静脈血の灌流を促すため，末梢から中枢に向けて行う．あん摩や指圧はこれとは反対にリンパ液の循環を高めるために，中枢から末梢に向けて行われるのが大きな違いであることは前述した．しかしながら，体幹にマッサージを施行する場合はこの限りではない．

通常，マッサージは直接皮膚に触れることを原則としている．しかしわが国では，四肢末端，下肢や上肢などは衣類から露出しやすいが，体幹や体幹に近い部位は皮膚を露出しにくいことが多い．体幹部を露出させる場合は遮蔽物を含めプライバシーの保護に注意が必要である．われわれは，スポーツ現場で応用しやすいように対象には極力薄着になってもらうが，薄手の木綿地のタオルを使用することで，指先の感覚を保ちながらマッサージを行っていくことを勧めている．

わが国は高温湿潤な気候風土にある．欧米では乾燥しているところが多いためか，オイルマッサージといって，メンソール系など爽快感のある薬品を混入したローションを滑剤に使って湿性のマッサージをすることが通例である．しかし，わが国ではタルクやシッカロールなどを主に

湿性のマッサージ

乾性のマッサージ　したベビーパウダーを滑剤に使う乾性のマッサージが主体である．医療マッサージでは消炎鎮痛外用薬を用いて局所をマッサージすることも多い．

「マッサージは軽擦法（さすること）に始まり軽擦法に終わる」という有名な言葉がある．いきなり強く揉んだり，圧迫したりすることなく，軽擦法をうまく応用しメリハリのある快適な刺激を与えられるように努力する．

（2）マッサージの禁忌事項

マッサージの禁忌　マッサージの禁忌は他の物理療法とも類似している．炎症の急性期，急性関節炎，急性外傷（内出血，肉離れ，アキレス腱断裂，骨折，打撲や捻挫の直後），消耗性疾患，伝染病，化膿性疾患，開放創，安静を必要とする疾患，出血しやすい疾患（腎炎，糖尿病，血友病），発熱時，皮膚病，結核や梅毒，悪性腫瘍のある部位などに対してである．急性外傷で軽症の場合は，疼痛を和らげる目的で軽擦法を行うことはかまわない．しかしながら，野球のボールが上肢にぶつかったような場合，その直後に「散らす」と称して打突部を強く圧迫したり揉捻を行う者がいるが，このような急性外傷の直後は患部に対するRICE処置の原則を守り，まずは患部を冷やして安静にすることや，おだやかなアイスマッサージを施行することを優先する．同様に肉離れや筋挫傷の後に強力にマッサージを行うと，筋の異所性骨化を引き起こすこともあるのでとくに注意する．また，内出血の吸収促進や癒着の防止のためにマッサージを行う場合は，医師の指示が不可欠であろう．

軽擦法

RICE処置

（3）マッサージ施行上の注意

施行時間は全身で30〜40分，体幹や四肢など局所部位に対しては10〜15分であり，揉み返しに注意する．マッサージを行う時間帯はいつでもよいが，疲労回復であれば入浴後の就寝前がよいであろう．回数は通常は1回で十分である．マッサージは習慣性があり，心理的な依存傾向が強くなることを念頭におく必要がある．気持ちがよいからといって比較的強いマッサージを長時間行うと，いわゆる揉み返しの状態になり，翌日に局所に疲労感が残ったり，だるさや疼痛が出現したりしてかえって逆効果になることもあるので注意する．常に適量に配慮する．

揉み返し

マッサージを行うときには室温に注意し（20〜25℃），皮膚が外気に触れるため施行部位以外の不必要な部位はバスタオル，毛布，シーツなどで覆って保温に努める．ベッドは硬めのものがよく，スプリングの効いているものは適さない．高さは60〜65cm以下で高すぎない方がよい．宿泊施設やホテルのベッドは柔らかすぎるし，高さが低いため，適切な処置を行いたい場合は，きちんとしたベッドで行う．ベッドには清

潔なシーツをかけておくことは当然であるが，シーツの固定を確実に行っておかないと，体位を変えたときに転落事故につながりかねない．スポーツ現場に携帯できる折り畳み式の携帯ベッドもあるが，選手の重量に耐えられるだけの十分な強度と構造をもつことを確認しておく．現場で活動するATの多くは携帯ベッドを所持している．重量は15～20kg程度あり軽いものではないが，必要不可欠なものである．スポーツ現場では床面の高さでマッサージを行うことも多い．安定した技術を施すために，対象の体幹を固定する術者の上肢に体重を預けながらマッサージすることも多い．

選手に尿意があると心理的に落ちつきにくいため，対象者に排泄を済ませていることを確認しておく．臥位がとりやすいようにパッドを利用し（背臥位では枕と膝下にパッド，腹臥位では足関節にパッド，側臥位では下肢を支えるパッドなど），リラックスした姿勢でマッサージが受けられるように配慮する．

術者は指輪や腕時計を外し，爪を切り，手指の清潔に努め，手洗いを励行する．手や手指が冷たくないように暖めておくことも大切なことである．マッサージ中は音楽を流したり，テレビをつけておいたり，選手と会話したりして，リラックスした環境設定に努める．

4）マッサージの基本手技

マッサージの手技は軽擦法，揉捻法，強擦法，叩打法，圧迫法，振戦法の6つの手技に，伸展法を加えることができる．

軽擦法　　　（1）**軽擦法**

皮膚上にしわが寄らない程度に軽く撫で，軽い圧迫を加えることがポイントである．末梢から中枢へ向かって行うのは，末梢に沈滞している老廃物，血液，リンパ液などの循環を促進するためである．「マッサージは軽擦法に始まり軽擦法に終わる」といわれるほどにマッサージの基本手技である．またこの手技は皮膚における血液およびリンパ液の循環を促進させ，疼痛を和らげ，緊張を取り除くような快感を与える．マッサージにおける全身性，および局所のリラクセーションへの導入となる．

強擦法　　　（2）**強擦法**

手掌を用い，マッサージを施す部位をしわができるほどに強く撫でる，あるいはこするように圧迫しながら，末梢から中枢に向かい強くこすりあげる方法である．この手技の本来の目的は，関節におけるリンパなどの病的産物の循環促進にある．その意味で医療的な目的で使用される方法といえ，スポーツマッサージに多用される方法ではないであろう．

揉捻法

（3）揉捻法

母指球と小指球の間，あるいは母指と他の4指の間で筋を握り，つかみあげるような気持ちで揉みながら圧迫する方法である．この手技の目標は筋への刺激で，深部にある血管やリンパ管にも影響を与えることである．この手技は強力に行うことで筋組織に損傷を加えることにもなりかねず注意が必要である．強い疼痛がでるほどつまみあげる必要はない．

揉捻法はマッサージではもっとも多用される方法の一つである．利き手でない側でも行えるように十分に習熟する．末梢から中枢端に達したときにはいったん手を離し，再び末梢から開始することが肝心である．不用意に中枢端から末梢にもどしてくるような場面に遭遇するが，効果が疑わしくなるだけでなく，対象が受ける感覚は前者が圧倒的によいことも知っておく．

叩打法

（4）叩打法

リズミカルに目的とする部位を叩く方法である．叩く手の形により多くの手技がある．切打法，手背叩打法，カップパーカッションなどである．多くの国で経験的にさまざまな手技が編みだされて使用されてきた．主に筋に対して行う手技であるが，局所に反応性充血を生じさせ，また筋に緊張を与える．神経に対しては，そのリズミカルなテンポにより鎮静的に働くとされる．

振戦法

（5）振戦法

この手技は，目的とする部位に揺することにより振動刺激を与える方法である．一般に，筋に緊張を与え，神経に対しては鎮静的に働くとされるが，手技に熟練を要し，効果に差がでやすい．バイブレーターなどの器械を用いると安定的な振動刺激が与えやすい．

圧迫法

間欠的圧迫法

（6）圧迫法

この手技は，手で押しながら圧迫を加える方法である．持続的に圧迫を加えることにより，神経や筋の興奮を鎮める．間欠的圧迫法は強擦法と同様な効果を有する．われわれは薄い衣類の上にタオルをかけた上からこの圧迫法を多用している．母指での圧迫が主になるが，指節間関節を伸展し，中手指節間関節を屈曲することで，力強い圧を生み出すことができる．また，この方法でないと何人もの対象をマッサージする場合，指を痛めてできなくなってしまう．

伸展法
ストレッチング

（7）伸展法

伸ばす手技である．現在はストレッチング（stretching）として独立して行われることが多いが，マッサージの効果を確認しながら行うことは有効である．

5) マッサージのポイント

マッサージは皮膚と接触する手の部分によってさまざまな手技の変化が可能になる．その一例としては手掌，手背，指顆，手拳，指端，指間，指尖，指腹，指頭，2指，把握，母指球，小指球，2手，その他である．いずれにしても，対象と施術者の間で何度も手技を施し，感覚の印象を確認しながら練習を重ねる．疲れないで効果的にマッサージを行うためには適切な高さのベッドを選び，腕に力を入れて行うのではなく，手掌の母指球と小指球を使用するのがよい．狭い部位では指腹を使用する．また，その部に力を伝えるためには肩関節や肩甲帯から力をどのように伝搬すればよいか工夫する．

手技をうまく行うための基本的なこととして以下のポイントがあげられる．

① 手関節をリラックスさせて柔らかく使う．
② 肘関節は常時，軽度屈曲しておく．
③ 擦る場合，終始一定の圧が加わるようにする．
④ 揉む場合，肩関節を円を描くように動かすと手関節もそのように動く．
⑤ 一定のテンポを決めてリズミカルに行う．
⑥ 原則として一方の手で行う．非利き手がうまく使えない人が多いが，両手を同程度に使えるように練習する．
⑦ 力の加え方としては身体に対し直角に圧が加わるようにする．同じ圧を加えようとして手に力を入れるとぎこちなくなるため，身体全体で圧を加えるように重心位置をずらすようにしながら行う．
⑧ マットや畳で行う場合は薄い布団を1枚敷き，対象者の横で片膝立ちをして行う．
⑨ マッサージの強さの程度は少し物足りないくらいでちょうどよい．痛みを出さないことも原則である．スポーツ選手は刺激の強いマッサージを好む傾向にあるが，目的を考えれば強くマッサージすることは必ずしも得策とはいえない．また，瞬間的に力を入れて脊柱を「ポキリ」とならすようなスラスト（thrust）の技術もあるが，効果や安全性に疑問があり，強く速い刺激を加えることはよく考えたほうが賢明である．

6) 肢位別マッサージの実際

筆者は全身のマッサージでは側臥位，腹臥位，背臥位，座位というような順で肢位を変えていく方法を使用しているが，腹臥位，背臥位，座

位という方法がわかりやすいと思われるのでこの方法を紹介する．また，以下に紹介する順で各部位を行っていく．左右をベッドの一方向で行えるものもあれば，施術者が部位ごとに移動した場合がよいこともある．

腹臥位　　　（1）腹臥位

腹部をパッドで持ち上げるなど，違和感のない安楽なポジショニングに配慮する．

足　部　　　① 足部

足趾の牽引，屈曲，伸展の伸展法（ストレッチング）を行い，その後，足のアーチを意識しながら足底筋を圧迫する．足底部は体重を支える部位でもあり，相当強い刺激を与えても問題ない．踵骨部に対して足底方向から叩打法を加えることもある．

下腿部　　　② 下腿部

軽擦法から揉捻法，さらに圧迫法などを行う．下腿は疲労しやすい部位なので症状を確認しながら施行する．膝を90°に屈曲し腓腹筋の筋腹を挟んで把持し，横方向にゆさぶるような方向に動かす方法も好んで用いられる．またこの位置で前脛骨筋を母指で圧迫するのもよい．

大腿部　　　③ 大腿部

ハムストリングの走行を意識して揉捻法を行う．手指も使うが手掌で強い圧をかけることも多い．内転筋部をマッサージする際，くすぐったがる人もいる．腸脛靱帯の硬さを確認することも大切で，母指で圧迫法を試みる．坐骨結節部に対する圧迫法も効果的である．

殿　部　　　④ 殿部

大殿筋，中殿筋をはじめ，大きな筋があるため手掌揉捻法や圧迫法などで強く刺激していく．

腰背部　　　⑤ 腰背部

腰部は側方から圧迫する方法と，上方から圧迫する方法の2つを使い分けるとよい．筋線維の走行を横断するようにギクリと指先が滑ると不快感がでる．また，刺激が強すぎたり不快感を与えると筋の緊張が増し，逆効果である．

肩甲帯　　　⑥ 肩甲帯

僧帽筋はもっともマッサージを多く施行する部位の一つであり，頭上に立って母指で圧迫法を試みる．僧帽筋の上から棘上筋を刺激するのもよい．棘下筋，円筋群，三角筋後部線維などに対する手掌揉捻法や手指揉捻法も多用される．上腕三頭筋をその流れでマッサージすることもある．

背臥位	（2）背臥位
下腿部	① 下腿部

  腹臥位ですでにマッサージを行っているため，膝を立てた状態で下腿三頭筋の筋腹を揺するような方法で，筋緊張が低下していることを確認する．

大腿部　② 大腿部

  大腿四頭筋があるため，内側広筋や外側広筋といったように目的としている筋を明確にすると効果が大きい．大腿部の周囲を手指で把持し母指で圧迫法を行う．腸脛靭帯も側方に手を添えて圧迫できる．膝を立てて大腿部全体の筋を揺する方法もよく用いられる．

骨盤　③ 骨盤

  背臥位では腸骨を上方から開くようにゆっくり体重をかける方法が行われる．

上肢　④ 上肢

  施術者の両方の小指を対象の1～2指間，4～5指間に挿入し，手掌を開くようにして母指で圧迫法を加える．前腕は疲労や外傷による筋の硬結を触れやすい部位である．消炎鎮痛外用薬を用いて局所マッサージを行うことも多い．上腕二頭筋の筋腹に対しては把握揉捻法がよく使用される．

胸部　⑤ 胸部

  大胸筋のマッサージを行うこともある．鎖骨に付着している筋を刺激するために，鎖骨に沿って母指で軽擦法を行うと爽快な感覚が増す．

座位　（3）座位

  ベッドに腰掛けると高すぎることもあるため，背もたれのない椅子を使うとよい．

頸部　① 頸部

  頭部が動揺しないようにアライメントを考慮しつつ前方から前額面を固定し，頸椎の伸展筋を刺激する．人によって過敏なこともあり，初回に強い刺激は与えないことが肝要である．頸椎を側屈させ，僧帽筋や肩甲挙筋を緊張させた状態で軽く筋腹に圧迫法を加えることもある．頸椎を回旋させ，同じく圧迫する方法もよく使用する．これらはいわゆる肩凝りにも効果が高いが，頸椎については運動範囲や刺激強度が過度にならないような丁寧な施術が必要である．

肩甲帯　② 肩甲帯

  僧帽筋の硬結部に対する圧迫法はもっともよく用いられるが，気持ちがよいからといって過度になると揉み返しが起こる．肩甲骨のモビリゼーションを行う．また，胸郭を開くように肩甲帯の挙上と下制，プロ

トラクションとリトラクションを行う．肩甲骨の外側と上腕骨を連結する筋の緊張を低下させるような伸展法も併せて施行する．

● **参考・引用文献**

1) 片寄正樹，浦辺幸夫：スポーツマッサージ．CARA養護教諭実践講座第5巻，養護教諭実践講座刊行会発行，1991，p.201-208.
2) 鈴木克也，高澤晴夫，遠藤芳郎：スポーツマッサージ．不昧堂出版，東京，1968．
3) 堀内政亜希：スポーツマッサージの意義と目的．水泳コーチ教本（日本水泳連盟編），大修館，東京，1990．
4) 浦辺幸夫：スポーツマッサージ．物理療法学（第2版），医学書院，東京，2004，p.238-251.

第4章
スポーツ理学療法各論

1. 急性期スポーツ外傷への対応

1) 救命救急処置

救命救急処置

スポーツ現場では救命救急処置の必要な場面に遭遇することがある．公認ATが行う救命救急処置については指定された講習会の履修が義務づけられているが，現場での経験を積んで定期的に知識・技術を確認する必要がある．スポーツ活動中に怪我や事故が発生した場合の対応について表4-1に示す．

器械体操，アメリカンフットボール，ラグビー，水泳の飛び込み，モータースポーツなどで頸椎を損傷した場合，緊急の対応が求められる場合があるが，アメリカンフットボールではヘルメットの外し方などを熟知しておく必要がある．頭部打撲ではスノーボーダーの急性硬膜外血腫などが多くなっている．頭部外傷で鼻骨骨折なども多い．頸部や頭部の外傷ではその他，脳振盪，バーナー症候群，頸椎捻挫，鞭打ち症などがある．

事故が発生した場合，救急車を手配し医療機関に搬送するが，その手

表4-1 怪我をしたときどうするか

1. 状況の確認（怪我の理由がわかるか）．
2. 怪我をした部位の確認．
3. 意識の有無を確かめる．
4. まず安全な場所に移動．脊椎の損傷では動かさない．
5. 痛み方によって安静か救急病院への搬送かを決める．
6. いずれにしても医療機関で診断を受ける．
7. 骨折や捻挫の場合，体重を免荷して歩行．
8. 当日は入浴，飲酒の禁止．
9. RICE（安静，冷やす，圧迫，挙上）の原則．

表4-2 意識のないときにどうするか

1. 頭部外傷など原因がはっきりしているときには対処も明らか（本人が「大丈夫」というのはあてにならない）．
2. 頸椎損傷の場合はむやみに動かさない．
3. 拍動，呼吸を確認する：心停止，呼吸停止の場合は蘇生法を試みる．
4. 呼びかけてみる．
5. てんかん発作，貧血による失立発作，熱性痙攣，脳卒中などさまざまなケースがある．

順を踏まえておく．スポーツ現場に担架の常備などが不可欠である．

意識のない人がいる場合の適切な処置は重要である（表4-2）．電気ショック，溺水，突然死，心停止，過呼吸症候群，頸髄損傷，頭部外傷，てんかん発作，貧血，熱中症，脳卒中，心筋梗塞，一酸化炭素中毒，薬物中毒など，さまざまな原因が考えられる．そのような場合，一刻も早く気道を確保し呼吸の有無を確認する．心肺蘇生法に習熟しておき，人工呼吸と心臓マッサージを施す．

2）出血への対応

スポーツ現場では出血に遭遇することはたいへん多い．完全な止血が行われないと競技に復帰できないというルールが厳密に施行されている．その理由は肝炎とHIVの感染の回避である．処置のために衛生材料の所持と適正な使用法が求められる．スポーツ現場に医師や看護師がいる場合は問題ないが，現実には稀であり，ATが対応せざるを得ないことが多い．

3）急性スポーツ外傷

（1）よくみられる急性スポーツ外傷

炎症（inflammation）の5大徴候である，①発赤，②腫脹，③熱感，④疼痛，⑤機能障害のいずれかが急性期にみられることが多い．それぞれが発生するメカニズムを考え対処する必要がある．非ステロイド系消炎鎮痛剤（NSAIDs：non steroid anti-inflammatory drugs）の内服が勧められる．しかしながら，スポーツ選手の場合，ドーピング禁止薬物などを誤って使用してはならないので，市販薬ではなく医師の処方を受けるべきである．

よくみられ，かつ現場で何らかの対応が迫られることが多い急性スポーツ外傷としては，足関節捻挫（急性，再発），アキレス腱断裂，肉離れ（ハムストリング，大腿直筋），大腿部打撲（チャーリーホース），肩関節脱臼，肩鎖関節捻挫，腰椎捻挫（急性腰痛症），背部打撲などがあげられる．

図4-1は肘関節の打撲後で内出血がみられる例であるが，この場合，損傷した組織の見極めが重要になり，とくに骨折や内側側副靱帯損傷などがないか確認しておく必要がある．また膝関節内側の打撲などの場合も，関節内に問題がないかどうかの見極めが重要である．打撲の場合の処置の例を表4-3に示す．

急性炎症は通常，組織の損傷直後から24時間あるいは48時間にわたり激しい症状を呈する．この期間はPRICEあるいはRICE処置がたい

へん重要であることが知られている．その後はパッドやテーピングで圧迫したり，免荷のために松葉杖歩行を指導したり，一連の手続きを確認しておきたい．

(2) 急性スポーツ外傷の処置

① 脱　臼

脱臼／亜脱臼

脱臼は強い外力により関節面が不適合になった状態で，靱帯損傷や骨折を伴うこともある．亜脱臼は脱臼の程度の軽いものである．肩，肘，手指，膝蓋骨（膝の皿の骨）などで比較的多く脱臼がみられる．脱臼したときは医療機関で診断を受け，正しく整復してもらい，一定期間安静・固定の指示に従う．

② 骨　折

骨折／外傷性ショック

骨折した場合，ボキッという音を感じたり，骨折部の疼痛，急激な腫れ，また冷汗にみられるように外傷性ショックを起こし，気分不良になることが多い．捻挫と軽はずみに判断しないように注意する．患部を固定し冷やしながら，下肢の場合は体重がかからないようにして，担架や松葉杖で移動し，乗用車や救急車で速やかに医療機関に搬送する．

疲労骨折

疲労骨折は使い過ぎで発生する．腰椎，脛骨，腓骨，中足骨など運動によるストレスが頻繁に加わる場所にみられる．運動を制限し，患部に

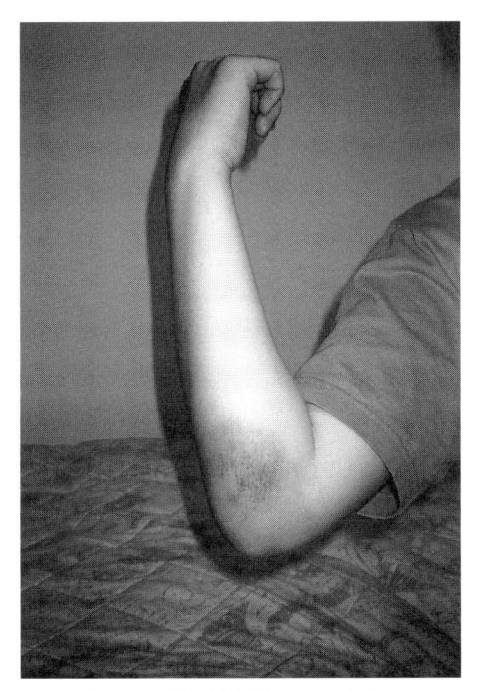

図4-1　肘関節打撲による内出血

表4-3　処置の例：打撲

1. 腫脹部位と疼痛の関係の確認．
2. 試合の日程を確認．
3. 動作と疼痛の関係．
4. チャーリーホースでは血腫の形成や異所性骨化に注意．
5. アイシング，圧迫，固定，テーピングなどの処置．
6. 効果の確認．
7. 次回治療の約束．

表4-4　処置の例：足関節捻挫

1. 急性か陳旧例か確認．
2. 症状の確認（疼痛，腫脹，皮膚の状態）．
3. 不安定性の確認．
4. ROMの確認．
5. 急性ならアイシング＆圧迫，浮腫の軽減．
6. ROM，筋収縮の正常化．
7. 競技参加の場合はテーピング．
8. 場合によっては湿布を渡す．

大きな負荷をかけないような水中運動トレーニングなどで治癒を待つことになる．

③ 捻　挫

捻　挫　　足関節の捻挫がたいへん多い．処置の例を**表4-4**に示す．軽度（靱帯の一時的引き延ばし），中等度（靱帯の部分断裂），重度（靱帯の完全断裂）に分けられる．何度も再発すると関節に不安定性が残り，関節軟骨に負担がかかり，変形や痛みの原因になり，十分に運動ができなくなる．中等度と重度では安静とリハビリテーションが必要になり，完全な運動復帰には3〜6週間あるいはそれ以上かかる．

4）慢性スポーツ外傷

炎　症　　炎症は時間の経過とともに徐々に低下し，慢性期に移行していく．いつ頃から慢性期かは多少の変動があるが，通常受傷後数日から1週間以降が目安となる．急性期から慢性期への移行期間として亜急性期（48時間以降1週間程度まで）を設定するとわかりやすいことも多い．慢性期
温熱療法　　になると，それまでアイシングを励行していたものを，徐々に温熱療法に変更していく．

慢性スポーツ外傷　　よくみられる慢性スポーツ外傷としては，膝内障，膝蓋腱炎（ジャンパー膝），膝蓋大腿関節症（ランナー膝），アキレス腱周囲炎，脛骨過労性骨膜炎（シンスプリント），足底腱膜炎，腰痛症，肩関節腱板損傷，野球肩，野球肘などがあげられる．急性期から引き続く一連の適正な治
反射性交感神経性ジス　　療が必要である．とくに，反射性交感神経性ジストロフィー（RSD）や
トロフィー　　慢性再発性炎症性多発根ニューロパチー（CRIPS）に移行させないよう
慢性再発性炎症性多発　　に注意を払う．
　根ニューロパチー

■ 2．足関節・足部疾患の評価とリハビリテーション ■

1）足関節の構造と運動の特徴

足関節は脛骨と腓骨によって形成される関節窩に距骨が挟み込まれて形成され，内・外側を強い靱帯で補強されている．その特徴をみるには，足関節捻挫の本態である距骨の動きに注目することが必要である．距骨
距　骨　　は筋の起始および付着がないきわめて稀な骨である．脛骨と腓骨の間
距腿関節　　で，距腿関節（talocrural joint）を形成する．この関節は蝶番関節また
関節窩　　は螺旋関節である．関節窩はmorticeと呼ばれ，距骨ドームに対するほぞ穴となっている．そのため足部は底屈時には内・外転できるが，背屈時にはしっかり両者が前面で組み合わさり，内・外転の余裕はなくなり

安定する．また，背屈時には後脛腓靱帯が緊張する．底・背屈の運動軸は脛骨下端と腓骨下端であり，外方に下がった方向にあるため，底屈では足部は内転し，背屈で外転するという特徴を有する．

　異論を唱える文献もあるが，遠位脛腓関節において背屈時に腓骨は内旋し，底屈時に外旋する．距骨下関節（subtalar joint）は距踵関節とも呼ばれ，顆状関節で3つの関節面を有し，回内（外反）と回外（内反）の動きを制御する．すなわち，距骨下関節は斜めを向いた蝶番関節であり，運動軸が横断面に対して約45°上を向くことで内・外旋し，16°内側を向いていることにより踵骨を内・外反させる．足関節内反捻挫では，距骨下関節の正常範囲を超えた動きが強制されるため，底・背屈しかできない距腿関節で歪みが生じると考えると理解しやすい．

　以上をまとめると，足関節内がえし（inversion）は底屈（planter flexion），回外（supination），内転（adduction）という複合的な運動であり，外がえし（eversion）は背屈（dorsiflexion），回内（pronation），外転（abduction）による複合運動である．

　足部ではアーチの構造と機能が重要であるが，トラス（truss）機構，ウインドラス（windlass）機構は重要である．外側アーチはバランス保持での重要性が強調される．筋としては，長・短腓骨筋，前脛骨筋，後脛骨筋，腓腹筋，ヒラメ筋などの機能が重要であり，評価のポイントになる．

　足部・足関節のスポーツ外傷については運動連鎖の視点から，下腿の外傷（脛骨・腓骨筋の骨折，区画症候群，腓骨神経麻痺，腓腹筋肉離れ，アキレス腱断裂，アキレス腱周囲炎など）を含めてより全体的に考えたほうがわかりやすい．

2）足関節捻挫

（1）足関節捻挫の理解

　スポーツ外傷のなかで切挫創を除いて医療機関を受診する部位は，足関節に関わるものがもっとも多い．次いで膝関節，そして腰部と肩関節がほぼ同数の順になっている．足関節捻挫は頻繁に起こり，不適切な治療によって重大な長期にわたる問題が存在することがしばしばである．内反捻挫（ankle inversion sprain）が圧倒的に多くを占めることから（捻挫の70〜80％），これがもっとも多いスポーツ外傷といってもよいであろう．足関節内反捻挫で損傷される靱帯を図4-2に示す．

　それだけ多くの損傷があるにも関わらず，この怪我に対するスポーツ選手の認識はきわめて低い．多くのスポーツ選手が，足関節内反捻挫はスポーツをやるかぎり運命のようについてまわる疾患くらいに捉えてい

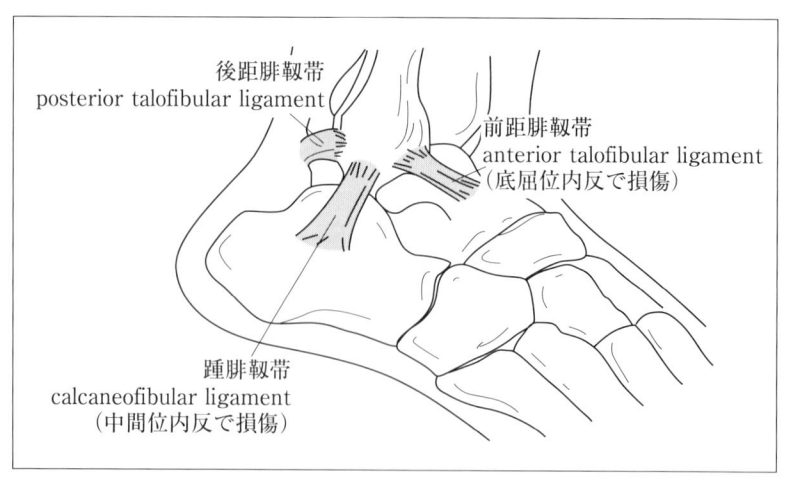

図4-2 足関節内反捻挫で損傷される靱帯

表4-5 足関節捻挫とスポーツ復帰に要する期間

重傷度	損傷の状況	疼痛	腫脹	治療方法	スポーツ復帰期間
Ⅰ度 軽度 mild	靱帯の瞬間的伸張で部分損傷あり 機能的損失少ない	あっても軽度	あっても軽度	安静 とくに不要	1週間程度
Ⅱ度 中等度 moderate	靱帯の部分断裂 関節不安定性あり 機能的損失あり	急性期は強い	軽度〜強い	理学療法	2〜6週間
Ⅲ度 重度 severe	靱帯の完全断裂 関節不安定性大きい 機能的損失大きい	急性期は強い	強い	理学療法 観血的治療	2〜3カ月

る．そして，予防を含めた管理方法にまで興味が至らないのが現実である．しかしながら，靱帯の修復が不十分なまま捻挫を複数回繰り返すことで，足関節不安定性を導く事実があり，結果として慢性捻挫（chronic sprain）や変形性足関節症に陥ることが多い．足関節の荷重関節としての役割を考えると，これは看過できない問題であるため，理学療法はしっかり行いたい．

足関節捻挫の程度とスポーツ復帰に要する期間を表4-5に示す．Ⅱ度以上の足関節捻挫で，ほとんどの人は医療機関を受診する．その目的は，捻挫そのものを治療するためというよりは，骨折を合併していないかどうかX線で確認することにある．捻挫時に三果骨折を伴うことや，腓骨骨折を起こすことがある．前距腓靱帯（ATFL：anterior talofibular ligament）に引かれて，腓骨端が裂離骨折（avulsion fracture）を起こす

足関節不安定性

三果骨折
腓骨骨折
裂離骨折

ことが知られている．これはＸ線上，骨片が遊離しているようにみえるが，治癒しても画像上は同じようにみえることがある．このような骨折があり，選手が複数回捻挫をしている場合，これが今回の捻挫で生じたものかどうかを確認するためにも，放置しないで，画像診断を確実に行わなければならない．また，原因は明らかでないが，成長期に多い距骨ドームに起こる離断性骨軟骨炎などにも注意しておく．

画像診断
離断性骨軟骨炎

　足関節捻挫の意味は本来，底屈と背屈が許されている距骨下関節に内反あるいは回外が求められて靱帯損傷を起こすことである．ストレスＸ線撮影で talar-tilt angle の測定は重要で，本来左右差は5°以下のものが15〜20°もあれば ATFL に加え，踵腓靱帯（CFL：calcaneo-fibular ligament）も含めて2本の靱帯が断裂していることがあり重症である．また，ATFL の断裂によって，脛骨に対し足部が前方に過剰に動揺するので，前方引き出しテストによって不安定性を確認することも必要かもしれない．

ストレスＸ線撮影

前方引き出しテスト

　このように損傷がⅡ度以上の比較的重症の捻挫であれば，固定や免荷歩行が指示され，固定中あるいは固定を除去してから物理療法，関節可動域（ROM）エクササイズ，筋力エクササイズ，スポーツ活動トレーニングなどの理学療法が指示される．しかしながら，損傷がⅠ度やⅡ度で，ある程度軽傷の場合はとくに理学療法を処方されることもなく，選手自身の疼痛の度合いなど，主観的な判断でスポーツ復帰が許可されることも多い．また，試合前に大きな捻挫をした選手は，固定により試合への出場を断念せざるをえず，医療機関にいきたがらないことも多い．このためスポーツ以外の受傷を含め，足関節捻挫はたいへん多いにもかかわらず，整形外科で理学療法が行われている例数は必ずしも多くないことに留意する必要がある．この疾患に対する知識と理学療法の技術を向上させることがぜひとも必要である．

固　　定
免荷歩行

（2）足関節内反捻挫が多い理由

　先にも述べたように，足関節捻挫の80％程度が内反捻挫といわれているが，解剖学的，構造学的，バイオメカニクス的，スポーツ動作学的に考えられるこの理由を表4-6にまとめた．

　内反捻挫の受傷機序を分析すると，ストップ動作，サイドステップ，ジャンプ着地，踵部でものを踏みつける，段差などからの転落時などで起こっている．これらの動作をまとめると足関節底屈位で損傷しやすいこと，足関節内転位で損傷しやすいこと，中間位で側方から内方に向けた力が加わったときに発生していること，体重が足部・足関節に加わった閉鎖運動連鎖系（CKC）の局面で発生していること，などに集約できる．着地動作などの足関節底屈位では ATFL と CFL，サイドステップ

内反捻挫の受傷機序

足関節底屈位
足関節内転位

閉鎖運動連鎖系

表 4-6　足関節内反捻挫が多い理由

1. 内反の関節可動域が外反より大きい．
2. ジャンプの着地など底屈位で内転・内反をとり受傷機序となる．
3. ストップ動作では足部内転位をとりやすく，小趾側に荷重がかかりやすい．
4. ストップ動作で足趾が屈曲しやすい選手では内側縦アーチが上昇し，内反しやすい位置になる．
5. 底屈の関節可動域が背屈より大きく，底屈位で距骨が不安定になる（背屈では距骨ドームが関節窩にはまり込み安定する）．
6. 外側の靱帯が内側の三角靱帯より粗．
7. 腓骨は長く下方に伸びているが，脛骨に比べ関節面の幅が狭く不安定になりやすい．

など足関節底・背屈中間位での内反ではCFLの損傷が起こることが知られている．治療法や予防法はこれらの受傷機転に配慮すれば自ずと考えられよう．

(3) 足関節内反捻挫の救急処置

(P) RICE 処置　　足関節捻挫の現場に遭遇した際には，一般的に(P) RICE 処置が行われる．受傷時に本人か他者が異音を聞いていれば骨折の疑いが十分にある．脱臼(骨折)はさらに患部に変形が認められるために，重大性に気づかされる．骨折の際は急激で著明な腫脹が起こり，疼痛は拍動痛を伴う強いものが多く，それらは時間経過とともに増悪する．さらに外傷性ショックと同様に冷汗や脂汗がでたり，顔面蒼白となったり，気分が不良になり悪寒がしたりもする．

包帯固定　　このような重篤な損傷が起こっている場合，患部を固定して医療機関に搬送するが，固定用のシーネなどを常備し，包帯固定を行って車などで速やかに移動する(図4-3)．登山事故など特別な場合を除いて，日本国内では医療機関へは1時間以内でほぼ到着できるから，足関節捻挫で生命に関わるような問題はまず起きないであろう．しかしながら，休日の試合などでの事故では，搬送先の救急指定病院などを速やかに探し当てる必要がある．テーピングなどでの固定も推奨されているようであるが，損傷後の腫脹が続くことで，圧の分散ができなくなり，疼痛が増すことが多い．この場合も損傷部位の疼痛なのか，圧迫によるものかわ

腓骨神経麻痺　　からず，腓骨神経麻痺などを二次的に惹起させてしまう危険もあることに注意する．皮膚に直接テープを貼ると，腫脹によって容易にテープが外せなくなったり，外す際に皮膚が容易に剥離したりして思わぬ問題につながることもある．

アイシング　　アイシングは勧められる．アイスバッグ(氷嚢)やビニール袋に入れ

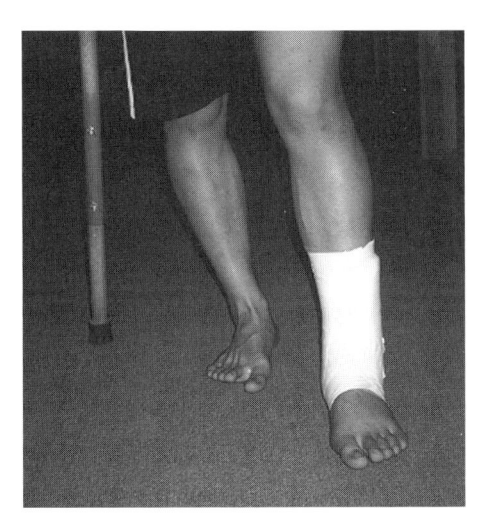

図4-3 固定，免荷して医療機関に移動

た氷で冷やすことが一般的である．10〜15分間して歩行が可能であれば，損傷程度は軽いとみてよい．冷却しても腫脹が進む場合や荷重時の疼痛が強い場合は，Ⅱ度以上の捻挫とみなして医療機関を受診する．氷がない場合は足洗い場の水道水などで冷却することでも代用できる．この場合，患部を挙上できないという欠点はあるが，緊急回避としては問題ない．

蛇足ではあるが，Ⅱ度以上の損傷の場合，局所循環の増加を避けるために，受傷日の夜は入浴は禁止し，飲酒も慎むように必ず注意しておく．安静背臥位では布団の重さも加わり，足関節は必ず底屈位をとるため，損傷靱帯が引き延ばされる．慎重を期す場合はやはり安定した固定方法を実施しておく．

(4) 足関節捻挫，足部疾患の評価内容

評価における検査項目では以下のような内容について確認しておく．

アーチ　　アーチについては内側縦アーチ，外側縦アーチ，横アーチについての検査を行う．X線の横倉法などでアーチ角を算出することが必要である

アーチ高率　が，体表面上からアーチ高率を計算しておくとよい．扁平足（過回内）やハイアーチなどのアライメントの特徴を数値化することは，選手に

外反母趾　　とってもセラピストにとっても有益である．外反母趾（hallux valgus）とアーチ高の関係もみておく．トラス機構，ウインドラス機構，前脛骨筋や後脛骨筋の引き上げ安定機構などから後足部，中足部，前足部それぞれに問題がないか確認する．

　　　　　　下肢アライメント全般もとらえるが，歩行やランニングのダイナミッ

足部内転　　クアライメントでの足部内転（toe-in）や足部外転（toe-out），そして

足部外転　　それが膝関節のアライメントとどのように関係するかを確認しておく．体表面上での骨突出部（bony land mark）の触診，筋や腱の触診を行う．

それぞれの特徴，左右差など，疾患があると有用な情報となることも多い．筋機能検査としては，アーチに関する筋，足趾の筋などについて注意深く機能を調べる．徒手筋力検査（MMT）ももちろん行うが，筋力低下などを検出した際には力の大きさとして数値化して，リハビリテーションの目標を立てる．腰椎椎間板ヘルニアによる坐骨神経の症状や腓骨神経麻痺など，足関節や足部に大きく影響する疾患もあるため，反射検査や感覚検査も行う．ROM 測定はルーチンな検査である．

靱帯機能としては，足関節内反捻挫の talar-tilt angle が有名であるが，前方引き出し徴候（anterior drawer sign）を含め，体表面上から関節不安定性を確認する工夫が必要である．圧痛に加え，疼痛の評価を行う．安静時，運動時，荷重時，伸張時，圧迫時，自動運動時，抵抗運動時，動作時などで疼痛出現やその増悪，減弱を確認する．叩打痛や拍動痛も受傷組織や程度を推定するための情報となる．外反母趾などの代表的な変形に加え，鉤爪趾（claw toes），槌趾（hammer toes），爪の形状，胼胝形成，鶏眼などの異常がないか確認しておく．使用しているシューズの評価も必要である．アキレス腱断裂では Thompson テストなどの代表的検査がある．

（5）足関節内反捻挫の医学的治療と理学療法の実際

医療機関では手術が必要のない場合は，表 4-7 のような治療の展開になる．靱帯損傷の治癒のために，ある程度の安静固定は不可欠である．Ⅲ度損傷の場合，観血的治療を行うことがある．受傷後比較的早期であれば縫合術が可能である．スポーツ選手など活動性の高い選手では，保存療法よりも，確実に固定性が得られるという理由で選択される場合がある．保存的療法でも観血的治療でもこの場合，スポーツ復帰の目安は 3 カ月程度である．復帰時期には足関節底・背屈筋の筋力が十分に回復しているか検査しておく（図 4-4）．

Ⅱ度損傷では保存療法が選択される．以前はギプス固定を 4 週程度行っていたことがあったが，現在は 2 週間程度でシーネなどに変更して様子をみていくのが一般的である（図 4-5）．また，ギプス固定では患部の安静は保たれるが，やはり ROM の制限や筋萎縮を惹起しやすい．そこでギプスの代わりに，足関節装具を使用することも多くなった．完全な固定用から，スポーツ活動に使用できるものまでさまざまである．しかし，ギプスに比べて装具の方が固定性に劣るということを理解しておく必要がある．

Ⅱ度損傷は頻度も多く，取り扱いに慎重を要する．初回の捻挫かどうかがまずは大きなポイントとなる．初回捻挫は選手自身も慎重になり，理学療法プログラムも計画どおりに進めることができる．しかし，2 回

表4-7　Ⅱ度損傷の理学療法（手術の必要がない場合）

期　間	治療内容
直後〜	安静，圧迫，寒冷療法，免荷歩行，固定（ギプス，テーピング，装具）
1週〜	荷重開始，ワールプール，筋電気刺激，低周波治療，足関節背屈確保（自動運動，ストレッチングボード，チューブ引き）タオルギャザー，前脛骨筋，腓骨筋群強化 ＊日常生活ではテーピングや装具を利用
2週〜	全荷重，足底屈筋強化 ＊症状に応じたテーピングなどの使用
3週〜	ランニング開始，スポーツ基本動作の再学習を行い徐々にスポーツ復帰を許可 ＊腫脹，疼痛がないこと

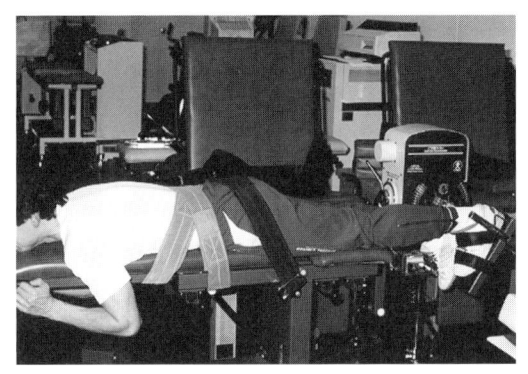

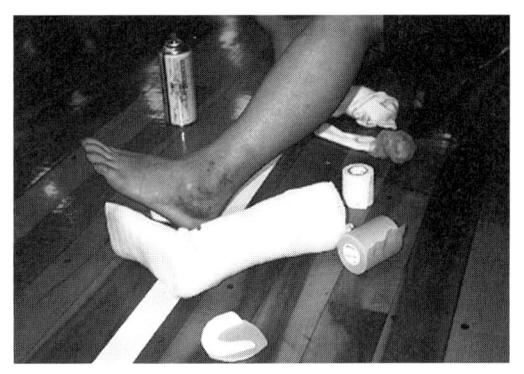

図4-4　足関節底・背屈の筋力測定

図4-5　シーネでは確実な固定が行える

目以降の捻挫であると，選手は過去の捻挫の体験を学習しているため，損傷程度が同程度であっても，どうしても早くプログラムを進めて欲しいという希望が強くなる．また，一般的に症状の回復も初回捻挫より明らかに早い．これは，イメージリハーサルができているからと考えればよい．しかしながら，部分断裂した靱帯の修復は促進されるわけではないので注意を要する．初期の安静固定で患部の症状の安定化を図り，段階的にリハビリテーションを進める．

　Ⅱ度損傷では早い者は2週間程度でスポーツ復帰を許可できる場合があるが，通常は1カ月程度理学療法期間を設定する．また，腫脹などを残したまま復帰し，いつまでも痛みやROM制限を残したままになるようなことは厳に戒める．とくに2回目以降の捻挫では，選手の自己判断で復帰してしまうこともあり，再発防止の視点からも注意を喚起することはPTの責務であろう．

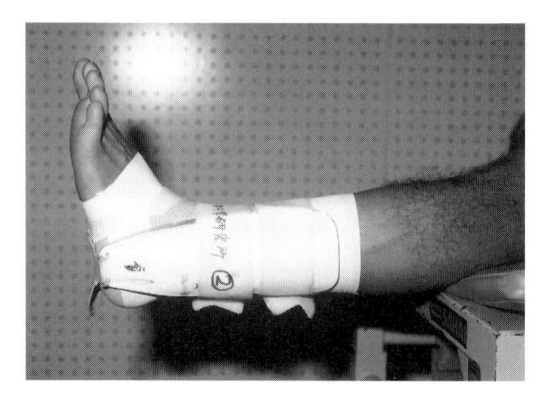

図 4-6　損傷靱帯の固定

Ⅰ度損傷　　　　　　Ⅰ度損傷では靱帯自体の損傷は軽微であり，疼痛を主体として制御していく．「捻ることはあるが捻挫はしない」という選手がいるが，距骨下関節での動きで足関節内反に対応できていると考えれば妥当であろう．内反捻挫の動きがあっても，距腿関節に加わるストレスが回避され，靱帯損傷には至らないということであろう．

figure of eight 法　　関節に腫脹があるかどうかは，テープメジャーによる figure of eight 法を実施することで確認できる．われわれの測定ではわずか 2％ 程度であるが，本来，左足関節の方の周径が大きいことが確認されているため，それを念頭におき，腫脹がない状態でスポーツ復帰させていく．

　　　　　　　　　　足関節の靱帯損傷は底屈位内反で発生することが多いので，損傷された靱帯がさらに引き延ばされないように固定しておく必要がある．本来，足関節は安静背臥位では底屈位をとる．したがって，初期の固定は大変重要である（図 4-6）．

　　　　　　　　　　急性期には腫脹している部位には触らないが，足部全体に浮腫が起こるため，それは徒手的に圧迫して除去する．その後，足趾の伸展の自動運動，抵抗運動などを行い，最初足部背面に浮き出てこない腱が徐々に視覚的に確認できるようにしていく．足趾の伸展は同時に足関節背屈 ROM の改善にも役立つ．慣れてきたら，前脛骨筋の収縮を促す．ただし，この筋は足関節背屈に加え内反の動きを助けるため，極端に内反しないように足趾伸展筋群，さらに腓骨筋群の収縮を行いながら，内・外反中間位で背屈できるようにする．

踏み返し　　　　　　足関節を固定し，免荷歩行を続けることで，足関節の踏み返し（ヒールオフ，トウオフからプッシュオフ）が欠如するため，下腿三頭筋に十分な刺激が加わらなくなり，短縮した状態になる．膝関節伸展位と屈曲位での下腿三頭筋の筋機能を考慮しながら，自動的な背屈角度を増加させていく．場合によっては他動的なストレッチや，ストレッチングボードによる背屈を行っていく．

足関節背屈ROM　　　足関節背屈ROMが確保される必要があるのは，捻挫後にまずもっとも制限がでる動きであること，次にスポーツ復帰させるためには健全な背屈角度の確保が不可欠であること，損傷される外側靱帯の走行を考えると背屈のエクササイズは早期から実施できること，などがあげられる．下腿三頭筋の緊張がアキレス腱を通じ，踵骨を後方に牽引する力が増加することを考えると，単純に背屈するのではなく，踵骨の前方への関節包内運動を意識しながらROM運動を行うとよい．ただし，下腿に対して前方に強く踵骨を押し込むと，ATFLが伸張されてしまうことも考えられるため注意を要する．

　どの程度の背屈ROMを確保するかは重要な課題である．健側と同じ程度という考えがあるが，基本的にスポーツ動作を健全に行うためには，十分な背屈ROMが必要である．それが制限されると，膝関節屈曲が少なくなり，下肢全体が伸展位になってしまう．スポーツに求められる低い重心を保つために，結果として体幹が過度に前屈，すなわち腰椎前彎を高めて体幹が反るような姿勢になり，足関節の問題による腰痛など身体の他の部位の疾患に波及するケースがある．このため，膝伸展荷重時に30°の背屈ROMが保たれていることが理想であると考えている．もともと身体が硬いという人でも，左右差がない状態で少なくとも25°の背屈ROMを保ちたい．

3）その他の足部疾患

　下腿を含めさまざまな足部疾患があるが，ランナーを主体にして走ることが多いスポーツ選手にみられることが多く，それによる足部の障害が他の関節部位（膝，腰）に影響することがあり，またその逆の場合もある．悪いシューズ，硬い路面，傾斜地，不整地などが悪影響する．慢性スポーツ外傷の要素も多く，受傷機序に応じた対応が必要になる．

（1）踵骨骨折

踵骨骨折
舟状骨骨折
距骨疲労骨折

　踵骨骨折は骨萎縮を含め，疼痛などの強いケースもあるためリハビリテーションでも多くの配慮が必要である．舟状骨骨折は少ないようであるが，疲労骨折もあり注意を要する．図4-7は距骨疲労骨折を起こした選手が，足関節背屈を行っているところであるが，患側では背屈角度が小さくなり，無理に背屈しようとしゃがみこむとknee-inとtoe-outが大きくなる．

（2）アキレス腱断裂

アキレス腱断裂

　アキレス腱断裂は若年のスポーツ選手というよりも，20歳代後半から30歳，40歳代にかけて多発する外傷である．観血的治療とともに保存的治療も行われるようになってきた．図4-8は縫合術後8週間経過

図4-7 距骨疲労骨折患者の足関節背屈

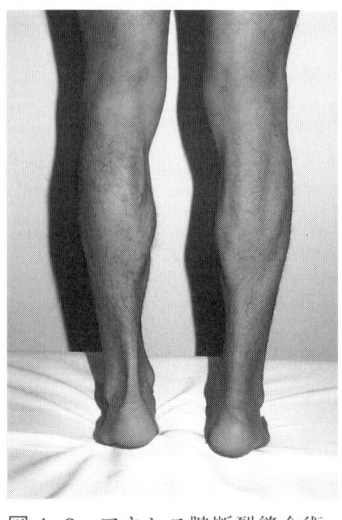

図4-8 アキレス腱断裂縫合術後8週間

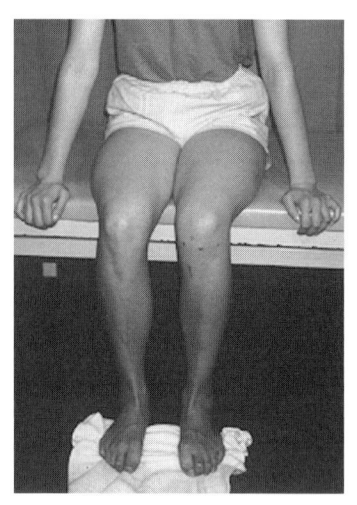

図4-9 タオルギャザー

した選手の様子を示す．歩行から徐々にジョギングを開始したときであるが，患部の腫脹を増悪させないように，かつ疼痛を発生させないようにプログラムを進めていく．約12週でスポーツ復帰の設定を行う．

4）具体的なエクササイズ

（1）タオルギャザー

タオルギャザー

タオルギャザーはよく行われている．椅座位で股関節，膝関節，足関節をそれぞれ90°に屈曲し，足趾部でタオルを足底に巻き込んでいく．足趾での「グーパー」の屈伸動作にメリハリをつけていく．たいへん多くの筋が活動するため，足関節を中心とした下腿部と足部の環境を整えるためのエクササイズでは，もっとも普遍的で推奨できるものである（図4-9）．足趾をすばやく屈伸することで前脛骨筋も多く活動するようで，意外な効果も期待できる．習熟するに従ってタオルを濡らして抵抗力を高めたり，タオルの先端に錘りを置いたりして課題の困難度を上げていく．損傷側のみでなく両側で行うことで，左右差の意識をなくしていくのもよい．

タオルギャザーは静的な筋収縮が行われ，足関節底屈というリスクは生じない手軽なエクササイズである．しかしながら，足底にタオルを巻き込むことで内側縦アーチが挙上することは足関節内反の動きを誘導することもあり，問題にならない程度であることを確認しておく．また，足趾全体が屈曲する際には，足関節底屈・内反と共同的な動きとなるため，足趾のアライメントを適正に保ち，とくに母趾の屈曲に注意する．外反母趾が強い場合は，中間位での足趾の屈曲を工夫するよい機会と考

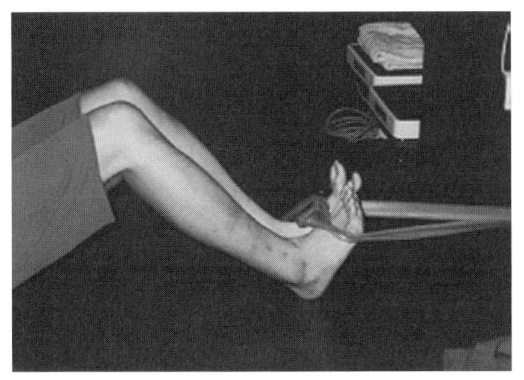

図4-10 外返し筋のトレーニング 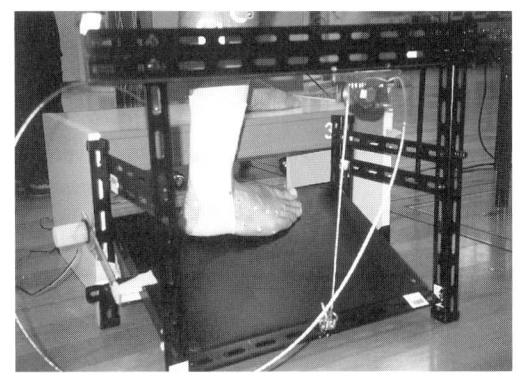　　図4-11 捻挫シミュレーション装置による分析

えればよいが，単純にタオルギャザーだけ行わせ，かえって変形を助長するようなことがあってはならない．

（2）ゴムチューブ

腓骨筋は足関節外反筋であり，内反捻挫に際してはその機能を高めることが強調されてきた（図4-10）．しかしながら，これらの筋は足関節底屈に作用することを見逃してはならない．とくに長腓骨筋は荷重時から離踵状態にかけて，母趾球を強く床面に押しつけて，前脛骨筋の内反作用と対抗しながら足部の位置を保っていく．短腓骨筋はそれを補助するような働きである．したがって，ゴムチューブなどを使ってエクササイズすることがあるが，母趾球で押すようなイメージをつくりながら，過度に底屈しないようにして外反するようにトレーニングするとよい．

（3）カーフレーズ

捻挫のシミュレーション装置によって，足関節を突然内反させた際に，それと対抗するように腓骨筋の筋活動が現れることが知られている（図4-11）．これは，瞬間的な内反による伸張反射なのか，随意的な収縮なのかは不明であるが，動作開始後60msec程度で現れる．実際，この筋活動が内反力に対抗しているかということは興味のもたれるところである．

カーフレイズが代表的なエクササイズである．しかしながら，底・背屈中間位から底屈していくと，ATFLが伸張されることになる．下腿三頭筋の筋力を保つことはたいへん重要であるが，安全に行うためには，あらかじめブロックなどを用意して足先を乗せ，足関節背屈位から徐々に底屈していくとよい．

（4）バランスボード

スポーツ動作の再獲得のために，歩行の獲得がまず重要になる．受傷後1〜2週間は安静にしたり，免荷歩行によって患部の安静に努める．

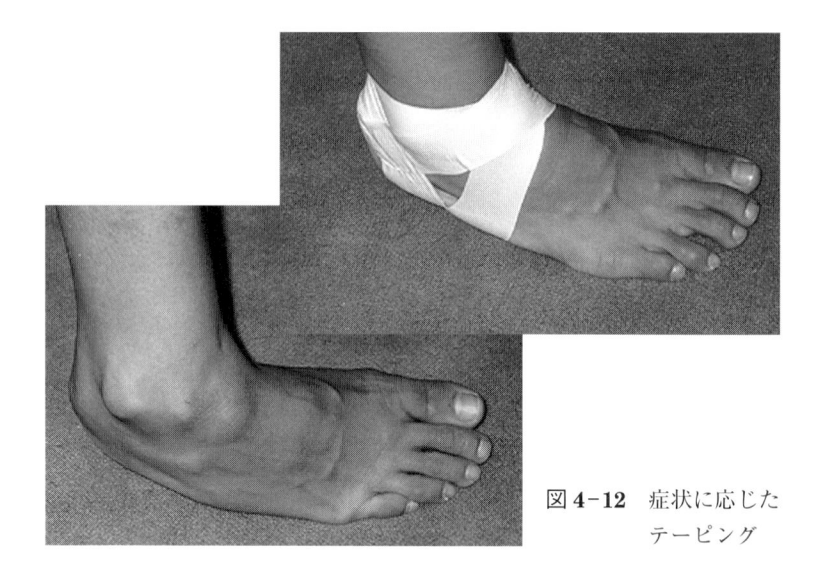

図 4-12　症状に応じた
テーピング

　この間に，下腿三頭筋の短縮が進んでいくことは先に述べたが，足関節
に何らかの問題があれば，ほとんどのケースで toe-out になっている．
もちろん，内反捻挫は足部内転位の方が誘発されやすいが，過度の外転
位は避け，内・外転中間位で歩行できているか，プッシュオフが正しく
できているか確認していく．足関節背屈 ROM 制限があるときに toe-
out を含め歩行に支障がでることが多い．
　歩行に問題がなくなれば早く歩いたり，下肢の屈曲角度を増して荷重
する練習をする．損傷靱帯に問題がない範囲で，バランスボードによる
固有受容感覚を向上させるエクササイズも効果がある．
　(5) 装具・テーピング
　ジョギングが開始されると次第にその速度を増していく．その際，ス
トップ時に toe-in になりやすいが，これは内反捻挫の受傷機転に一致
するため注意を要する．この頃になると再損傷に対する配慮も必要にな
る．装具やテーピングを行って運動させるが，どのような効果が期待で
きるかを常に考慮しておくことが必要である．図 4-12 のような簡単な
テーピングでも，距骨の過剰な動きを制動することができる例をあげて
おく．スポーツではさらにターン，カッティング，ジャンプ，着地など
が必要になるため，練習を徐々に回復する．
　テーピングや装具装着の是非の判断を下すことはできないが，テーピ
ングや装具なしでは不安感が大きくてスポーツができなくなること，長
期間使用することによって ROM の低下が起こること，関節の動きを抑
えることなどによって固有受容感覚 (proprioception) に悪影響が及び，
本来なら関節運動をコントロールすべき筋機能が抑制されて関節の機能
が低下すること，さらに品質の悪いテーピング材料を使用することによ

toe-out

バランスボード

toe-in

装　具

テーピング

固有受容感覚

る問題など，テーピングや装具を使用することによって起こる弊害も考えられる．

3．膝関節疾患の評価とリハビリテーション

1）膝関節の構造

膝関節（knee joint）は人体のなかでも最大の関節である．大腿骨と脛骨によって形成される脛骨大腿関節（TF joint：tibio-femoral joint）と，大腿骨と膝蓋骨の間にある膝蓋大腿関節（PF joint：patello-femoral joint）の2つの関節から構成されている．両者にそれぞれ特徴的な外傷や障害が生じる．狭義には脛骨大腿関節が膝関節を指していることが多い．

脛骨大腿関節は屈曲と伸展を許す蝶番様をした関節であり，長管骨の長いレバーアームを通じて屈曲・伸展という大きなROM（0〜150°）で強大なトルクを発揮するが，膝関節に外反力や内反力が加わると同様に大きなトルクが関節軟骨や靱帯などの構成体に加わり損傷が起こる．同時に発生する軸回旋の力も関節軟骨，半月板，靱帯の損傷を起こすきっかけとなる．表4-8，図4-13に膝関節の主要な構成体を示す．これらのどの組織にも損傷が起こる可能性があり，それぞれの疾患でどのような特徴があるのかを把握しておくことが必要である．

一方，膝蓋大腿関節は比較的問題が少ないように思われがちだが，大腿四頭筋の強大な収縮力を下腿に伝える膝伸展機構（extensor apparatus）の主要な役割を担い，膝蓋骨は関節トルクを増すためのモーメン

表4-8　膝関節の構成体

- 骨：大腿骨，脛骨，膝蓋骨，関節軟骨
- 靱帯：前十字靱帯，後十字靱帯，内側側副靱帯，外側側副靱帯，弓状靱帯，横靱帯
- 半月板：内側半月板（medial meniscus），外側半月板（lateral meniscus）
- 腱：膝蓋腱（patella tendon），大腿二頭筋腱，薄筋腱，半腱様筋腱，大腿四頭筋腱
- 関節包
- 脂肪体（fat pad）

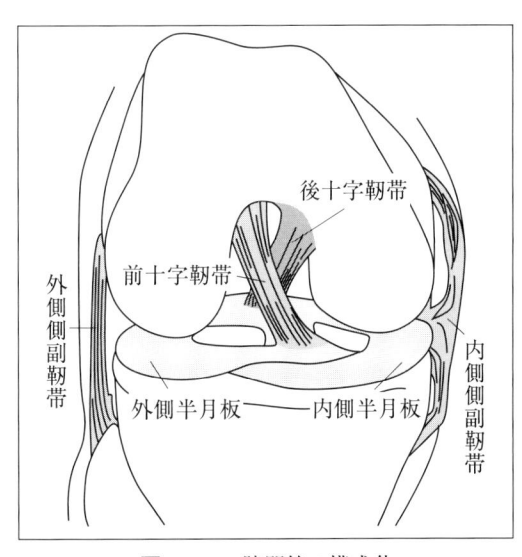

図4-13　膝関節の構成体

トを生み出す大きな種子骨とも考えられる．大腿四頭筋を構成する筋に何らかの問題が生じたり，筋疲労や筋の短縮で筋緊張が高まったり，下肢にアライメント異常（mal-alignment）などがあると膝伸展機構は正常に機能しなくなり，結果として膝蓋大腿関節に問題が生じ，疼痛は下肢の運動機能の低下につながる．

アライメント異常

2）理学療法評価

以下の項目について確実に検査・測定を行い，問題点を総合的に抽出し，プログラムを計画する．治療経過において，定期的または段階的に評価が行われるが，治療と同様に計画的であることが重要である．また，評価の範囲は単に検査・測定による機能評価だけでなく，効果のある治療手技や治療プログラム自体も評価の対象となる．X線写真，MRI画像なども基本的な情報となるので，読影法を修得すべきことはいうまでもない．

問　診

（1）問　診

まず診断名を確認し，医師の処方内容を理解する．体格，BMI，年齢，連絡先，保険の種類など基本事項を確認する．スポーツ種目，ポジション，競技レベル，経験年数などスポーツに関わる調査を行う．受傷日と受傷機序を確認する．記述した内容と実際の選手の表現が食い違うことがあるため，念を押しておく．受傷から現在に至る治療内容や経過を尋ねる．症状が回復しているのか変わらないのか，悪化しているのかを確認する．選手の主訴，希望，復帰目標とする時期などを聴取する．合併症，既往症についても確認しておく．X線やMRIによる特記事項を記録しておく．

視　診
腫　脹
膝蓋骨跳動

（2）視　診

膝蓋骨の輪郭をみて左右差がないかを確認する．腫脹が明らかな場合，膝蓋骨跳動（patella ballotment）もはっきりわかるようになる．皮膚の状態について確認するが，創の有無，色調，光沢などに注意しておく．熱感がある場合，部位を図示しておくとよい．感覚障害がある場合は，部位を図示しその程度を示す．膝装具装着の有無，松葉杖などの使用，跛行の有無なども最初に観察しておく．

触　診
圧　痛

（3）触　診

健側と比較しながら膝蓋骨の上下の高さと内外側の位置，左右差をみていく．圧痛（tenderness）については関節裂隙（半月板損傷を意識），MCL，LCL，膝蓋腱，膝窩筋，腓腹筋内側頭起始・外側頭起始，下腿骨内捻（ITT），大腿二頭筋腱付着部，鵞足部，内転筋付着部，膝蓋腱起始部・実質部・付着部，大腿四頭筋腱の膝蓋骨付着部などポイントを

絞って，組織を意識しながら確認していく．明らかな圧痛があるときには，組織を予想し図示を含め記録しておく．分裂膝蓋骨がある場合は視診および触診で凹凸を確認できる．

周径測定　　　　（4）周径測定

大腿周径測定に加え下腿周径も測定しておく．統一した測定方法によって，定期的に変化を観察していく．

　（5）疼痛の評価

疼痛の評価　　疼痛の評価は重要である．とくに膝関節の場合，疼痛があることは器質的な損傷に直結することも多いからである．疼痛に伴って他の炎症症状（発赤，熱感，腫脹，機能障害）があるかどうかも注意しておく．疼痛は急性外傷にみられるような激しい自発痛，骨壊死の場合にみられる夜間の鈍痛，荷重時痛，運動時痛，圧痛などが一般的である．疼痛の強さ（弱い〜強い），タイプ（鈍痛〜鋭痛），持続時間（持続的，間欠的，瞬間的）は最低限確認し，疼痛のある部位を図示するのが一般的である．運動時痛についてはどうすれば強まり，どうすれば弱くなるかがわかれば，治療の決定に重大なヒントとなる．

疼痛への対応　　疼痛への対応には，疼痛に直接働きかける方法と，疼痛による二次的な弊害に対応する方法がある．急性期の疼痛には安静，非ステロイド系消炎鎮痛剤，圧迫，消炎鎮痛外用薬，寒冷療法などの物理療法の活用がスタンダードである．慢性期の疼痛では，関節運動，筋の伸張，筋萎縮に対するエクササイズ，運動動作の再獲得から接近する

また，疼痛は運動療法を進める際にも常に基準的な指標になる．疼痛を出さないように注意や工夫を行うことが運動療法の原則である．たとえば，ROM運動に際して，疼痛を我慢させて行った場合とそうでない場合，証明するのは難しい面もあるが明らかに後者が効果的と思われる．疼痛を我慢することが反射性交感神経性ジストロフィー（RSD）の引き金になったようなケースも過去に多く経験した．その意味でも疼痛を不用意に出現させることは得策ではない．

自発痛　　　　自発痛が続くときには運動療法以前の問題である．運動により腫脹や熱感が増加するなら明らかに運動の悪影響であるので，運動の量を加減

運動時痛　　することで確実に効果が出せる可能性が大である．運動時痛はどの膝関節角度で，どの程度の荷重で発生するのかをとらえておく必要がある．刺激によって疼痛が増減する場合は，刺激の質・量を変化させることによって治療につながる．とにかく，選手の疼痛に対する過敏な反応を治療者が注意深く観察し，疼痛の意図するところを解釈する必要がある．

腫　脹　　　　（6）腫　脹

表4-9に腫脹についての考え方を示す．膝関節に腫脹がある際，何

表 4-9　腫脹への対応

1. 膝蓋骨跳動を診るまでもなく，視診で膝蓋骨の輪郭に左右差があることを観察する．
2. 腫脹があると固有受容感覚を通じて，反射抑制が起こる．
3. 腫脹はあらゆる手段で制御する．
4. 腫脹と浮腫，あるいはびまん性の腫脹など成因の分析が必要である．
5. 疼痛はスポーツ中止の2番目の指標であり，1番目は腫脹である．
6. 腫脹があると膝関節が屈曲しにくくなる．

表 4-10　関節可動域測定の注意点

1. 他動的膝伸展：何度まで伸展できるか（1°刻みで表記）？　左右差は？　過伸展角度は？　疼痛は？　（過）伸展強制での疼痛と終末感は？　最終域での疼痛は？　ロッキングは？　クリックは？　軋音は？
2. 他動的膝屈曲：最大屈曲角度は何度か？　正座は可能か？　左右差は？　疼痛は？　最大屈曲強制時の痛みと終末感は？　スムースな動きか？　ロッキングは？　クリックは？　軋音は？　腹臥位での尻上がり現象はあるか？
3. 膝蓋骨の他動的な動き：上・下・外側・内側・上外側・上内側・下外側・下内側，脱臼不安感テスト，膝蓋圧迫テスト，膝蓋滑動テスト，Q角，傾斜角
4. 自動的膝伸展：ROMは？　疼痛は？　ROM制限は？　左右差は？　エクステンションラグは？　軋音は？　ロッキングは？　脛骨回旋の特徴や左右差は？　膝蓋骨の亜脱臼およびその整復は？　マッスルセッティングで大腿四頭筋の収縮具合を確認．
5. 自動的膝屈曲：ROMは？　疼痛は？　ROM制限は？　左右差は？　脛骨回旋の特徴や左右差は？
6. 膝伸展抵抗運動：MMTでの筋力レベルは？　疼痛は？　軋音は？　等運動性測定は必要か？　マシーンでの測定は必要か？　大腿四頭筋の収縮具合の観察，OKCの筋収縮では？　CKCの筋収縮では？　短縮性収縮と伸張性収縮で差があるか？　神経損傷に関係する運動麻痺や筋力低下がないか？
7. 膝屈曲抵抗運動：6.に倣うが筋収縮や腱の形状に左右差や特徴があるかを観察する．腹臥位でテストすることが多い．
8. その他

らかの器質的な損傷が疑われる．組織としては，軟骨損傷，半月板損傷，靱帯損傷などである．臨床では無意味な腫脹として，原因がはっきりしない場合に様子を観察し，運動療法の量や強度が強くなることで変化するかどうか観察するケースがある．変形性膝関節症や半月板損傷などで，経過をみて運動療法を続行したり，保存療法から観血的治療や関節鏡視下手術に移行したりする．

膝蓋骨跳動　　腫脹が起こると，膝蓋骨跳動という特徴的な症状も出るが，ROMの減少が起こり，完全に屈曲できなくなることが多い．腫脹によりROMが減少している状態で運動療法を行っても効果は少ない．腫脹を減少させる治療を優先する．

（7）関節可動域測定

ROM測定　　ROM測定のポイントについて表4-10に示す．

膝関節のROMは完全屈曲だと150〜155°，完全伸展すると0°からさらに数度過伸展する．屈曲に制限があり，終末感(end feel)が軟部組織由来と考えられるときには，腹臥位で尻上がり現象が出るか確認する．通常は大腿四頭筋をゆっくりストレッチングすると踵部が殿部につく．膝窩部に疼痛があれば他の理由である[1]．

膝関節の過伸展は見落とされがちであるが，ACL損傷をはじめ膝関節外傷発生の誘因になっていることが想像される．10°あるいは15°を超える過伸展には注意する．関節のルーズネステストを行って関節弛緩(GJL：general joint laxity)の程度(小指のMP関節が90°以上過伸展，肘関節が過伸展，膝関節が過伸展，母指が前腕につく)を参考としておくのもよい．このうち5つ以上，3関節以上，両側にあると関節弛緩が強いと判断する．

半月板損傷でロッキングを起こしている際に，ゆっくり愛護的に動かすとunlockの状態になることも多い．PF関節にも注目する．これは，伸展構造を構成する部分でもあるので，膝蓋骨の上下・左右方向への滑動性を高めることで，TF関節のROMの拡大につながる．エクステンションラグ(extension lag)は術後にみられることが多く，筋力の低下ばかりでなく，正常な筋緊張の低下によるものが多い．

(8) 関節不安定性

一方向の不安定性として，脛骨の前後方向の動きをみる．前方不安定性，後方不安定性，前・後方引き出し量と左右差および終末感の確認をする．前方引き出し徴候(anterior drawer sign)，Lachmannテスト，後方引き出し徴候(posterior drawer sign)，後方落ち込み(posterior sagging)などの検査をする．脛骨の前方不安定量(ATT：anterior tibial translation)で客観的に示される．Kneelax(Index Co.)，KT-1000(MED Metric Co.)などさまざまな装置で測定される．

図4-14はACL再建術中にATTを測定している．麻酔下で筋緊張をとった状態でのATTや，再建術後にATTがどのように変化したかを確認する．再建術前後のATTの経時的変化について測定した結果を図4-15に示す．

内反・外反方向について異常な可動性(不安定性の有無)を確認する．外反ストレステスト(valgus stress test)，内反ストレステスト(varus stress test)を行い，LCL，MCLの緊張を触診で確認しておく．

回旋不安定性と多方向の不安定性の検査として，脛骨の回旋時の不安定性を確認する．安静時に脛骨の置かれている位置，脛骨の内旋・外旋の可動性の大きさをみる．膝関節角度と回旋角度の関係を観察する．内旋・外旋での脛骨の動きの特徴があるか確かめる．足部の外旋(外転)

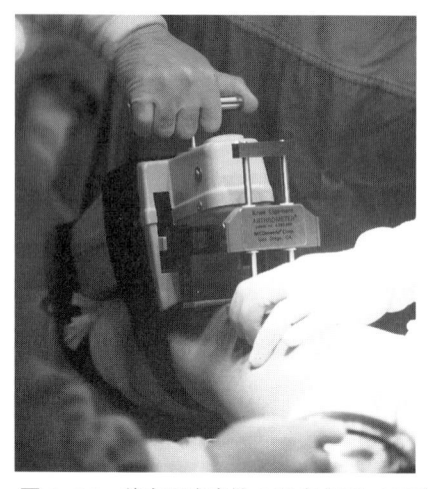

図4-14 前方不安定性の測定（KT-1000） 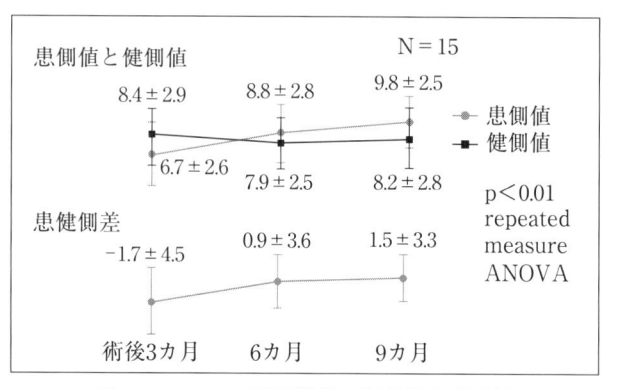　　図4-15 ACL再建術後の脛骨前方移動量

pivot shift test Jerkテスト N-テスト friction rotation test		角度の左右差の有無を確認する．pivot shift test，JerkテスT，N-テスト，friction rotation testなどを実施する． 　前外側回旋不安定性（ALRI：anterolateral rotatory instability）陽性ではACL損傷，前内側回旋不安定性（AMRI：anteromedial rotatory instability）はACL損傷＋MCL損傷，後外側回旋不安定性（PLRI：posterolateral rotatory instability）はPCL損傷＋LCL損傷，後内側回旋不安定性（PMRI：posteromedial rotatory instability）はPCL損傷＋MCL損傷である．

膝蓋滑動テスト
脱臼不安感徴候

　膝蓋骨については膝蓋滑動テスト（patella gliding test）や脱臼不安感徴候（apprehension sign）がPF関節症や膝蓋骨脱臼の際の徴候として有用である．また，膝関節屈曲・伸展の際の膝蓋骨走向コース（patella tracking course）を確認しておく．

　ACL損傷者や再建術後の選手のoutcome評価として，Lysholmスコア，IKDC（International Knee Document Committee），Tegnerスケール，Cincinnatiスコアなどさまざまな膝スコアが工夫され使用されている．

膝スコア

（9）筋　力

筋力評価

　筋力の評価がたいへん重要であることは論を待たない（表4-11）．筋力測定はMMTにしてもサイベックスなどにしても，直接筋の収縮力を測るのではなく，関節運動を通して筋トルク値を測っている．MMTではこれまで行われていたfull arc testが行われなくなりbreak testのみとなった．サイベックスなどの等速性筋力測定では求心性収縮，等尺性収縮，遠心性収縮などを目的に応じて選び，関節運動速度も任意に選択する[2〜6]．

break test

3．膝関節疾患の評価とリハビリテーション　163

表 4-11　筋力の回復

- 筋力は再建術前から低下していることが多い．
- isokinetic strength で 60 ～ 300°／秒の膝屈伸筋力を測定し，その比（H/Q ratio）を計測する．
- 損傷側の大腿四頭筋で 15 ～ 20％，ハムストリングで 10 ～ 15％低下している．
- 体重当たりの筋力の指標も重要視すべきである．
- 大腿周径差は 1cm 以内に収めることが目標．
- まずは術前の筋力を上回ることが目標．
- 再建靱帯の保護を考えると初期の随意的な膝関節最終可動域での大腿四頭筋の収縮は禁止する．
- マッスルセッティングができなくなる影響は？
- 術後 1 ～ 2 カ月はどうしても筋力が低下する．
- Shelbourne の accerelate program の出現と誤解．
- 再建靱帯の材料によってプログラムは異なる．
- 腱の修復は再建術後 3 ～ 4 ヵ月を待って起こる．
- この時期に過剰な負荷を加えることは再建靱帯の伸張・破断につながる可能性がある．

　筋トルクを正確に数値化しておくことは重要であり，術前の評価はもちろん，術後も定期的に測定し，目標値を設定しトレーニングへの汎用もできる．最近は OKC による単関節の筋力評価でなく，レッグプレスなど下肢全体の伸展力などを評価するための CKC アタッチメントも工夫されるようになってきた．筋力測定の注意事項に配慮し，客観的にデータを取り扱うと運動療法に大きな効果をもたらすことになる[5]．図 4-16 に再建術後の経時的な筋力の推移の例を示す．

CKC アタッチメント

　膝関節伸展の MMT では，抵抗を下腿遠位にかけるが，レバーアームが長くなり，急激な大腿四頭筋の収縮は膝関節に大きなストレスをかけることになり危険である．また，スポーツ選手では体重と同じくらいの負荷を持ち上げることもできるため，測定の正確性に疑問が生じることがある．

大腿周径測定

　間接的な方法では大腿周径を測定することは重要である[6]．多くは誤差を計算して，絶対値を無視し，患側が健側よりどのくらい細くなっているかを確認している．しかしながら，膝蓋骨上端（腫脹がある場合は不正確かもしれないが）の位置を正しくマークする習慣をつけ，上縁上 5，10，15，20cm の位置を注意深く測れば，徐々に絶対値も信用できるデータになる．マッスルセッティングを行わせ，内側広筋，外側広筋，大腿直筋の筋腹の膨隆具合と形を観察する．視診で明らかに一方が萎縮していると感じた場合，通常，大腿周径で 1.5 ～ 2cm の左右差がある[7]．

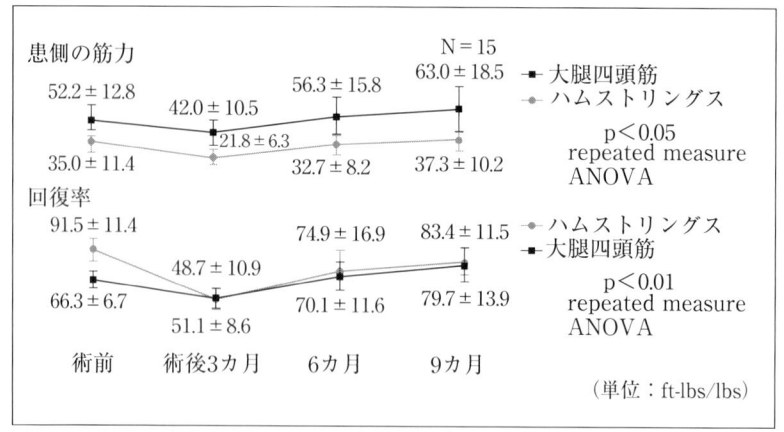

図4-16 ACL再建術後の等速性筋力の推移

表4-12 下肢アライメントと身体運動の関係

1. 下肢のアライメントと構造は各関節にそれに応じた影響をもたらす．
2. 悪いアライメントは悪い構造を示し，機能にも悪影響をもたらし，身体への負担も大きくなる．
3. アライメントをみると運動中にどの部位にストレスが加わるか予測できる．
4. 座位や立位を観察すると，スポーツ動作が予測できる．
5. 歩行やランニングを観察すると下肢にどのような問題が生じるか予測がつく．

　下腿の周径は直接，膝関節筋力に与える影響は大きくないかもしれないが，特別の意味があり，手術などで体重負荷が制限されたり，ギプスを巻いていたあとは注意深く測定する．どちらかの下腿が細いと感じられれば通常1.0〜1.5cmの左右差がある．このような周径差を頻回にチェックしていくことは，リハビリテーションではたいへん重要になる．

（10）アライメントの評価

下肢アライメント　　下肢アライメントの評価は重要である（表4-12）．膝関節のマルアライメントのみでなく，足関節や足部との関係にも注意を払っておく[8]．

Q　角　　Q角の計測には習熟しておく．やぶにらみの膝蓋骨やfrog eye's patellaeについては写真などで記録することも必要であろう．

運動機能の評価　　（11）運動機能の評価

どのようなスポーツ動作ができないか，どのような日常生活活動ができないかを確認する．その理由はどこにあるのかをさらに追求する．重心の位置，変動の大きさ，変動の速度などにより段階的にできる運動とできない運動を明らかにしていく．

　動作の観察として，日常生活に関係した動作と，スポーツ活動に関係

した動作を比較する．歩行では疼痛，異常な左右差，外反不安定性，内反不安定性，lateral thrust，足部回内，toe‑out などをチェックする．階段昇降では通常，昇段動作のほうが簡単であり，降段での訴えがあることが多い．姿勢として構えの姿勢，安定した足部荷重，十分な下肢屈曲，体幹の位置などを確認しておく．スクワット動作は構えの姿勢としても重要であるし，エクササイズにも多用される．矢状面で下肢の屈曲と体幹の動きがスムーズに連動すること，前額面で toe‑out と knee‑in をとらないことなどを観察する．ジョギング，ランニング，ダッシュ，ストップ，ターンなどについて，一つ一つの動作を意識でき，実施できるか行わせる．

3）運動療法の原則

　膝関節外傷の運動療法はここ20年で大きな進歩を遂げた．運動療法の原則を踏まえた evidence のある理学療法を行うことで，outcome 効果を的確に判定していく．

　治療のスタートで患者や選手にインフォームド・コンセントをしっかり行う．また，治療法や運動プログラムについてはインフォームド・チョイスができるように設定する．PT は運動療法を行うことによって，いつごろまでにどのような効果が期待できるのかを，できるだけ具体的に説明し，同意を得るようにする．

　運動プログラムにおいては治療期間などのタイムコース，治療の頻度などを明確にしていく．現在の運動療法の保険点数では1単位20分という時間の制約も，プログラムの作成では無視できない．

　プログラムを成功させる秘訣は，短期目標，中期目標，長期目標を明確にしていくことである．短期目標であれば，「いつごろどのレベルになるか，そうなれば次に何をしていくのか」を明確に患者や選手に伝え，理解を得ておくことである．口頭だけでなく，文書で確認し，絵を描いて教えることもよい方法である．そういう視点から，理学療法の経過報告書（カルテ）にいつも記録を残しておくことは重要である．何となく理学療法を始めるということであれば，その効果は当然漠然としたものであり，高いレベルには到達できない．

　中期目標は，スポーツ復帰時期はいつごろかを示すことである．また，そのためにはどのようなこと（スポーツ動作）ができていなければならないかを示すことも必要になる．また，運動療法においてはとくにリスクを考えたとき，「できる動作」が必ずしも「やっていい動作」とはならないことも多い点に注意が必要で，選手とのコミュニケーションを密にすることが大切である．

長期目標

長期目標は再発防止や，他のスポーツ外傷発生の予防である．運動療法の期間に身体に共通した動きを学習していくことは，当然予防という視点から役に立ち，合理的なことである．

以上を踏まえ，以下に膝関節にみられる代表的なスポーツ外傷・障害について解説する．

4）内側側副靱帯損傷

（1）内側側副靱帯損傷の受傷機転・診断・治療

内側側副靱帯（MCL：medial collateral ligament）は大腿骨内側上顆から起こり，脛骨内側上方に付着する．長さ10cm程度で，深層と浅層に分かれている．MCLは膝関節の内側安定性に寄与しており，選手の足部が地面に固定された状態（CKC）で，外側から外反強制された際に損傷（断裂）する．この際，膝関節が伸展位におかれ，下腿が外旋位になるとさらに断裂しやすくなる．ラグビーやサッカーでの膝関節に対するタックルのような，コンタクトプレーで損傷する接触型損傷（contact injury）が一般的だが，選手が急激にカッティングして方向変換しようとした際に，下腿外旋位が強制され損傷することもある．スキーヤーがスキー靴とビンディングによって，足底に固定された長いスキー板をコントロールできずに，体重も加わって外反強制され受傷することもよく経験する．この場合は，前十字靱帯（ACL）損傷との複合靱帯損傷に陥ることも多い．山岳競技中に，下り坂で細い切り通しを通過中に路面の傾きで外反強制されたという人もいる．

膝関節伸展位で外反ストレステストを行って明らかな不安定性がみられれば，深層と浅層の両方が断裂していると考えればよく，これは重度（Ⅱ～Ⅲ度）損傷と考えてよい．膝関節軽度（約30°）屈曲位でのみ不安定性がある場合は軽度～中等度（Ⅰ～Ⅱ度）の損傷を疑う．ストレスX線やMRIにより確実に診断される．

図4-17に膝関節の不安定性の標記方法，図4-18に膝関節の回旋不安定性のイメージを示した．MCL単独損傷では前内側回旋不安定性（AMRI）が出現しやすくなる．

以前は手術的に断裂部を縫合していたが，最近は放置した場合と治療成績に差がないことが明らかとなり，MRIなどの画像診断を含め完全断裂が疑われた場合でも，積極的に観血的治療を選択することは少なく，ギプス固定と装具療法でことなきをえることが多くなってきた．MCL損傷とその一部がMCLに癒合する内側半月板の損傷，そしてACL損傷が同時に発生したときには，「不幸の3徴候（unhappy triad）」と呼ばれ，膝関節の重大な損傷として有名である．

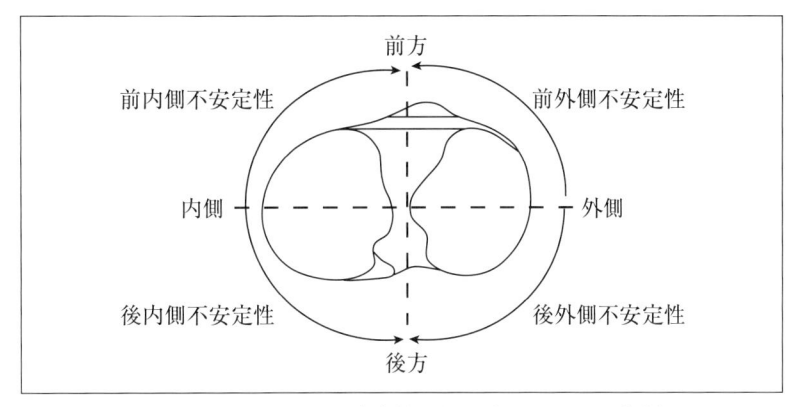

図4-17 膝関節の不安定性の標記（Mageeより改変）

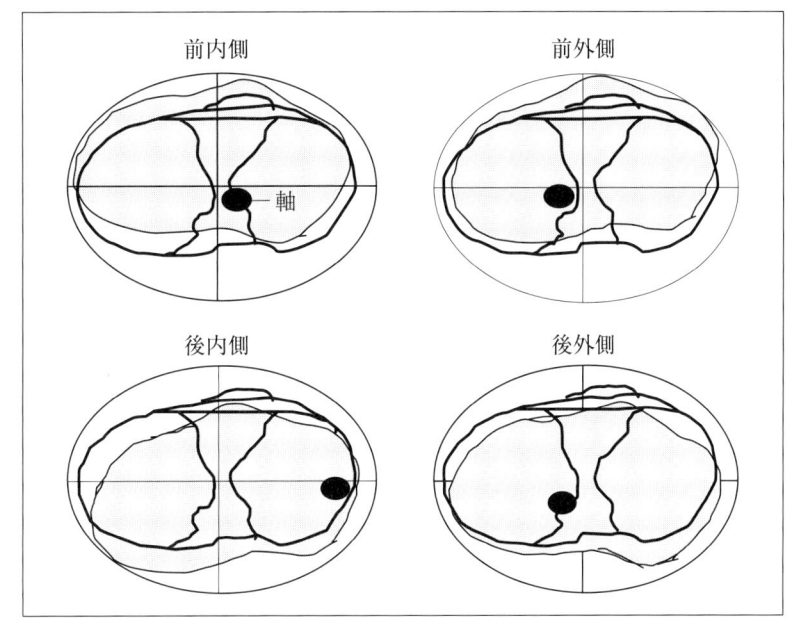

図4-18 膝関節の回旋不安定性（Mullerより改変）
黒印は各運動の回転軸を，網かけ部分は移動後の位置を示す．

（2）MCL損傷の理学療法

MCL損傷はほとんど保存的に治療される．完全断裂に近いⅢ度損傷ではギプス固定をしっかり行い，徐々に側方支柱付きの膝装具に変えていく．固定を主にする期間は4週間程度で，MCLはある程度の荷重負荷があるほうが治癒が早いと考えられているため，完全伸展と90°以上の屈曲，下腿の外旋を避けながら筋力トレーニングを実施する[9,10]．

大腿四頭筋には膝屈曲90°から30°程度の範囲でOKCのレッグエクステンションで強い負荷をかけていく．慣れたら完全伸展での安定性が得られるようにする．また，スクワットでも高い負荷をかけて行うが，屈曲角度が過度にならないことと，knee-inしないことが大切である．

ハムストリングスは比較的速やかに機能を回復できる．外反ストレステストで不安定性の左右差を確認しながらプログラムを進めていくが，内側広筋の機能が高まれば安定性が増すことがわかるであろう．MCL損傷では大腿四頭筋の萎縮が激しくなるので，とくに注意が必要である．

歩行や階段昇降に問題がなくなればKBW（knee bent walking）を行い，装具やテーピングで保護しながらジョギング〜ランニングプログラムを実施する．Ⅲ度損傷でスポーツ復帰にかかる期間は3カ月以内である．Ⅱ度損傷ではもっと期間が短縮できるが，筋機能と運動機能を総合的に勘案しながらスポーツ復帰時期を検討していく．

5）外側側副靱帯損傷

外側側副靱帯（LCL：lateral collateral ligament）は大腿骨外側上顆と脛骨外側上方を結ぶ．LCL損傷はスポーツ外傷では比較的少ないが，歩行者が乗用車のバンパー部ではねられた際に挫滅されるようなケースがある．内反ストレステストで不安定性が認められるが，あぐらの肢位をとると正常であれば膝関節外側にLCLの緊張が触れ，損傷しているとその緊張が乏しくなる．図4-17，18からLCL単独損傷では後外側回旋不安定性（PLRI）が出現しやすくなる．

LCLは後十字靱帯（PCL）と共同筋または主動筋的な機能を有し，相同的，共同的に機能するため，損傷は単独で起こることもあるが，PCL断裂の際，あるいはPCL損傷後に二次的に損傷されることも多い．膝関節外側には腓骨神経が走行しており，LCLを含めた外側支持機構の損傷時や再建術において，神経障害が出現しないようにとくに注意しておく．

通常，保存的に経過観察されるが，不安定性が強い場合には再建術も行われる．解剖学的に腓骨神経麻痺を伴いやすいため，この点についての注意も重要になる．

6）前十字靱帯損傷

（1）前十字靱帯損傷の受傷機転・診断・治療

前十字靱帯（ACL：anterior cruciate ligament）損傷はADL，スポーツ活動上で大きな問題である．ACLは大腿骨外側上顆から脛骨果間隆起に向けて走行する．前内側線維と後外側線維の2本の線維からなり，長さは約30〜50mm，直径は7〜10mm程度である（図4-19）．ACLはスポーツによる断裂がもっとも多い靱帯である．アメリカでは人口3,000人に1人がACL損傷を有しているともいわれている[11]．ACLが断裂すると運動中に突然，膝くずれ（giving way）という現象が起こり，

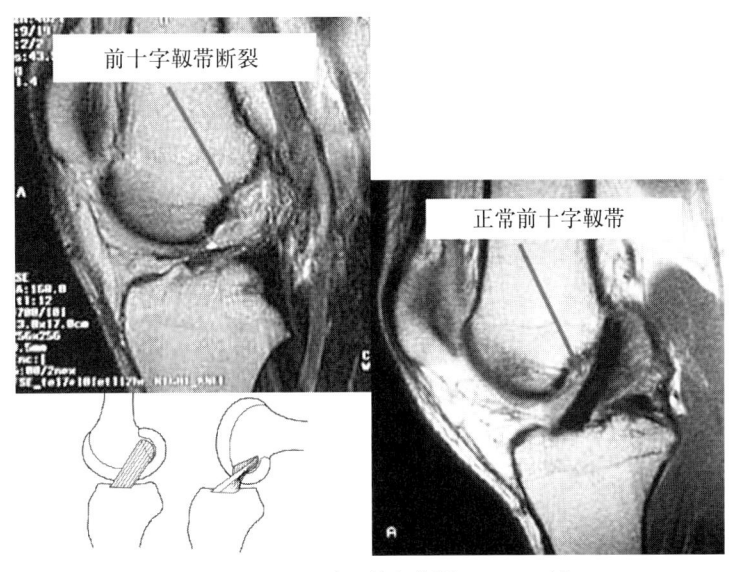

図4-19 膝関節矢状断のMRI画像

これを防止するためにほとんどのケースで再建術を余儀なくされることが，この靱帯の損傷による重大性を大きくしている．図4-17，18から
前外側回旋不安定性 ACL単独損傷では前外側回旋不安定性（ALRI）が出現し，これが膝くずれの本態と考えられる．

ACLは大腿骨外側上顆の関節内面から起こり脛骨の果間隆起内側に付着する．前内側と前外側の2種類の線維が1本の束になっているため，それぞれの機能を考慮し[12]，最近では再建術にダブルソケットにより，2つの方向に材料を設置する方法も試みられている．ACLはその走行
前方引き出し から脛骨の前方引き出しを抑えていることはわかりやすい．また，脛骨が内旋すると緊張し，外旋すると緩むと考えられている．膝関節（脛骨）内旋は内反位あるいはknee-outの状態である．ところが，実際にビデオなどの画像から受傷時の様子を分析すると，まったくこの逆で膝関節が外反（knee-in）し，脛骨が外旋し，「膝が入った」といわれる状態で圧倒的に多くの損傷が発生している[13]．これは大腿骨外側顆でACLがL字型に折り曲げられ，緊張が高まることによって断裂していることが
roof impingement 考えられている．これはroof impingementといわれ，狭い顆間窩にACLが圧迫されるということである．またこの際に，膝関節は伸展位近くにあり，0〜30°あるいは40°というような「膝が立った」ような角度で多くの損傷が起こっている．さらに，膝関節が過伸展を強制されるときもACLの緊張が高まる．

大腿四頭筋 ACLは大腿四頭筋と拮抗筋的に働くことがいわれ，大腿四頭筋の収
ハムストリング 縮力は脛骨を前方に引き出しACLにストレインを加える．一方，ハム

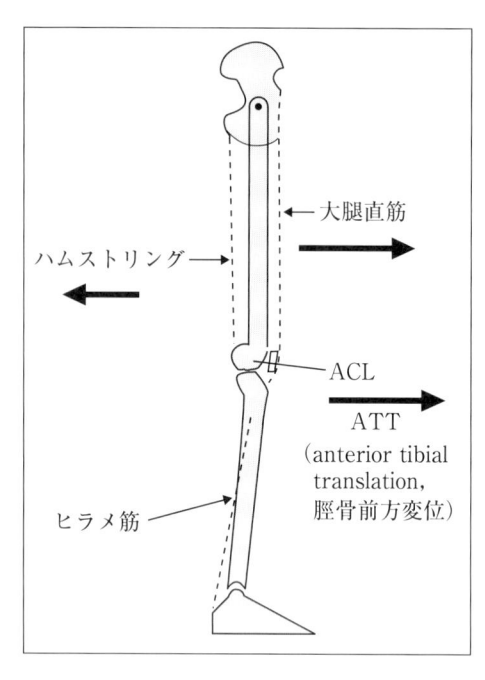

図 4-20 膝の安定化メカニズム

ストリングは拮抗的な働きをする(図4-20).ACL損傷が起こる基本的な理由は，大腿四頭筋の収縮によって大腿骨に対して脛骨が前方に引かれ(脛骨前方変位 ATT：anterior tibial translation)，変位が大きくなると断裂することが考えられる.数々の実験研究から，膝関節屈曲45°あるいは30°から完全伸展しようとするとACLへのストレインが増加し[12, 14, 15]，屈曲90°での等尺性収縮では脛骨には前方引出し力が最小になることが確かめられた.大腿四頭筋収縮は膝伸展機構を通じて，ATTを増加させるほうに働き，ハムストリング活動はATTを制動するように働くが，女性は大腿四頭筋の筋活動に比較し，極端にハムストリング活動が低く，これが断裂の理由かも知れない[16].

ACLはMCLと同様にCKCで膝関節外反強制(knee-in)されて断裂することがある.これらは，サッカー，ラグビー，柔道などで多くみられる受傷機序である.しかしながら，このようなコンタクトスポーツだけでなく，ノンコンタクトスポーツで方向変換のためのカッティング動作などを行うときにも多く発生している.ACL損傷は，非接触型損傷が70%を占め，スポーツで発生するものが約70%，さらに中学生までの年齢と30歳代以降では発生が少なくなるのが特徴である.

受傷機転に注目すると，ランニングのストップ時，方向転換時，ジャンプとその着地などの動作で発生している.好発スポーツはスキー，バスケットボール，ハンドボール，バレーボール，テニス，器械体操などである[17〜19].女性のスポーツ選手で発生率が男性の2〜8倍も高いこ

とも知られており，下肢アライメント，顆間窩の形状，関節弛緩性，ホルモンの影響，靭帯の大きさ，体重などがその理由として考えられる．

ACL断裂　　　アルペンスキーの損傷はもっとも多い件数を示し，アメリカでは年間10万人のACLが断裂しているという．スキーは1,000人の入場者に対して0.7人が損傷するというような，圧倒的に危険なレクリエーションスポーツである[20]．

LEER injury　　スキーによるACL損傷はLEER（lower extremity equipment-related）injury[21]とも呼ばれているように，スキー板とビンディングシステムにより膝関節に大きなストレスが加わることで発生する．転倒時の膝関節外反強制，前方へ転倒したときの膝関節伸展が代表的な受傷機序である．やや特殊なものとしては尻もちをついたときに，スキーブーツの後方シェルが下腿と大腿の間に挟まり，下腿と大腿が引き離されるような力が加わり，ACLを伸張するようにして断裂することも報告されている[22]．さらに競技力が高くなると，ダウンヒルなどで滑降中にバランスを保持しようとして，強い大腿四頭筋の遠心性収縮が起こったときに断裂したという報告もある[22]．この場合，転倒したわけではないのに，滑走中にガクンと膝の力が抜けてしまうのである．大腿四頭筋の収縮力により，膝伸展機構に強大なトルクが発生することによる自家損傷といえるかもしれない．

膝くずれ　　ACLの断裂は，スポーツ活動中に突然膝がガクンと外れたようになり（膝くずれ），膝関節の疼痛によりスポーツ続行が困難になる．翌日に腫脹があり，医療機関を受診し穿刺をして血性であると，かなり高い確率でACL断裂を疑う．ACL損傷の診断に用いる方法を表4-13に示すが，
ACL損傷の診断　　このような検査技術に精通することも理学療法実施上重要である．

ACL断裂が起こると，その後，膝くずれや膝関節の亜脱臼が頻回に起こることになり，スポーツ活動の続行が困難になる．膝くずれを繰り返すことで半月板損傷や関節軟骨損傷が2次的に惹起され，結果として
変形性膝関節症　　早期の変形性膝関節症変化が導かれる（図4-21）．アメリカ合衆国では毎年約10万人がACL断裂を起こし，その半数が再建手術を受けているが，これは膝関節の安定性を再獲得することで，スポーツ復帰に加えさらなる退行的変化を阻止するねらいがある．しかし，10～15％の高率で再建靭帯（腱）が再断裂し，再再建を余儀なくされているという．

前方引き出し徴候　　ACL断裂の理学的検査として，前方引き出し徴候（ADS：anterior
Lachmanテスト　　drawer sign），Lachmanテスト，pivot shift testなどの徒手検査はと
pivot shift test　　くに有名である．この他に，knee arthrometerによる脛骨前方変位を
脛骨前方変位　　測定したり（図4-22），MRIなどの画像診断でほぼ確実な診断がつく
MRI　　（図4-19）．場合によっては関節鏡検査も行われる．しかしながら，受
関節鏡検査

表4-13 ACL損傷の診断

1. ノンコンタクトでの受傷機序の観察.
2. 受傷時のpop音.
3. 関節の腫脹，血腫.
4. X線で骨折はみつけられる.
5. 前方引き出しテスト.
6. 偽前方引き出し徴候には注意（PCL）.
4. Lachmanテスト.
8. pivot shift test（N-テスト，Jerkテスト）.
9. 後方引き出しテストでPCL損傷を除外.
10. 内・外反ストレステスト.
11. McMurrayテスト.

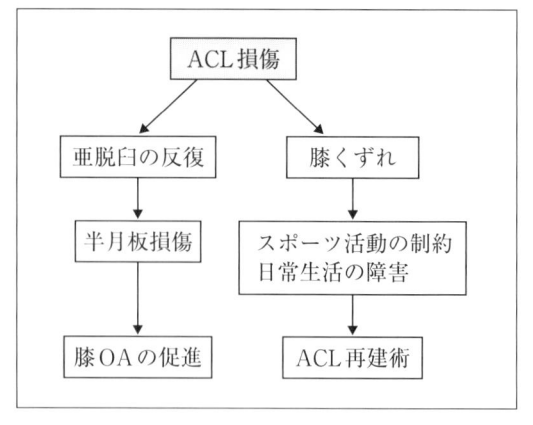

図4-21 ACL損傷の問題点

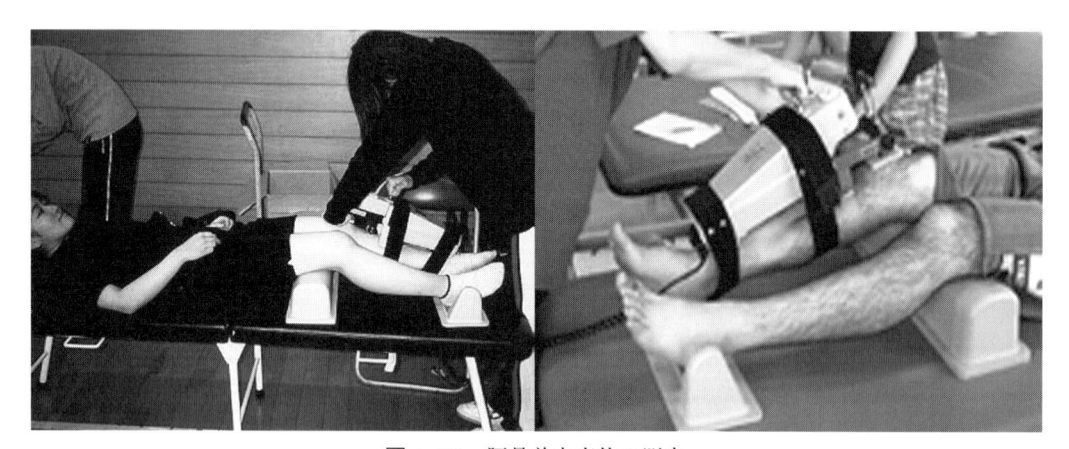

図4-22 脛骨前方変位の測定

傷機序を正確に問診することでもかなりの確率で予測がつく．すなわち，先にも述べたようにACL断裂は何気ないストップ動作，ジャンプ動作，着地動作，カッティング動作などで突然起こり，断裂時には選手がいきなり転倒し，膝関節の激痛を訴えるが，しばらく安静にすると何とか歩けるようになる．翌日には膝関節が腫脹し屈曲しにくくなり，医療機関を受診し関節穿刺すると鮮紅色の関節液が排出される関節血腫となると，ほぼ確実に損傷しているというような経緯である．

ACL断裂では保存的治療で靭帯の連続性が回復することもあるが，圧倒的多数のケースで観血的に再建術が行われる．再建材料は正常なACLの破断強度といわれている$2,160 \pm 157\text{N}$[23]と比較しながら選択される（表4-14）．世界的には骨付き膝蓋腱（BTBまたはBPTB：bone and patella tendon bone）が多く使用されるが，わが国では4重折りに

骨付き膝蓋腱

表 4-14 ACL の強度

材料	破断強度(N)	硬さ(N/mm)	面積(mm²)
正常 ACL	2,160	242	44
膝蓋腱(BPTB, 10mm)	2,376	812	35
4重折り半腱様筋腱	4,108	776	53
大腿四頭筋腱(10mm)	2,352	463	62

半腱様筋腱

allograft

Tissue bank

早期リハビリテーション

AM bundle
PL bundle
人工靱帯

した半腱様筋腱が用いられることが多い．この理由として，BTB は材料としての強度は高く，使用もしやすいが，採取部の疼痛により膝伸展機構に愁訴を訴え，大腿四頭筋の筋力低下が著しい症例が多く発生したからである．屍体膝から採取した靱帯(allograft)を使用することも試みられてきた[24]．アメリカでは手術全体の 20％が同種腱(allograft)を用いている．この場合，大腿四頭筋腱，アキレス腱，前脛骨筋腱，後脛骨筋腱なども再建材料として用いられている．allograft を管理保存するTissue bank は今後も発展していくことが予想されている．わが国では残念ながらこのようなシステムは現在確立されていない．

　Shelbourne らが早期リハビリテーションの実施を発表し，早期のスポーツ復帰を可能にしたが，現在もその検証が続けられている[25, 26]．しかし，わが国では BTB の採取部における膝伸展機構に痛みを残すケースも多く，術後 3（〜6）カ月の早期のスポーツ復帰にはコンセンサスが得られなかった．ACL と相同的に働くハムストリング腱を採取することでさまざまな問題が考えられるが，膝関節屈曲筋力については 0〜90°というような角度では問題なく，深い屈曲角度で若干低下することが知られている．通常スポーツ復帰には 6〜12 カ月を要している（表 4-15）[27〜29]．最近は前内側線維(AM bundle)と後外側線維(PL bundle)を別々に再建する 2 ルート法も試みられ，今後さらに手術法の発展が期待されている．過去に多く用いられた人工靱帯については否定的な見解で一致をみている（表 4-16）．

　再建術後は置換した材料が身体内で成熟するまでに一定の期間を要するため，保護的に運動療法を行うことが必要になり，それが手術を受けたスポーツ選手の負担になっている（表 4-17）．いったん血行が遮断された腱が生体内で修復していく過程で，リハビリテーション（理学療法）の関与の影響は大きい．動物による研究では術後 10〜16 週は腱の強度が徐々に低下し続け，血行再開とともに強度が回復していくと考えられている．ここで問題になることは，どこまで強度が回復するかというこ

表4-15 非早期リハと早期リハ

非早期リハ	早期リハ
1. 術後1週は保護的に 2. 2〜3週かけて体重負荷 3. ジョギングは2カ月から 4. スポーツ再開は6〜8カ月から	1. 術日から膝0°で大腿四頭筋の等尺性収縮 2. 体重負荷歩行は術日から 3. 軽スポーツは2カ月から 4. 4カ月以降にスポーツ復帰

表4-16 ACL再建の材料

1. BTB (bone-patellar tendon-bone) allograftが世界的に多用されている。膝伸展機構から材料を採取するため採取部の疼痛がリハビリテーションの阻害因子となることがある。
2. わが国では自家半腱様筋（と薄筋）を折り束ねて使用することが多い（STG）。健側から採取するなどの工夫もされている。膝関節屈曲筋力に与える影響は他の方法と比較しても大きな差はない。
3. 人工靱帯は炎症を起こしたり断裂したりすることも多く、主な再建材料には使用されず、補強材としての役割を果たしている。

表4-17 ACL再建術後のリハビリテーション

1. 再建材料、手術方法、*in vivo* & *in vitro* での研究成果での研究成果の反映、臨床経験などによって成績が安定してきた。
2. ROM、筋力などの回復をみながら運動負荷を高める。
3. リスクの排除が重要→腫脹、疼痛はリハビリテーションを妨げる最大の因子になる。過度の筋萎縮にも注意。
4. 固有受容器の関与への注目（Kennedy, 1982）
5. スポーツ復帰の時期が問われるが、再建靱帯の成熟度（remodeling, maturation）を考えながら、求められる運動能力の高さと本人の獲得している運動機能の間で決定していく。

とで、40〜50％程度しか回復しないのではないかという報告もあり、初期強度を相応に高くした材料の使用が望まれよう。理学療法によって、この修復がさらに高められないかということがわれわれにとっては重要な課題であり、逆に不適切な理学療法は修復過程にある腱に過度のストレスを加えてしまう危険性もある。

　このような修復過程を参考にして、スポーツ復帰は再建後12カ月後、8カ月後、理学療法管理がしっかりできる場合は6カ月後というような変遷を経てきた。Shelbourneら[25]はBTBによる再建術後に早期プログラムを報告し、わずか4カ月で復帰させ、さまざまな評価項目で問題がないとしている。わが国でも追試が試みられたが、再建材料が異なるため、同様に捉えることは不可能であるが、半腱様筋腱を用いた場合でも、4〜6カ月でのスポーツ復帰の報告が出始めた（**表4-15**）。

　ACL断裂後に再建手術とリハビリテーションが、長期に亘って行われることの社会・経済的損失は大きいことから、非接触型ACL損傷の予防が世界的に注目されている。ACL損傷の発生要因として、4つの

表4-18 ACL損傷予防の視点

1. 環境要因：ACL損傷をしないシューズ，床面の研究．
2. 解剖学的要因：ACL損傷者の筋力・関節柔軟性，テーピングの効果，ACL損傷予防のためのアライメントコントロール．
3. ホルモンの要因：月経周期とATT変化．
4. バイオメカニカルな要因：固有受容感覚能力とACL損傷，着地動作の分析．

表4-19 ACL損傷のリスクと考えられている下肢アライメント

頭部：前方突出
背部：腰椎前彎の増強，骨盤前傾
体幹：体幹屈曲，反対側への回旋
股関節：内転位，内旋位
膝関節：屈曲不十分，外反位
脛骨：外旋
足部：回内

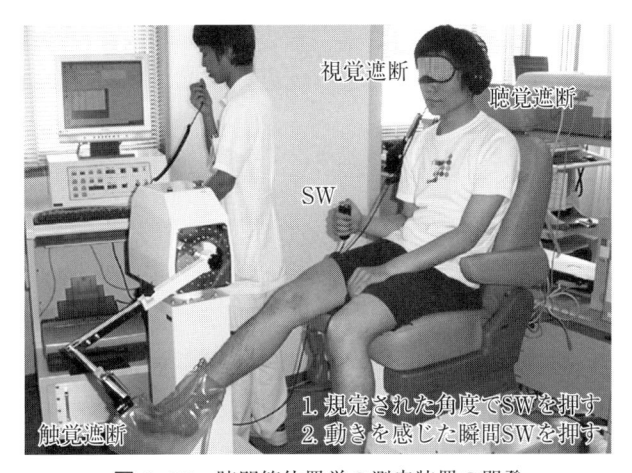

図4-23 膝関節位置覚の測定装置の開発

カテゴリーが考えられ，evidenceの検証が進められている（表4-18）．

下肢アライメント

下肢アライメントもACL損傷の発生に関係するといわれている．表4-19にACL損傷と関わりが深いと考えられる下肢アライメントを示すが，膝関節に加え足関節，足部，股関節，体幹を含めて動作を考えていくというのが最近の考えである．女性ホルモンと靱帯の柔軟性の関係についても検討されている[30]．さらに近年，もっとも注目されているのが

固有受容感覚

固有受容感覚の機能である．ACLに各種のメカノレセプターが存在し，その機能低下とACL損傷の関連や，ACL断裂による関節運動制御能力の変化などについて調査されている（図4-23）．また，正常膝で一定強度以上の運動を続けることで，徐々にACLの物性値が変化し脛骨前方

脛骨前方変位（ATT）

変位（ATT）が増加することなどもわかってきた[9]．

(2) ACL再建術後の理学療法

ACL再建術後の理学療法

ACL損傷では保存的に理学療法を行う場合があり，損傷靱帯の再生には厳密なプログラムの管理が必要である．靱帯の再接着が全例で十分に起こるわけではないので，一般には靱帯再建が行われるため，本稿で

は半腱様筋を使用した再建術後の運動療法について述べる．ACL 単独損傷を仮定しているが，複合靱帯損傷や半月板損傷，軟骨損傷などの合併にはプログラムの内容や期間は異なる．

　理学療法の期間が短縮されることは間違いなく社会・経済的に有利であるが，もっとも腱の強度が低下している時期とスポーツ復帰時期が同一になることの問題は解決できていない．わが国の医療制度とアメリカのそれの差を考えると，一概にどちらが優れているとはいいかねる面はあるが，PT としてもこの点を念頭に入れて ACL のリハビリテーションに携わる．ACL 再建術後のリハビリテーションの目標は，①疼痛がないこと，②関節腫脹がないこと，③ROM の回復，④筋力の回復（大腿四頭筋，ハムストリング），⑤再建靱帯の保護，⑥スポーツ動作の獲得である．

運動中に ACL に加わる力

　表 4-20，21 に運動中に ACL に加わる力を示す．再建術後のリハビリテーションを行うためには，最低限確認しておかなければならない知識である．これらをまとめると，①膝関節伸展位での大腿四頭筋収縮は ACL にストレスを加える，②膝関節屈曲位での大腿四頭筋の収縮は ACL のストレスを減弱する，③ハムストリングの収縮は ACL のストレスを減弱する，④大腿四頭筋とハムストリングの同時収縮は ACL のストレスを減弱させる，⑤CKC 運動による ACL へのストレスは比較的小さいが安全かどうかの確証はない，といえる．

① 術　前

　術前評価と術後を意識した運動プログラムを行う．術前に ROM は完全に獲得しておく．膝関節屈曲が不十分なまま再建術を行うと，術後の屈曲 ROM の獲得に難渋することが多い．通常は損傷から早くても約 1 カ月間経過観察し，急性炎症を鎮静化させ，ROM の左右差をなくしておく[1]．筋力は大腿四頭筋もハムストリングも健側の約 80％ に低下している[31]．大腿周径も差がでていることが多いため，炎症症状の鎮静

筋力トレーニング

化を待って術前から筋力トレーニングを行う．

② 術後～4 週間

寒冷療法
持続的他動運動

　術後の寒冷療法と持続的他動運動（CPM：continuous passive motion）使用は，炎症の抑制と関節液の刺激による膝関節環境の整理のために推奨される（図 4-24）．連続的に膝関節を動かすことで安静にしておくよりも，腫脹が早期に治まり膝関節の環境を整えられる．術前に採

ヒンジ付き軟性装具

型しておいたヒンジ付き軟性装具を装着する．通常，術創は 1～2 週で抜糸が行われるので，術後の疼痛などもみながら徐々に積極的に運動を

筋電気刺激

開始する．筋電気刺激（EMS：electric muscle stimulation，図 4-25）については筋力維持あるいは強化の効果について疑問視するむきもある

表4-20 ACLに加わる力

動作	力(N)
歩行	169
昇段/降段	67/455
日常生活活動	454
リハビリテーション	200
等尺性膝伸展	体重の0.55倍
OKCでの膝伸展	247

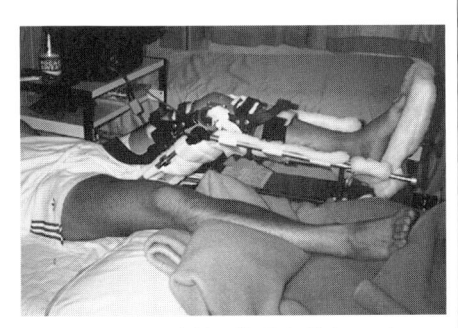

図4-24 持続的他動運動(CPM)

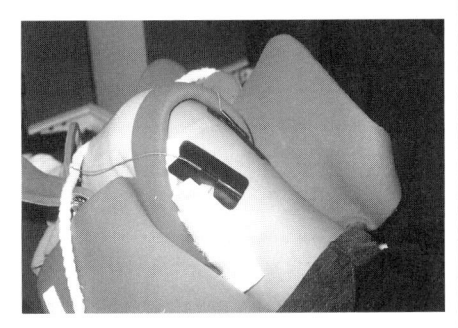

図4-25 筋電気刺激(EMS)

表4-21 ACLリハビリテーションで生じるひずみ

動作	最大ひずみ(%)
大腿四頭筋等尺性収縮(膝15°, 30Nm)	4.4
スクワット(チュービング)	4.0
4.5kgの重錘での膝伸展	3.8
Lachmanテスト(膝30°, 150N)	3.7
スクワット	3.5
腓腹筋等尺性収縮(膝30°, 30Nm)	3.5
OKC膝伸展	2.8
大腿四頭筋・ハムストリング同時収縮(膝15°)	2.8
大腿四頭筋等尺性収縮(膝30°, 30Nm)	2.7
腓腹筋等尺性収縮(膝5°, 30Nm)	2.7
階段昇段	2.7
体重負荷(膝20°)	2.7
固定自転車	1.7
ハムストリング等尺性収縮(膝15°, 10Nm)	0.6
大腿四頭筋・ハムストリング同時収縮(膝30°)	0.4
腓腹筋等尺性収縮(膝30°, 15Nm)	0.2
大腿四頭筋等尺性収縮(膝60°, 30Nm)	0.0
大腿四頭筋等尺性収縮(膝90°, 30Nm)	0.0
腓腹筋等尺性収縮(膝45°, 15Nm)	0.0
大腿四頭筋・ハムストリング同時収縮(膝60°)	0.0
大腿四頭筋・ハムストリング同時収縮(膝90°)	0.0
ハムストリング等尺性収縮(膝30°/60°/90°, 10Nm)	0.0

腫　脹
疼　痛

が，フィードバックをかけながら等尺性の随意筋収縮を行うという点で筆者は重要視しており，初期の筋力トレーニングとしてスタンダードなものととらえている[32]．先に示したように，腫脹と疼痛については注意深くコントロールしていく．腫脹と疼痛がリハビリテーションを阻害する主要な要因になるからである．

ROMの改善については，基本的にCPMによる他動運動そして自動運動で対応できる．随意的な膝関節完全伸展ではATTが増加し，再建ACLに伸張ストレスが加わることは容易に想像できる(表4-22)．

筋力は再建術前から低下していることが多い．損傷側の大腿四頭筋で15〜20%，ハムストリングで10〜15%低下している．この筋力の回

筋力の回復

表 4-22 ROM の改善

1. 膝関節の過伸展は制御されるべきである．
2. 膝関節最大屈曲は脛骨前方変位の要因になる．
3. 膝関節は 0 ～ 150°の大きな ROM を有していることに注意．
4. 膝蓋大腿関節の役割・関与を見逃してはならない．
5. ROM 制限のあるときにはその理由を確実に見ぬかねばならない．
（例）腫脹，再建靱帯の緊張が高すぎる，疼痛，膝蓋骨運動の減少，軟骨損傷，滑膜の増殖，骨棘の形成，大腿四頭筋腱の緊張，半月板損傷，などさまざまな原因．

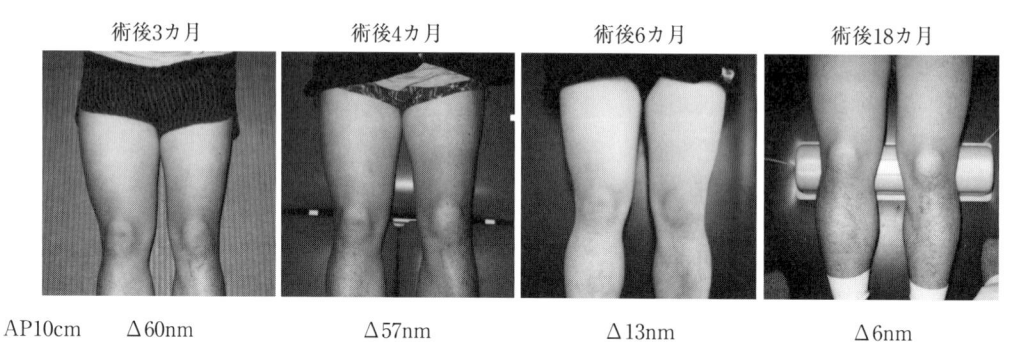

術後3カ月　　術後4カ月　　術後6カ月　　術後18カ月

AP10cm　　Δ60nm　　Δ57nm　　Δ13nm　　Δ6nm

図 4-26　筋力トレーニングの効果：ACL 再建術後の大腿部筋萎縮の回復

復について経時的に大腿部の写真を撮ってエクササイズ効果を確認した例を図 4-26 に示すが，大腿周径の左右差を 2cm 程度以内に抑えられれば，非常にうまくプログラムが進行する．EMS も多用し（図 4-25），筋萎縮が抑えられるかは別として，筋収縮刺激を行わせる意味は大きい．疼痛や腫脹，ROM 制限が筋萎縮の大きな要因になるが，そのような場合きちんとエクササイズを計画すれば，約 6 週間で効果が出始めることを選手に説明し，理解させる．大腿周径測定を厳密に規定し，写真なども撮っておくと効果が理解しやすい．

大腿周径測定

再建靱帯の材料によってプログラムは異なるが，人体の成熟は再建術後 3 ～ 4 カ月を待って起こる．この時期に過剰な負荷を加えることは，再建靱帯の伸張・破断につながる可能性があるので注意を要する．

体重負荷

体重負荷は再建術後 1 ～ 2 週目頃より行うが，松葉杖歩行から片松葉杖とし 3 週程度で完全に荷重する．ヒンジ付き軟性装具で膝関節屈曲は

大腿四頭筋
ゴムチューブ

制限をつけないが，伸展は最初 20 ～ 30°程度つけておく．この位置で大腿四頭筋のマッスルセッティングや SLR，4 動作などを行う[27, 33]．

ハムストリング

腹臥位がとれるならゴムチューブなどを用いて積極的にハムストリング

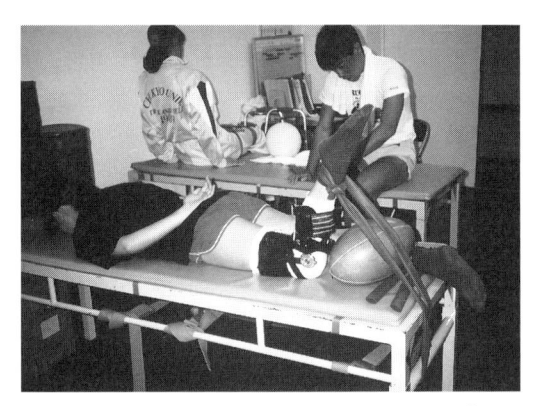

図4-27 ハムストリングのエクササイズ

図4-28 マシンによるレッグカール

のエクササイズを行う[27,31]（図4-27）．等尺性収縮，ゴムチューブを用いた動的収縮に加え，徒手抵抗，マシンによるレッグカールなどである（図4-28）．松葉杖歩行においてはとくに転倒に気をつける．バランスを立て直そうとして急激な筋収縮が起こることと，膝関節に捻りのストレスがかかるためである．

レッグカール

この時期には競技レベルのスポーツ選手も，レクリエーションレベルやADLを目標とした対象も，類似した内容のプログラムであるが，筆者はインフォームドコンセントによりその後のプログラムを，競技レベル用のものと一般者用に分けている．

③ 競技者用プログラム

競技者には厳密にプログラムを管理して，理学所見ならびに運動上のリスクを排除した運動療法を徹底していく．体重負荷が始まると膝関節90°での等尺性の膝関節伸展を行う．徐々に等張性に膝関節を伸展していくが，この際は二重チューブが行いやすい[27]．二重チューブでは大腿四頭筋の収縮によってATTが出現しないように，脛骨上端をしっかりチューブで止める（図4-29）．空気椅子は下肢の各関節を90°にして背を壁につけて行う．60～90秒程度を目標にし，筋に緊張感や疲労感が出るようになるとよい．疼痛が出る場合は無理に行わない．ハムストリングのエクササイズも十分に行う．基本的には軟性装具を装着して行うが，筋萎縮が強い場合，大腿直筋のみで運動が行われることが多いため，内側広筋や外側広筋に収縮が出るかを選手自身が確認できることが重要である．

二重チューブ

空気椅子

軟性装具

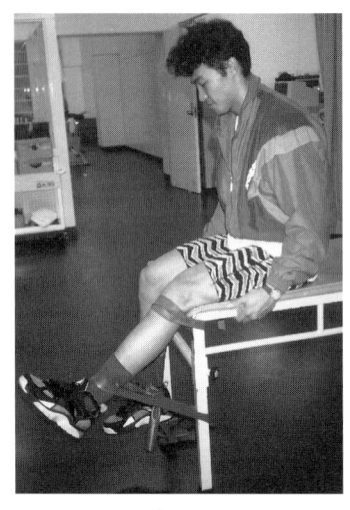

図4-29 二重チューブによるエクササイズ

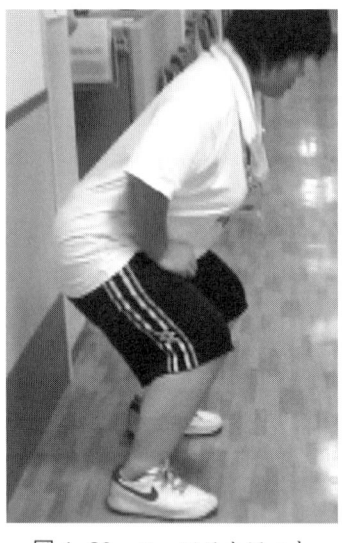

図4-30 ハーフスクワット

図4-31 フォワードランジ

内側広筋の収縮を高める種々の方法が考案されているが[34]，筋腹を触ったり，視覚的に健側と比較しながら行うとよい．大腿直筋への依存から大腿四頭筋全体の筋活動への移行が，初期のエクササイズの最大のポイントである．歩行でも，通常は患側の足先が外を向くtoe-out傾向がみられるため，意識して修正していく．

再建術後2～3カ月が材料の強度が最低になっていると考えられる．この時期の愛護的なリハビリテーションは重要である．徒手検査やKneelaxによる脛骨の前方引き出し量を定期的に観察しながらリハビリテーションを進める．緩みが増加している場合，徹底してハムストリングのトレーニングを行う．

ハーフスクワット　　CKCでのトレーニングが徐々に増えていく．ハーフスクワットがもっとも用いられている方法である（図4-30）．術後早期からCKC主体でのエクササイズを取り入れている医療機関も多くなっているが，筆者らは大腿四頭筋の筋収縮を確認したうえでCKCトレーニングを行っている．ハーフスクワットでは最初，椅子を置いたような高さから徐々に殿部を持ち上げていく．筋力が少ない場合は最初健側で体重を支え，これが疲労すると徐々に膝関節が伸展していく．大腿四頭筋の収縮による膝関節伸展が再建靱帯への伸張ストレスになるなら，やはり膝関節の深い屈曲位でのエクササイズが好ましい[35,36]．また，「構え」にみられるスポーツ基本動作も膝関節屈曲位をとっているため，この視点からも合理的なエクササイズであり，ハムストリングや殿筋群も収縮していると考えられる．

筋収縮

筋疲労　　第一段階が筋収縮の確認であれば，第二段階は筋疲労の確認である．

以前はいろいろな動作で多角的に筋力トレーニングを試みたが，最近は確実に一つずつのエクササイズの目的を理解してもらい，効果が確認できた段階で次のエクササイズに移る方法をとっている．ハーフスクワットでは筋疲労がでる前に，関節内に疼痛や違和感を訴えることが多い．

アイシング

負荷の回数や強度，関節の運動範囲などに気をつけ，アイシングを励行するように習慣づけ，選手に「この程度が適量だ」ということを理解してもらう[37]．

フォワードランジ

フォワードランジは単純だが，足関節，膝関節，股関節，体幹というように，鏡によって全身の運動状態を確認していくCKCエクササイズであり，アライメントコントロールと運動感覚の回復にたいへん有効である（図4-31）．

複合運動トレーニング

④ 複合運動トレーニング

患部外トレーニングというかたちで，体幹筋力や持久力改善を並行して行っていく．競技選手の場合，トレーニングの場所や時間という環境設定の裁量が大きくなるために行いやすい．一方，一般者では仕事などでなかなか実施が不十分になることも多いが，いずれにしてもトレーニングの重要性を理解してもらう．

固定自転車

固定自転車はもっとも一般的に持久力改善に使用されるが，これは下肢関節を連動させる半閉鎖運動連鎖系（SCKC：seni-closed kinematic chain）での複合運動トレーニングとしての意味も大きい（図4-32）．「走る動作を意識して」ペダリングさせてもよいであろう．同じく，水中歩行や水中ランニングなどプールを使用するのもよい．

また，膝関節は下肢の中央にあり，要になる関節でもあるが，下肢全体で疾患をとらえる必要があり，足関節や股関節という上下の関節を視点に入れてエクササイズすることも重要である．ACL再建術後に膝関節の筋力低下は長期に亘って持続するが，股関節内転筋の筋力も低くなることを筆者は確認した．これは荷重の問題もあるかもしれないが，大腿四頭筋やハムストリングと股関節内転筋がリンクして，下肢活動を行っていると考えると合理的なことが多い．したがって，股関節内転筋をトレーニングすることは，内転筋のみならず膝関節筋力の回復にも役立つ可能性がある．

固有受容感覚

足関節については，下腿周径に左右差がみられるケースもあるが，術後3カ月頃にはほぼ回復する．しかし，膝関節屈曲位をとることが多いために歩行などを通じ，正しい固有受容感覚への刺激が重要である[38]．Shelbourneらの視察報告をみると[25]，術後初期に膝関節完全伸展（過伸展）で荷重刺激を与えているが，これは再建靱帯への刺激を別にすれば固有受容感覚を早期から高めることを目的としていることも伺える．

図 4-32　固定自転車　　　　図 4-33　KBW

⑤　動的なエクササイズ

KBW　　　　　　　川野の提唱する KBW（knee bent walking）はさまざまの利点がある（図 4-33）．片脚で体重支持をすることで，足部，足関節，膝関節，体幹という下肢から身体全体にかけてのリンクがうまく機能することになる．「構え」の姿勢からスポーツ基本動作として多くの動作に発展応用が可能であり，その基本となる．大腿四頭筋やハムストリングには等尺性，短縮性，伸張性のさまざまの収縮が生じる．

スライドボード　　スライドボード（図 4-34）は運動方向を側方にしたものである．この動作から次はストップ，ターンへと進めていく．下肢アライメントを注意深く観察し，常にニュートラルな関節肢位で運動できるように再学習

ローイングマシン　していく．ローイングマシン（図 4-35）やレッグプレス（図 4-36），ス
レッグプレス　　　テップマシン（図 4-37）そしてフリーウエイト（図 4-38）もたいへん有
ステップマシン　　効なエクササイズの器具である．バランスマットは種々のタイプがある
フリーウエイト　　が（図 4-39, 40）．固有受容感覚能力を促進するために重要視されてい
バランスマット　　る．リスクのない範囲を考慮して，徐々に困難な課題を課していく．

アジリティードリル　　KBW が修得できればジョギングに移行させたり，さまざまなアジリティードリル（agility drill）が行われる．agility とはスピード巧緻性というようなイメージである[39]．ラダードリルなどが有名であるが，
ラダードリル　　　ACL に負担をかけないような膝屈曲位での動作の修得には，とくにサイドステップからのカッティング動作などを重要視して指導する[28]．

knee-in　　　　　　とくにアライメントコントロールでは knee-in, toe-out を回避すべく
toe-out　　　　　　動作が指導され（図 4-41），ツイスティングなどで，母趾球荷重で床面
ピボット動作　　　　の抵抗の少ないピボット動作を学習させる．これができるようになれば

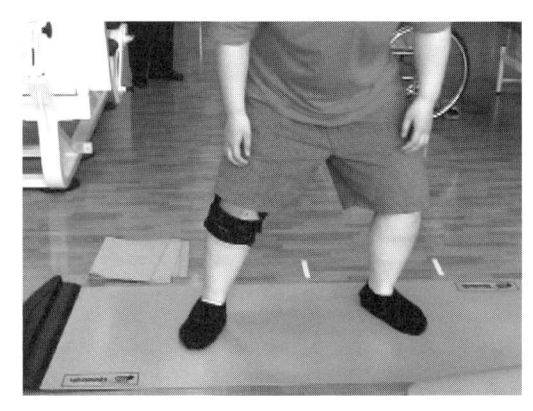

3．膝関節疾患の評価とリハビリテーション　　*183*

図 4-34　スライドボード

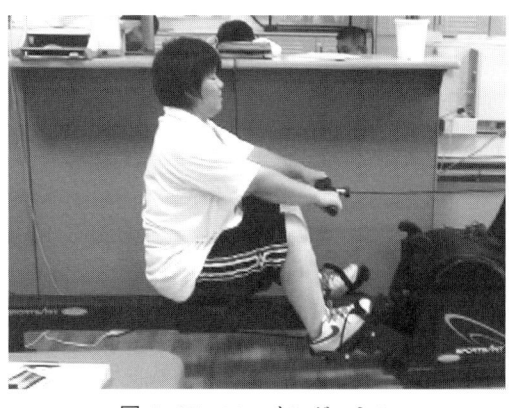

図 4-35　ローイングマシン

図 4-36　レッグプレス

図 4-37　ステップマシン

図 4-38　フリーウエイト
　最初はバランスが悪い．患肢で支えきれない．膝屈曲が少ない．腰椎上部での前彎の増加．

図4-39 バランスボード
固有受容感覚を鍛えるエクササイズ

図4-40 バランスマット
ジャンプして空中でボールをキャッチし不安定な床面に着地する

静的立位

右 toe-out
構えの姿勢

構えの姿勢
＊腰部に注意！

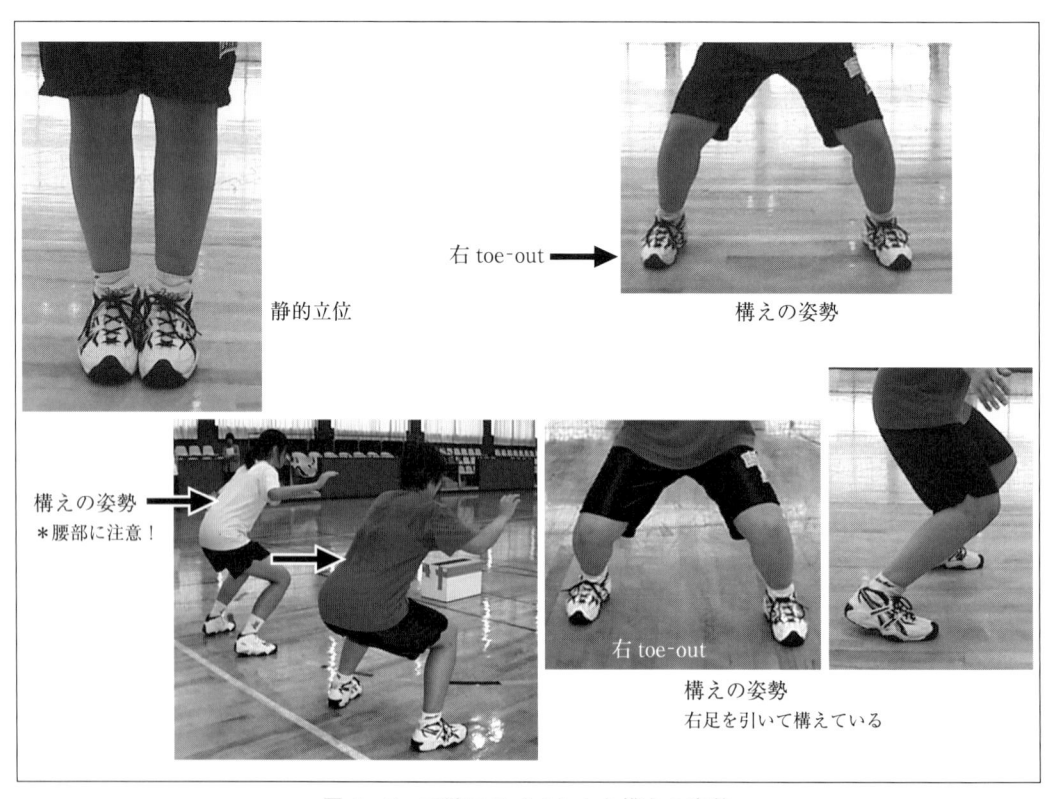

右 toe-out
構えの姿勢
右足を引いて構えている

図4-41 下肢アライメントと構えの姿勢

3．膝関節疾患の評価とリハビリテーション　185

フロントターン
バックターン

　フロントターン，バックターンなどの練習に移行させる．フロントターンは LCL など膝関節の外側支持機構で安定感が高まり比較的容易だが，バックターンは MCL のみならず内側広筋でのコントロールが重要になり，knee-in にならないように十分に練習する（図4-42, 43）．
　アジリティートレーニング（agility training）は多用されるが，その基本的な考え方を理解する．方法論にのみとらわれないように注意が必要である．たとえば代表的なエクササイズとしてラダードリルやミニハードルがあるが，予測できないような課題に対して身体を反応させるような方法が，本来スポーツ動作への反映度は高いことを知っておく．

ラダードリル
ミニハードル

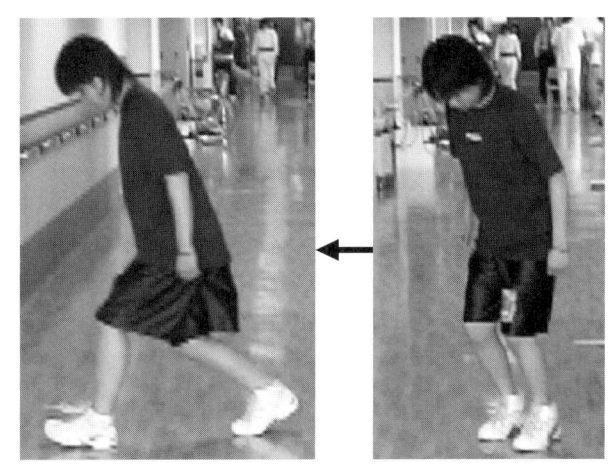

図4-42　ターンの練習
　最初は90°から．重心は一定に．接地面積を減らした母趾球ターンから．

図4-43　ターンの練習
サイドステップカッティングとスライドステップカッティング

SAQトレーニング	SAQ（speed, agility, quickness）トレーニングという表現もよく使用され，スポーツに必要な機敏さ，素早さ，方向変換の速さなどをエクササイズする．
	最終的にはジャンプと着地の練習をしていく（図4-44）．スポーツ種目によっては空中での接触プレーも，意識した場面設定でトレーニングを行う．スポーツ復帰のためには運動を可能にする総合的な能力と，運動機能を獲得するプログラムが必要になる[4, 40]．
ジャンプの着地	ジャンプの着地は衝撃を相殺するように柔らかく行うというよりも，足先，足部，足関節，膝関節，体幹というリンクをよく意識させ，それぞれ必要な部位に必要な筋収縮が起こるように反復練習する．着地動作ではしっかり膝関節を屈曲し，knee-in しないようにする[41]．
アライメントコントロール	アライメントコントロール全般で，鏡でフィードバックをかけたり，ビデオ画面で動きを確認させるという作業などで工夫が必要であろう．日常生活で装具は3カ月で外しているが，スポーツ動作を行う際には，装具やテーピングを行う．最近，これらの制動効果を疑問視する論文もあるが[42]，アライメントコントロールを意識づける方法，膝関節の伸展制限などには明らかに効果があると考えられる[8]．

これらのエクササイズは単純に筋力を回復させるという目的から，ACL再損傷を防止し，かつスポーツにとっても合理的な動きを含んでいるものであり，スポーツ選手の運動療法ではこのような動的なトレーニングを欠かすことができない．治療者には選手の動きの特徴を観察し，欠点をどうすれば修正できるか工夫していくことが求められる．

競技選手では6カ月程度でかなり高いレベルでの競技への参加も可能

図4-44 ジャンプ着地動作の練習

になっているが，選手が「いい感じで動ける」にはさらに2カ月程度は必要である．「まったく膝を意識しないでプレーができる」というようになるまでには1年以上かかるが，計画的な運動療法プログラムが実施できた場合，選手の満足度のスケール尺度での測定では，90%程度の高い効果が得られるようになっている[31, 35]．

⑥ 一般者へのエクササイズ

ACL再建術後の腫脹が長く続いた場合，結果としてROM制限をもたらし，また筋萎縮が進み，疼痛がでるという悪循環に陥ることが多い．腫脹が発生し，なかなか落ち着かない理由は種々考えられるが，適切な運動療法によってこれらの悪循環の輪を断ち切る必要がある．スポーツ選手の場合，再評価と運動療法プログラムの指導がきめ細かく行えるので問題ないが，一般者がリスク因子をもったときにはたいへんである．レクリエーションスポーツ程度はやりたいが，仕事や家事のために特別にトレーニング時間をとりたくないという要求が一般者にはある．まず，最低限必要なトレーニングを説明し，どのようにすればその人の生活環境でトレーニングが行えるかを一緒に考える．「このプログラムを行って下さい」というようなおしつけはまず成功しない．対象がやりたくなるような，現実に近いプログラムを用意することが肝要である．そして，適切な筋疲労感を感じるということがどういうことなのかを，経過観察の再評価の過程で教えていく．その点，スクワットやKBWはたいへんわかりやすいプログラムである．

＊スクワット
＊KBW

通常，動作の学習は何回かに分けて確認した方が効果的である．熱心に教えても，自分でやっているうちに間違った方法になってしまうことが多い．したがって，ポイントを図示し相手に説明し，次にその動作をチェックする日を決め実践してもらい，テストしてできているか否かを伝え，さらに指導し直すか別の動作を教えるなど，次のステップに移行していく．

装具やテーピングの効果はあまり期待できないというのが，科学的なevidenceからの通説のようであるが，現実にはよく使用する．いくつかの実験では，やはり効果があげられているので，目的を明確にしたなかで使用していくことは意味がある（表4-23, 24）．

（3）ACL再建術後におけるアライメントコントロールエクササイズ

アライメントコントロールについては，再建術後のリハビリテーションに加え，予防的要素もたいへん大きいので別項を設けて説明したい．

アメリカのみで，毎年約250,000人がACL再建術を受けているという[11]．このことは，今さらながら驚くべき事実である．その80～90%は成功しているというが，同じく毎年約25,000人もがACLの再再建術

表 4-23 ACL 損傷に対する装具の効果

- さまざまな固定用装具，機能的膝装具が使用されてきた．
- 膝関節の角度の制御には有効．
- 前後方向の不安定性については制動効果のあるものとないものがある．
- 効果が出にくい理由として，①膝関節には軟部組織が多く十分な固定が得られない，②装具の支柱の長さがむやみに長くできないので3点固定，4点固定が不十分など．
- したがって，予防に効果があるかも疑問．

表 4-24 ACL 損傷に対するテーピングの効果

- テーピングに期待される効果：① ROM の制限，②脛骨前方変位の制御，③回旋制御，④外反制限による knee-in の回避．
①に関しては明らかに効果あり，②〜④に関しては客観的データが不十分である．
- 理由：①軟部組織が多く，確実に支点となる部位を探せない，②テーパーの力量に問われるところが大きい．

を受けているのである．Garrick ら[12] は，レビュー論文のなかで ACL 単独損傷の発生率はサッカー，バスケットボール，バレーボールにおいて女性が男性より 2.4 〜 9.5 倍高いこと，アメリカで発生した ACL 損傷の約 70%がスポーツ参加中だったこと，16 〜 45 歳に多発していること，再建術後女性の再断裂が多いこと，などを述べている．これらから，われわれが ACL 損傷や再建術後の再損傷を予防するためのリハビリテーションで，配慮すべきことがみえてくる．

リスク要因

予防に絞ってみると環境要因，解剖学的要因，ホルモンの要因，バイオメカニクス要因などをリスク要因としてとらえる必要がある．これらは現在，根拠の明確なものとそうでないものに区分けされつつある．とくにリハビリテーションと関連が深いものを考えると，ビデオを使用した受傷機序の分析があげられる．Boden ら[13] は非接触型の ACL 単独損傷が約 70%になること，膝関節屈曲 10 〜 30°で多くの発生をみたことを確認した．McNair ら[14] も同様の報告をしている．Devita ら[15] は同じくビデオ分析から ACL 損傷は膝関節屈曲 0 〜 30°，膝外反・下腿外旋位，着地動作で重心が膝後方，flat-foot position などで発生していると述べている．Boden ら[13] はまた，脛骨上での大腿骨の過剰な回旋や膝関節の過伸展，脛骨の過剰な前方引き出し力などが ACL 損傷を助長するとした．Malinzak ら[16] は3次元動作解析装置を用い，カッティングやジャンプの着地動作で，女性選手のほうが男性選手より股関節と膝関節がより伸展位だったと報告している．

このように ACL 損傷が頻発するなかで，第3章でも述べたように，20 年間に ACL 損傷の発生がゼロだったわが国の大学トップの女子バスケットチームの例[17] の練習内容のなかに，ACL 損傷の予防に役立つ秘密があると考えるのは自然であろう．

① ACL損傷と下肢アライメント

下肢アライメント　　ACL損傷と下肢アライメントの間に関係はありそうだが[18]，臨床的には未だ確証のもてるevidenceは発見されていない．実際にACL損傷がジャンプと着地，ストップやカッティングという特定のスポーツ動作で多くみられることから，ACL損傷を発生させにくい動的なアライメント操作があるのではないかと考え（仮説），ACL損傷の予防を目的にスポーツ選手に対して，下肢アライメントに留意したステップドリルを指導してきたが[19]，その妥当性と根拠を検証するためには，ジャンプ着地動作で下肢アライメントがどのように変化しているのかを正確に捉えることが必要である．歩行やランニングについては，矢状面および前額面において動作分析が行われてきたが，ジャンプ着地動作について下肢アライメント変化に伴う膝関節の動作分析は不十分といわざるを得ない．

ステップドリル

動作分析

　今までACL損傷に関連した不良なアライメント変化としては，膝関節外反・下腿外旋という動きがいわれてきたが[20]，筆者ら[15]の研究では，ACL損傷発生リスクが高いとされる膝関節0～30°では，むしろ膝関節内反・内旋という動きが起こっていることがわかった（図4－45）．残念ながらわれわれの研究は正常膝における観察であり，実際の受傷時にこのような動きが起こっているという確証はないが，足尖接地から足底接地にかけての着地動作の初期に，ACLに伸張ストレスが加わることが考えられ，もしこの力によってACL断裂が発生しても，一連の着地動作でみると膝関節は外旋していくので，膝関節外反・下腿外旋という動きが受傷機序としてとらえられてきたのかもしれない．

伸張ストレス

　すなわち，筆者らの研究から，膝屈曲0～30°では，ACL損傷の高リスクグループと考えられる外反群は，屈曲に伴って外旋はするものの外反方向には動かず，30°近辺が外反側に傾く境界になっていることが推察された．knee-inによる下腿の外旋は，ACLを弛緩させるのでリスクにはならないという見解があるが[21]，knee-inをとるものは膝屈曲0～30°で大きな回旋が起こることと，一端は内反方向にも運動してから外反方向にふれていくことで，非常に不安定な膝であるといえ，その分，受傷のリスクが高いことが推測される．

② アライメントコントロールの妥当性

　リハビリテーションにおいてスポーツ基本動作を指導する際に，膝関節0～30°の範囲での筋収縮コントロール，バランス，固有受容感覚などを考慮したアライメントコントロールが重要と思われる．

KBW　　KBW (knee bent walking)[22]はもっとも基本的な動作の一つである．体重が下肢に加わるに従ってknee-inしてくる場合があるが，相対的

フォワードランジ (forward lunge)

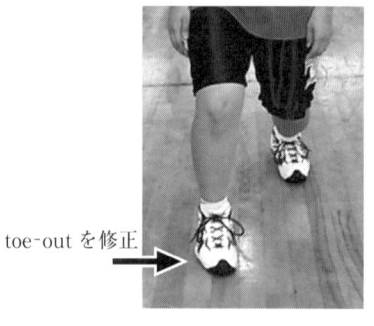

toe-out を修正

KBW：knee bent walking

toe-out

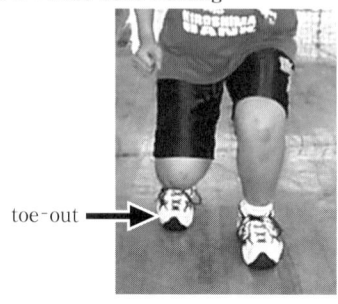

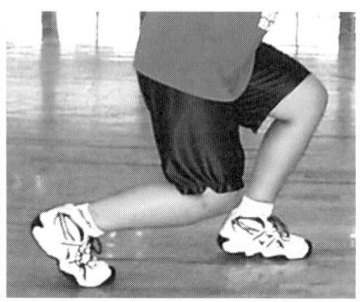

図 4-45　フォワードランジと KBW

に足部は toe-out となり，大腿，下腿，足関節，足部で運動連関の修正が必要と思われる．ビデオ画面を選手に見せて knee-in と toe-out が下肢にストレスを与える可能性が高いことを説明する．鏡などに向かってどのように下肢をコントロールすればそのようなストレスが減弱し，knee-in と toe-out が中間位に修正できるかを確認することが必要である．図 4-45 にその一例を示すが，これはフォワードランジと呼ばれ，前方に脚を 1 歩出し，そこに荷重していくことを学習する．この動作はきわめて簡単であるが，ジャンプの着地動作でも結果としてはこのような膝屈曲位をとることになる．常にこのようなポジションがとれることが ACL 損傷の予防で重要になることを強調し，徹底的に反復練習をする．

ボックスジャンプ　　図 4-46 にボックスジャンプからの着地動作を示すが，下肢の筋収縮を十分に感じながら深い膝屈曲位をとれるようにする．さまざまな工夫があるが，常にビデオ撮影し，適宜選手に見せ情報の確認やフィードバックを繰り返す．アライメントコントロールの指導上のポイントは，選手が自分の関節位置を意識できることである．

構えの姿勢　　　　　指導者のなかには，構えの姿勢やさまざまなステップドリル（ストッ
ステップドリル　　　プ，ターン，カッティング，ジャンプ着地）を選手が意識しようとして，逆に動作がぎこちなくなったり，遅くなったりすることによって競技力

図4-46　着地動作の意識

に支障がでることを危惧する人も多い．しかし，アライメントコントロールの反復練習を繰り返すことは，スポーツ技術の習得と同じレベルで重要であることを説き，同意を得るようにしている．反復練習を繰り返すうちに，意識せずに無理なくそのような動作ができるようになるが，このようなアライメントコントロールは本来，身体がもつ運動機能を十分に引き出すものであり，結果として競技力が劣ることになるとは考えていない．先に示したバスケットボールチームの選手達の動きは，このような正しいアライメントコントロールに裏付けられ，ACL損傷の発生がなかったものと信じている．

後十字靱帯損傷

7）後十字靱帯損傷

（1）後十字靱帯損傷の診断・治療

　後十字靱帯（PCL：posterior cruciate ligament）はACLと比較されやすいが，ACLよりも太く長く，強度が強い．図4-47にPCLのMRI像を示す．スポーツでの受傷では着地時に膝関節屈曲位で脛骨上端を床面に強打して起こるが，それよりも交通事故で乗用車のバンパーが前方から脛骨上端に衝突した際や，バイクの転倒事故で膝関節を打撲した際

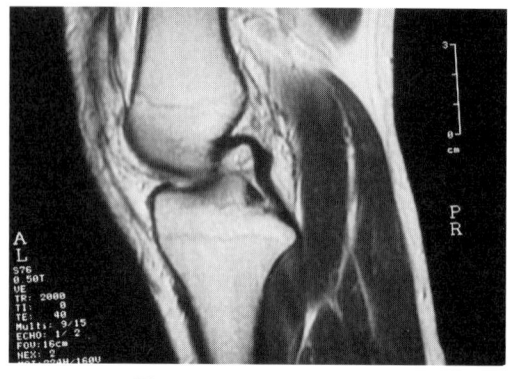

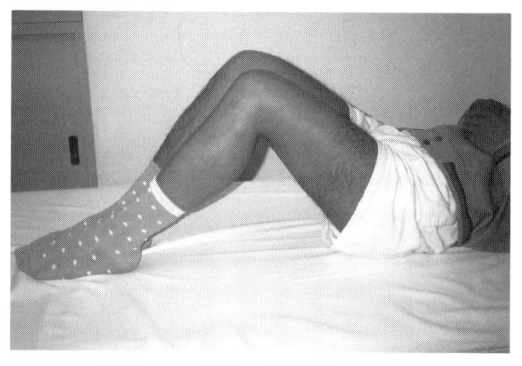

図4-47 PCLのMRI像　　図4-48 PCLの診断法 sagging

に起こっているものが多い．

後外側回旋不安定性
後外側角損傷

　前出の図4-17, 18（p.167）からPCL単独損傷では後外側回旋不安定性（PLRI）が出現しやすくなる．また後外側角（PLC：posterolateral corner）損傷についても配慮する．PCL断裂によって不安定性は出現するが，主訴は多くの場合疼痛である．保存的治療で断裂したまま放置したケースで，変形性膝関節症が惹起されることもあり，交通事故などでは目立った主訴はなくとも補償のために再建術が希望されることは多

sagging

pseud ADS sign

い．図4-48はPCL損傷の代表的な診断法の一つであるsaggingを示す．踵部を揃えて下肢を屈曲位にした際，断裂側の脛骨粗面が明らかに健側より下方に落ち込んでいる．偽前方引き出し徴候（pseud ADS sign）には注意しておかなければならない．saggingによる脛骨の後方落ち込みがあると，それをもともとの正常な位置に戻すまで，一見，前方引き出し様の症状がみられる．これをACL損傷の徴候と見誤ってしまうことが意外と多い．

　手術はACL再建術より複雑だが，最近は成績も安定し，積極的に再建術が選択されることも多くなった．PCLは膝関節の屈曲に伴い緊張する．とくに90°以上の屈曲位での緊張は強いので，下腿がこのような位置で脛骨を後方に落ち込むような重力肢位に十分気をつける．また，

大腿四頭筋
ハムストリング

大腿四頭筋が主動筋となりハムストリングが拮抗筋になることはACLと反対である．

PCL損傷の理学療法

（2）PCL損傷の理学療法
① 保存的治療

軟性装具

　PCL損傷では保存的に理学療法を行う場合が多かったが，最近では積極的に再建手術に踏み切るケースも多い．保存療法では軟性装具による膝関節の保護と，主動筋になる大腿四頭筋の強化が主体になる．
　下腿は膝関節が屈曲位をとると下方に落ち込むため，装具は膝関節屈

曲位での下腿後面の落ち込みを防ぐように，腓腹筋の筋腹をゴムバンドで圧迫するように制作されている．大腿四頭筋のエクササイズの際も，下腿が後面下方に落ち込まないように，前もってパッドなどを入れて正常な位置に保たれるようにしておくとよい．受傷後，疼痛がなくなれば積極的にエクササイズしていく．

ハムストリングの積極的な収縮は，受傷後6カ月近くは行わせないほうがよい．足関節背屈による腓腹筋の緊張が，脛骨を前方に押し出す力になる可能性があるため，腓腹筋の機能を高めることは重要かもしれない[38, 39, 40]．

② PCL再建術後の運動療法

ACL再建と同様に扱う．筋力強化の考え方が異なるのは保存療法に示したとおりである．術後3カ月ころまでは，下腿が落ち込まないか，とくに注意しながら運動療法を進める．とくに膝関節が90°以上屈曲したときに後方に落ち込むことが多い．手術的な侵襲がACL再建術よりも大きくなるため，初期にはROM確保が目的になり，慎重に進める．筋力トレーニングを開始すると同時に，歩行など日常生活の支障をなくしていく．スポーツ選手よりも交通事故などでの受傷が多いため，日常生活の確保を目指し，ACL再建術で示したような一般者のトレーニングを参考にするとわかりやすい．

8) 膝蓋腱損傷

膝蓋腱（patellar tendon）は靭帯ではないが，膝伸展機構の中軸をなすものであり，種々の障害を起こす．ランナー膝（runner's knee）とも呼ばれる．発生機序を内側型，外側型，近位型，遠位型などに分けて考察すると治療法の参考になる．大腿四頭筋の緊張が高かったり短縮したりすると，膝蓋大腿（PF：patellofemoral）関節の圧が高まるだけではなく，膝蓋腱への伸張刺激が強くなる[22, 23]．

治療は，使い過ぎ症候群にならないような無理のない練習，足底板などによる下肢アライメントの矯正，消炎鎮痛剤の使用，水泳・自転車漕ぎなどの物理療法，ストレッチングなどを行う．

9) 半月板損傷

（1）半月板損傷の診断・治療

半月板（meniscus）には，脛骨の関節面の内側に大きくてアルファベットのC型をした内側半月板（MM：medial meniscus）と外側にやや小さなO型をした外側半月板（LM：lateral meniscus）がある．MMは辺縁部が関節包や骨と癒合し，MCLとも線維性の結合を得ている．LM

も同様だがやや結合が疎である．半月板を縦断すると辺縁部を底辺としたくさび型をしている．辺縁から約1/3は血行があり，断裂しても癒合・再生能力があるが，内縁は血行に乏しく，断裂すると癒合は難しい．

半月板の機能は大腿骨と脛骨の適合をよくすること，ショックアブソーバー，脛骨大腿関節の滑り・転がり運動の助け，回旋の補助などが考えられるため，損傷するとロッキングという特徴的な症状の他に，関節腫脹，疼痛，反射抑制による二次的な大腿四頭筋の萎縮などが起こり，スポーツやADLに必要な諸動作に支障が生ずる．

外反強制　急性外傷ではLM損傷が多いとされる．これは膝関節の外反強制（knee-in）によって圧迫力と同時に回旋力が加わるためである．一方，ACL損傷後に関節不安定性を放置しておくと徐々にMMの退行的変化による変性や断裂が生じる[24]（表4-25）．半月板損傷が生じた場合，

MRI
クリック音　診断はMRIで行われるが，McMurrayテストに代表されるfriction rotation testでクリック音，関節裂隙に沿った疼痛やロッキング，膝関節の腫脹も主な症状である．

治療は運動機能に支障がない場合は保存的に行うが，観血的には関節鏡を使った半月板切除術や縫合術が行われる．半月板を摘出する場合，

半月板切除術　できるだけ辺縁部を温存しようという考え方が一般的であり，全切除は行わなくなっている．半月板縫合術では血行のある部分の修復は良好で

半月板縫合術
半月板置換術　ある．最近は種々の材料により，半月板置換術が試みられているが，汎用は今後に待たれる．

半月板損傷の理学療法
（2）半月板損傷の理学療法

運動時の痛みが強かったり，ロッキングを起こしていたりして機能障

関節鏡手術　害が大きい場合，関節鏡手術により部分切除を行うことも多い．この場合，脛骨大腿関節面に荷重することはリスクになるため，エクササイズはOKCから行われ，ACL損傷がCKC主体で行われるのとは異なる．

表4-25　半月板損傷（meniscus injury）

1. 内側半月板損傷は変性断裂が多い．
2. 外側半月板損傷はACL損傷など急性外傷との合併が多い．
3. 疼痛，腫脹，クリック音，ロッキング，不意に起こる膝くずれ，大腿四頭筋の萎縮，関節鏡などで診断される．
4. 圧痛の局在，クリック音の診断的意味は大きい．
5. MRIでの確定診断．
6. 関節鏡手術による効果大．

ただし，半月板縫合術では癒合前に激しい関節運動を行うと再断裂の恐れもあるため，運動療法の期間の延長が必要になる．

腫　脹　　　　腫脹の程度をみながらROMを獲得していく．軽度の腫脹を無視して膝関節を屈曲させると疼痛が発生することも多く，まず腫脹を軽減する方法を考える必要がある．膝蓋骨の可動性を高めることも重要である．疼痛がない範囲で大腿四頭筋，ハムストリングのエクササイズを行う．等尺性収縮，短縮性収縮，伸張性収縮という順でよい．半月板損傷でも大腿四頭筋の萎縮は著明になるため，しっかりトレーニングする．

荷重は徐々に行うが，フォワードランジのようにしっかり下肢のリンクを考えながら加重させることも大切である．日常生活の支障がなくなるのは1カ月程度であるが，一般者では2～3カ月かけてスポーツ活動にもどすことが多い．

半月板縫合術では軟性の膝装具などにより保護を行うが，3カ月程度は慎重に運動療法を進める．

10）膝蓋大腿関節障害

膝蓋大腿関節　　膝蓋大腿関節は，まず膝関節の屈曲と伸展という運動において，①関節面の接触の仕方，②筋緊張，大腿四頭筋による牽引方向，③膝蓋腱の緊張，長さ，膝蓋骨の牽引方向などが重要になる．大腿四頭筋の牽引方向は膝蓋骨の牽引方向に影響を与え，膝関節の外反・内反，膝関節の内旋・外旋に膝蓋大腿関節がどういうふうに関わっていくのか，そして一般的には膝関節の屈伸方向でどのような問題を起こしてくるのかということを知っておく必要がある．

（1）膝伸展機構

膝伸展機構　　まず，膝伸展機構（extensor apparatus，extensor mechanics）を理解
大腿四頭筋　　する必要がある（図4-49）．これを構成するものとして大腿四頭筋という大きな筋がある．それから大腿四頭筋腱が膝蓋骨に広く付着している．これは非常におもしろい仕組みであるが，内側から内側広筋，中間広筋，大腿直筋，そして外側に外側広筋がついている．そして膝蓋骨を通じて膝蓋腱が起始し，脛骨粗面あるいは脛骨結節というところに停止している．けっきょく，一連の膝伸展機構に破綻が起こることによって大腿四頭筋による膝関節伸展がうまく行えなくなり，スポーツ活動という行動や能力が落ちることになる．

膝伸展機構の障害については，以下の4つの問題について考えることが重要である．

① 大腿四頭筋の問題：強いか弱いかという筋力の問題と，もう一つは大腿四頭筋がバランスよく膝蓋骨を安定させているかどうかとい

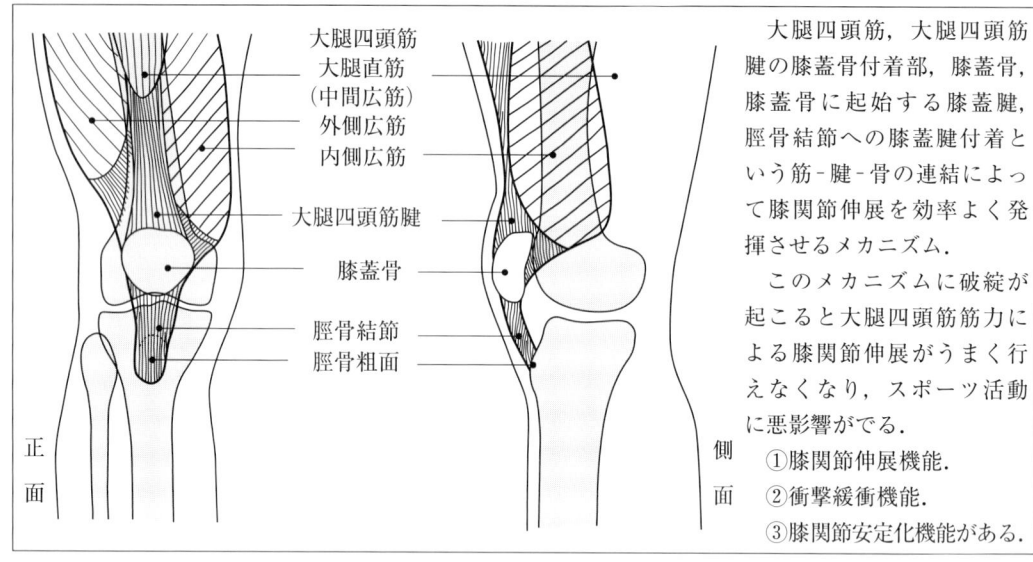

図4-49 膝伸展機構

大腿四頭筋，大腿四頭筋腱の膝蓋骨付着部，膝蓋骨，膝蓋骨に起始する膝蓋腱，脛骨結節への膝蓋腱付着という筋-腱-骨の連結によって膝関節伸展を効率よく発揮させるメカニズム．

このメカニズムに破綻が起こると大腿四頭筋筋力による膝関節伸展がうまく行えなくなり，スポーツ活動に悪影響がでる．
①膝関節伸展機能．
②衝撃緩衝機能．
③膝関節安定化機能がある．

う問題．たとえば内側広筋が弱くて，外側の緊張が高いときは外側へ牽引力が強くなる．

② 膝蓋骨の問題：関節面の形状や高さなどの問題．

③ 大腿骨膝蓋溝の問題：膝蓋骨の関節面を受ける大腿骨の形状の問題．

④ 膝蓋腱の問題：膝蓋腱の硬さ，長さ，位置などの問題．

以下は，膝伸展機構のスポーツ障害の代表的なものである．

大腿四頭筋挫傷
チャーリーホース

① 大腿四頭筋挫傷：チャーリーホース（charley-horse）として有名であるが，これは強い打撲が加わったときに筋が挫滅する．当然，急性の外傷であり障害ではない．しかし，その後に腫脹や疼痛が出て，それが落ち着く時期を待っていると確実に筋力低下が起こる．そして筋力が弱いままスポーツをすると，スポーツに復帰した後に問題が起こってくる．図4-50は右大腿部前面の打撲であるが，チャーリーホースなのか，関節構成体の損傷を伴うものなのか見極めが重要である．

膝蓋大腿関節症
ランナー膝

② 膝蓋大腿関節症（ランナー膝 runner's knee）：膝蓋軟骨軟化症の原因の一つといわれている．ランニングによって生じる膝の疼痛性障害，膝蓋骨周囲に限局した痛みを起こす場合がある．

AKPS

③ AKPS（anterior knee pain syndrome）：日本ではあまり使われていない表現である．アメリカではこの表現が多いが，膝の前面に主に骨の問題で疼痛を起こすものである．

膝蓋軟骨軟化症

④ 膝蓋軟骨軟化症（chondromalacia patellae）：若年層において膝

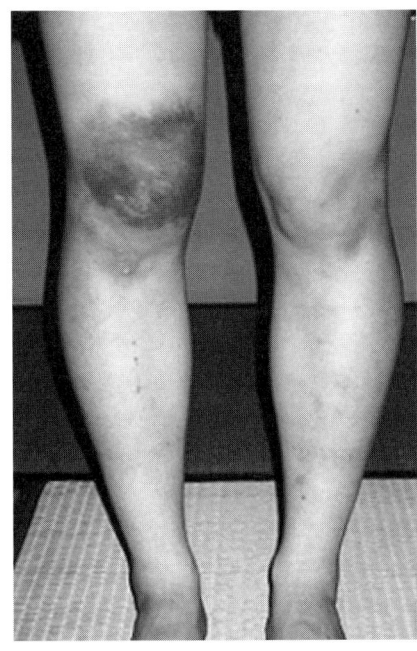

図4-50　大腿部前下面の打撲

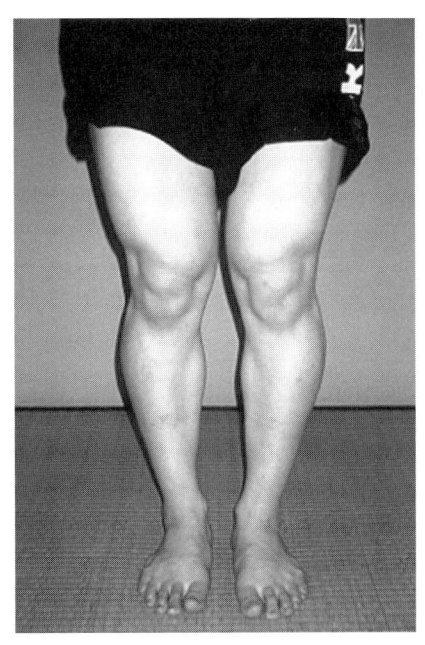

図4-51　膝蓋靱帯炎
大腿四頭筋の緊張が高い症例

蓋大腿関節の不適合，外傷などさまざまな原因で膝蓋軟骨に変性をきたす．症状は膝蓋骨およびその周辺の圧痛，膝くずれ現象など．

平泳ぎ膝

⑤　平泳ぎ膝：特殊な膝の内側の疼痛がある．内側側副靱帯の障害．

膝蓋腱（靱帯）炎
ジャンパー膝

⑥　膝蓋腱（靱帯）炎（ジャンパー膝 jumper's knee）：膝蓋骨上極の大腿骨付着部，膝蓋骨下極の膝蓋腱起始部，膝蓋腱，脛骨結節への膝蓋腱付着部の疼痛を伴う典型的な使い過ぎによる障害である．外的要因として，トレーニング量，トレーニング強度，路面，環境条件，シューズ，道具，トレーニングの誤りなどがあげられる．内的要因としては，マルアライメント，脚長差，筋インバランス，筋力不足などがあげられる．図4-51は大腿四頭筋の発達が著しく，結果として柔軟性に欠け，膝蓋腱に負担がかかって炎症症状を呈した例である．

Sinding-Larsen-Johansson病

⑦　Sinding-Larsen-Johansson病：膝蓋腱の腱炎の一つである（図4-52）．日本では少ないといわれている．膝蓋骨の下極に骨が増殖して疼痛を訴える．これが脛骨粗面で起きるとOsgood-Schlatter病である．

Osgood-Schlatter病

⑧　Osgood-Schlatter病：10歳代前半の男子に好発し，脛骨粗面骨端に骨化異常が認められ，疼痛，運動痛を訴えるもの．運動の中止により疼痛は軽減し自然消失するが，脛骨粗面の膨隆はそのまま

図 4-52　Sinding-Larsen-Johansson 病

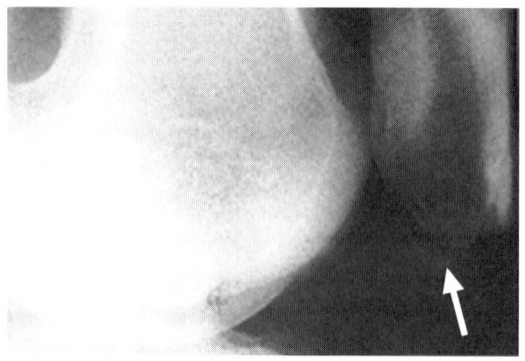

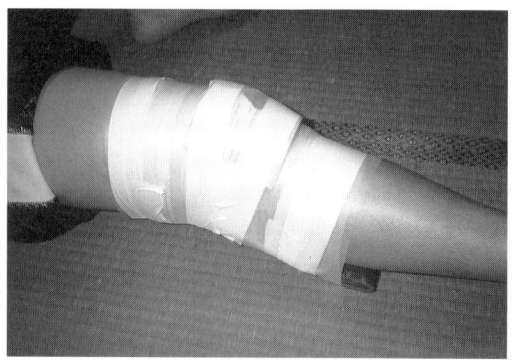

図 4-53　外傷性脱臼のシーネ固定

存続する．

膝蓋腱断裂
⑨ 膝蓋腱断裂：人体で最強の靱帯である膝蓋腱の断裂．まれにしか断裂はないが，30歳代の男子のスポーツ外傷によることが多い．

膝蓋骨（亜）脱臼
⑩ 膝蓋骨（亜）脱臼：図 4-53 は外傷性脱臼による下肢全体にみられた著しい腫脹をシーネで固定し，医療機関に搬送する状態を示す．

膝蓋骨骨折
膝蓋骨疲労骨折
⑪ 膝蓋骨骨折，膝蓋骨疲労骨折：直達外力では粉砕骨折，介達外力では横骨折となる．

離断性骨軟骨炎
⑫ 離断性骨軟骨炎（osteochondritis dissecans）：関節軟骨の一部が軟骨下骨組織とともに壊死に陥り，周囲から遊離する病態．成長期のスポーツ障害として重要である．軟骨がいったん破綻をきたすと再生しないため，とりわけ注意が必要である．

有痛性分裂膝蓋骨
⑬ 有痛性分裂膝蓋骨（painful patella partita），二分膝蓋骨（bipartita patellae）：先天的な形成異常あるいは疲労骨折によって発生することがある（図 4-54）．二分膝蓋骨のほとんどの場合が外側に分裂骨片を認め，形成不全と疲労骨折の場合があるといわれているが，無症状のものもかなりある．打撲により症状が発現してきたりする．関節面に不整が生じると手術的に摘出することもある．

腸脛靱帯炎
⑭ 腸脛靱帯炎：大腿筋膜張筋は重要な股関節外転筋であるが，これが疲労してくると，これに続く腸脛靱帯が硬化してくることがある．膝の屈伸時に大腿骨の外側上顆との摩擦により疼痛を発生しやすくなる．たとえばО脚の人が道路の右端を走ったとすると，道路は蒲鉾型をしているので右の腸脛靱帯に伸張ストレスがかかってくることになる．環境要因に配慮すると道路の左側を走らせるよう指導するということも以前から考えられている．

以上のような疾患について一般的な知識をもつことが必要である．

(2) 膝伸展機構の破綻による膝蓋大腿関節の障害

膝伸展機構の破綻による問題を表 4-26 に示す．

図4-54 有痛性分裂膝蓋骨

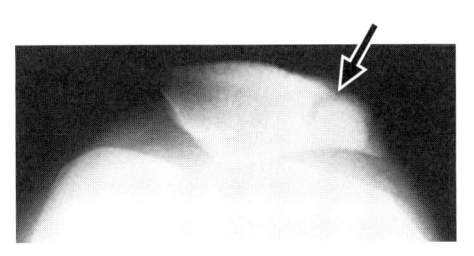

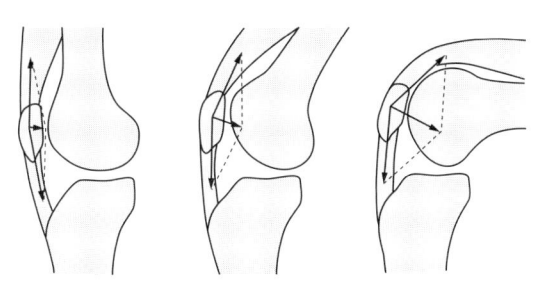

図4-55 膝関節角度と膝蓋大腿関節圧の関係

表4-26 膝伸展機構(extensor apparatus)の破綻

- 膝蓋大腿関節(patello-femoral joint：PF-J)の障害
  1. 骨折(膝蓋骨骨折，分裂膝蓋骨)
  2. 形成異常(関節面の不適合)
  3. 異常可動性(膝蓋骨脱臼)
  4. マルアライメント
- 脛骨大腿関節(tibio-femoral joint, TF-J)の障害
  靱帯損傷，半月板損傷，軟骨損傷やその手術後の筋力低下などにより直接的な影響を受ける．

膝蓋骑
膝蓋腱

　まず膝蓋骨の働きの理解が必要である．膝蓋骨は膝蓋腱と一緒になり大腿四頭筋筋力の伝達装置となる(図4-55)．これによって，①大腿四頭筋の膝伸展レバーアームを増加させる，②膝蓋骨に付着することで大腿四頭筋の活動面積を増加させる，③大腿四頭筋の収縮による摩擦を減少させる，④大腿骨関節面の保護，などの機能を有する．

(3) 膝蓋大腿関節面の形状と膝蓋骨の運動

膝蓋溝

　膝蓋骨は大腿骨の内側顆と外側顆で形成される膝蓋溝(intercondylar groove)を上下する．大腿骨との接触は膝関節伸展位では下極のみ，膝関節屈曲90〜135°で内側刻面，膝関節屈曲が増加すると膝蓋骨の上方に接触面が移動，膝関節最大屈曲でodd facetが接触する．この際，何らかの異常が生じると滑動性が妨げられ，問題が生じる(図4-56)．膝蓋骨は幅でいうと内側が狭く外側が広くなっている．しかし内側が若干凸面で外側が凹面になっている．関節面の長さは内側面と外側面の距離は同じくらいである．見た目には明らかに内側が近くなっている．これ

odd facet

が内側面と外側面を見分けるコツである．内側関節面のなかにodd facetという関節があるが，この関節面も膝蓋骨亜脱臼症候群などで非常に損傷が多い部分である．

(4) 膝蓋骨の運動に影響する因子

　膝蓋骨の運動に影響する因子は，大腿四頭筋とくに内側広筋斜頭の働

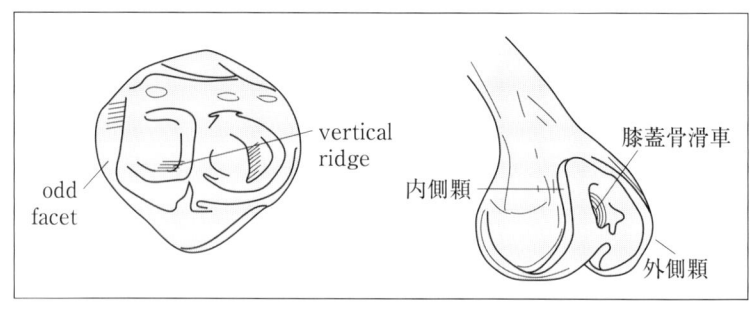

図4-56 膝蓋大腿関節面の形状と膝蓋骨の運動

膝蓋骨は内側顆と外側顆で形成される膝蓋溝を上下に滑動する．この際，何らかの異常が生じると滑動性が妨げられ問題が生じる．

き，内側支帯，内側膝蓋腱，膝蓋骨の形状，膝蓋骨の高さ，大腿骨関節面の形状，外側広筋，外側支帯，外側膝蓋腱，脛骨粗面の位置，脛骨外捻，Q角，股関節，足部の形状などがあげられる．

身体運動が起こるときに下肢の各関節がリンクしているということで，開放運動連鎖系（OKC），閉鎖運動連鎖系（CKC）にみられるような運動連鎖を理解することが必要である．とくに扁平足（足部の過剰な回内）で起こる膝蓋骨への問題が非常に多いことが指摘されている．

膝蓋骨の高さの正常な位置は膝伸展位で膝蓋骨尖（膝蓋骨の下極）が関節裂隙の位置にくる．また膝蓋骨と大腿骨の接触であるが，①膝関節伸展位では下極のみ接触し，膝蓋骨の上部が浮き上がっている，②膝関節屈曲が増加すると膝蓋骨の上方に接触面が移動する，③膝関節屈曲90〜135°で内側面が接触して両面で支える，④最大屈曲でodd facetが接触する．

膝蓋滑動テストなどの検査法で膝蓋骨を上から押さえたり，あるいは浮かせて関節面に指を入れて疼痛の場所を確認することで，どこの部位に損傷があるか予想がつく場合がある．以前は90〜135°くらいの，圧が高いところが損傷の多発する角度と思われていたが，最近は膝伸展時，下極のほうに問題があるのではないか，すなわちジャンプで踏み切る最後のところ，あるいは膝屈曲開始時に疼痛があるのはこの部分の疼痛であることが指摘されている．

膝蓋大腿関節の圧迫力は膝蓋骨があることでレバーアームが長くなり，屈曲角度が増加すれば高まることになる．ところが過伸展していると，大腿骨の関節溝が浅くなっているところに膝蓋骨が乗るようになってくるので，非常に脱臼しやすく不安定になる．X線写真でスカイラインビューをみると，膝伸展位だと不安定で膝蓋骨の運動方向が安定しないのがわかる．膝蓋骨を亜脱臼させる要因として，内側広筋の機能不全

があげられる．外側広筋とか外側支帯が緊張すると，これによっても膝蓋骨が外側に引かれる．外側広筋も内側広筋も大腿神経支配なので，内側広筋を収縮させれば他の大腿四頭筋も収縮する．内側広筋のみを選択的にトレーニングできるか否かについては，まだ結果は出ていないと思われるが，外側広筋や外側支帯の緊張を緩めると外側へ引かれることを和らげることができるはずであり，これは技術的に可能であろう．それからQ角の問題，膝関節の過伸展の問題，膝蓋骨高位などがあるともっと不安定となる．

Q角　　Q角は上前腸骨棘（ASIS）から仮想の線を膝蓋骨の中心に引いた線（大腿骨，大腿四頭筋の牽引方向）と，それから脛骨粗面へ下ろした線とのなす角度をとるが，いろいろな文献を平均すると約14°程度と思われる．

やぶにらみの膝蓋骨　　やぶにらみの膝蓋骨（squinting patellae）は，前額面に対して極端に内側に向いたところに膝蓋骨がついている．脛骨粗面の位置が正常でそこに膝蓋腱が付着しても，膝蓋骨が内側に向くだけでQ角が大きくなる可能性があり，結果として膝蓋骨の外側への牽引力の影響が強くなる．これをどう直していくかというと，股関節を外旋させ膝蓋骨を正面に向かせるが，同時に足部も外旋し toe-out するのでなかなかアライメントコントロールは難しい．

膝関節過伸展がある選手では膝蓋骨のコントロールが難しくなり，立位では膝蓋骨の過剰可動性による不安定性，そして屈曲では tracking course の乱れによる疼痛を訴えることがある．

（5）内側広筋

内側広筋　　図4-57に内側広筋の機能を示す．膝蓋骨を内側方向へ牽引する要素として，内側広筋だけでなく内側の大腿膝蓋靱帯という靱帯が最近注目されている．図4-58は競技中に膝蓋骨の上方の切創で縫合後の選手である．本人は何の問題も感じないというが，しゃがみ込みの動作を行わせると患側の knee-in が起こり，内側広筋の機能不全が起こっていることがわかった．図4-59のような方法で下肢の機能の健全性をチェックしておきたい．

knee-in

（6）膝伸展機構の障害で行う評価

評価内容を表4-27にまとめた．

① 下肢アライメントと身体運動の関係

下肢アライメント　　a．下肢のアライメントと構造は各関節にそれに応じた影響をもたらす．

b．悪いアライメントは悪い身体構造を示し，機能にも悪い影響をもたらし，身体への負担も大きくなる．

図4-57 内側広筋

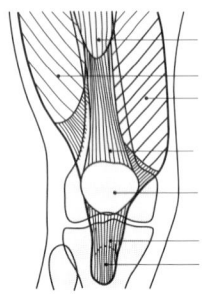

＊付着角度が内側上方約55°を向く
＊膝蓋骨の内側安定性に寄与する
＊内側広筋以外の大腿四頭筋は膝蓋骨を外方に牽引する

図4-58 内側広筋の機能不全
患側（右）スクワットではknee-inし骨盤が外方にシフトする

図4-59 下肢機能のチェック

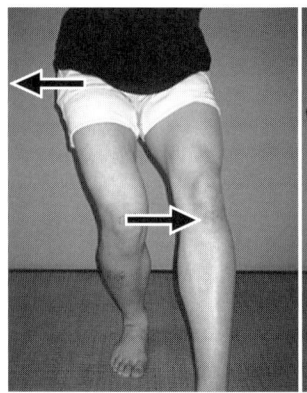

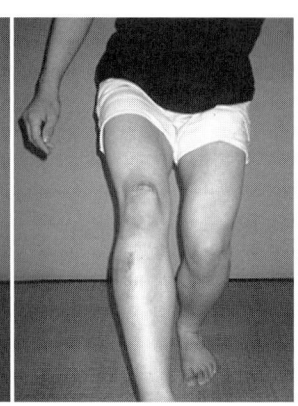

表4-27 膝伸展機構の障害で行う評価

1. 下肢長：棘果長．
2. Q角：背臥位で大腿四頭筋を弛緩させて．
3. 大腿骨内側上顆間距離：背臥位で大腿四頭筋を弛緩させて．
4. 筋力，大腿周径，大腿四頭筋萎縮，筋緊張の度合い：isokinetic strength.
5. 柔軟性：下肢伸展挙上，尻上がり．
6. ROM.
7. 膝蓋滑動徴候，Fairbank's 脱臼不安感徴候，APSテスト，patella tracking course.
8. 膝蓋骨跳動（patellar balloting）．
9. 腫脹．
10. 圧痛．
11. 膝蓋骨の滑動性，膝蓋腱・大腿四頭筋腱の緊張．
12. 運動時痛，荷重時痛：とくにしゃがみ位，歩行，階段．
13. 理学的検査：X線，ストレスX線，MRI．

c. アライメントをみると運動中にどの部位にストレスが加わるか予測できる．
d. 座位や立位を観察すると，スポーツ動作が予測できる．
e. 歩行やランニングを観察すると，下肢にどのような問題が生じるか予測がつく．

② knee-inにみられる下肢関節の動き

股関節リンク：骨盤内旋↑，大腿骨外旋↑
膝関節リンク：大腿内旋↑，脛骨外旋↑

足関節リンク：下腿内旋↑，足部回内

knee-in

knee-inを考えるとき下肢の動きとして股関節のリンク，膝関節のリンク，足関節のリンクについて考慮する必要がある．すなわち，膝関節だけにとらわれず，たとえばやぶにらみの膝蓋骨という膝関節自身の問題もあれば，実際それを増強する因子として足部の回内，扁平足も忘れてはならないし，また股関節の問題も重要となる．

③ 足部と下腿の運動モデル

足部と足関節の機能は下肢全体の機能に影響する．足部に問題があれば下肢全体が影響を受ける．アーチが低いと脛骨は内旋し，アーチが高く足部が回外すると脛骨は外旋する．たとえばランニングだとか，方向転換の初期に過剰に足部が回内すれば下腿は内旋する．そうすると下肢全体は内旋方向の動きが起こるのでknee-inしやすくなる．したがって，足部のアーチの機能を高めることで膝の疼痛がとれることもある．

④ 好ましくない膝のマルアライメント

大腿骨の過剰な前捻，反張膝，内反膝，外反膝，脛骨内反，過剰な回内足などが好ましくない膝のマルアライメントとして知られている（図**4-60**）．

⑤ 大腿周径測定のポイント

左右差が1cm程度はパフォーマンス上問題ない．左右差がはっきりしなくても，筋収縮力が低下している場合がある．内側広筋（VM），外側広筋（VL）の大きさを確認する．

マッスルセッティングなどで筋を収縮させたとき，正常な反射が起こらなかったとき，それにより固有受容器の働きが弱くなり筋緊張が低下するという悪いメカニズムがあるため筋収縮量を見逃してはならない．

(7) 膝伸展機構障害のリハビリテーション

リハビリテーションの目標は，①炎症の軽減，②疼痛の解消，③アライメントの制御，④マルユースへの対応，⑤筋機能を高める，⑥再発防止（環境要因・トレーニング要因の整備）などである．初期には炎症の軽減や疼痛の解消を行い，次にアライメントを考えてそれをいかに制御するかが重要である．筋機能を高め，再発の防止に努めることが肝心である．表**4-28**にそのリハビリテーションの内容を示す．

Steinkamp LA (1993)は膝蓋大腿関節のリハビリテーションはCKCの方が安心であることを述べている．CKCでも膝屈曲角度が増加するに従い膝蓋大腿関節の圧は増加する．疼痛が強ければ安静，寒冷療法，NSAIDs（非ステロイド系消炎鎮痛剤）を初期の強い疼痛があるときに処方してもらうことも重要である．

筋電気刺激

筋電気刺激は効果があるかどうか証明できないが，うまく筋収縮をね

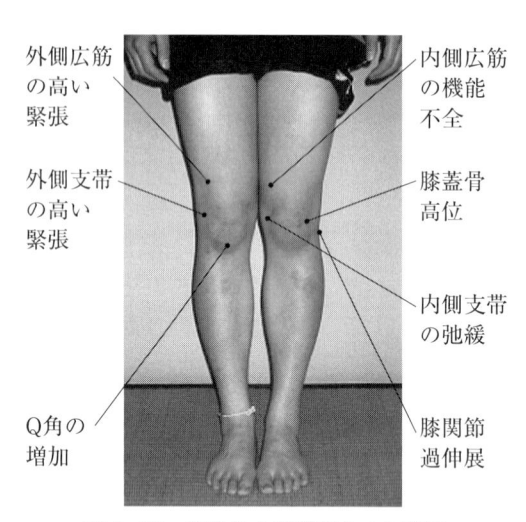

図 4-60 膝蓋骨を亜脱臼させる要因

（図中ラベル）
- 外側広筋の高い緊張
- 外側支帯の高い緊張
- Q角の増加
- 内側広筋の機能不全
- 膝蓋骨高位
- 内側支帯の弛緩
- 膝関節過伸展

表 4-28 膝伸展機構障害のリハビリテーション

1. 疼痛が強ければ安静，寒冷療法，NSAIDs.
2. 筋電気刺激：大腿四頭筋の収縮を高める.
3. TENS：疼痛.
4. ストレッチング.
5. 大腿四頭筋セッティング，下肢伸展挙上.
6. 伸展位での筋力トレーニング.
7. さまざまな膝角度での等尺性収縮，等張性収縮.
8. 等運動性筋エクササイズ.
9. 荷重位での筋力トレーニング（retropatellar crepitus に注意して膝関節角度を選択）.
10. テーピング，足底板.
11. アライメントコントロール.
  膝蓋大腿関節のリハビリテーションはCKCの方が安全.

（Steinkamp LA：*Am J Sports Med*, 1993）

らえば，選択的に内側広筋だけの収縮力を高めさせる働きはあるかもしれない．内側広筋の筋収縮のみを劇的に高められたというようなデータは少ないが，筋再教育として収縮力を高めるという点では大切であると思える．

ストレッチング

ストレッチングにはさまざまな種類があり，評価がきちんと行われていれば相応の効果が期待できる．セッティングは膝蓋骨が大腿骨に収まるようにするためにも初期には重要である．また，最初は安全性を考え，膝伸展位での筋力トレーニングを行う．荷重位での筋力トレーニングは，retropatellar crepitus に注意して膝関節の角度を選択して実施する．CKC でのスクワットの場合，膝蓋大腿関節の障害でも脛骨大腿関節の障害でも，筋力の低い側で knee-in，toe-out となり，殿部が外側に変位するような現象が認められる．このような簡単なチェックを行いつつ，スポーツ動作の再獲得に近づけていく．毎回の治療で膝蓋大腿関節の機能評価を注意深く行うことで，リハビリテーションの進行が順調かどうか理解できる．物理療法は活用すべきであり，とくに運動終了後のアイシングは徹底させたい．

knee-in
toe-out

● 文　献

1) 浦辺幸夫：膝関節可動域の獲得法について．*Sports medicine*, **5**：23-28, 1990.
2) 浦辺幸夫ほか：スポーツ選手の筋力増強訓練．PTジャーナル, **23**(11)：763-769, 1989.

3) 浦辺幸夫：筋力のリコンディショニングに関する考察．トレーニングジャーナル，**10**：94-96，1992．
4) 浦辺幸夫ほか：スポーツリハビリテーションにおける筋力増強訓練の効果．第1回筋力評価研究会報告書，1992，p.34-43．
5) Natri A, et al：Isokinetic muscle performance after anterior cruciate ligament surgery. *Int J Sports Med*, **17**：223-228, 1996.
6) Ross CM, et al：Thigh and calf girth following knee injury and surgery. *JOSPT*, **27** (1)：9-15, 1998.
7) 浦辺幸夫，川野哲英：アスレティックリハビリテーションの展望．PTジャーナル，**23** (1)：43-45，1989．
8) 浦辺幸夫：スポーツ動作からみたアライメントコントロール．整・災外 **41** (10)：1237-1247，1998．
9) 浦辺幸夫ほか：脛骨前方移動を起こさせる運動速度閾値の考察．運動・物理療法，**14**：184-189，2003．
10) 坂西英夫，川野哲英，浦辺幸夫：膝蓋靱帯炎の大腿四頭筋筋力に及ぼす影響．昭和62年度日本体育協会スポーツ科学研究報告，(財)日本体育協会，1987，p.3-7．
11) Fu FH, Musahl V：Revision ACL reconstruction. American Orthopaedic Society for Sports Medicine 27 Annual Meeting, Instructional course materials：2001, p.249-252.
12) Garrick JG, Requa RK：Anterior cruciate ligament injuries in men and women：How common are they?. Prevention of noncontact ACL injuries. *American Academy of Orthopaedic Surgeons*, 1-9, 2001.
13) Boden BP, Dean GS, Feagin JA Jr, Garrett WE Jr：Mechanisms of anterior cruciate ligament injury. *Orthopedics*, **23**：573-578, 2000.
14) McNair PJ, Marshall RN, Matheson JA：Important features associated with acute anterior cruciate ligament injury. *N Z Med J*, **103**：537-539, 1990.
15) Devita P, Skelly WA：Effect of landing stiffness on joint kinetics and energetics in the lower extremity. *Med Sci Sports Exerc*, **24**：108-115, 1992
16) Malinzak RA, Colby SM, Kirkendall DT, Garrett WE Jr：Abstract：Electromyographic and 3-dimensional kinematic analysis of cutting maneuvers in men and women：Implications for anterior cruciate ligament injury. 66th Annual Meeting Proceeding. Rosemont, IL, American Academy of Orthopaedic Surgeons, 1999, p.74.
17) 木村　功：ケガをさせない指導．*Sports medicine*, **13** (6)：18-21, 2001.
18) 浦辺幸夫：下肢の各関節の連関を考慮した外傷の発生機序についての運動学的分析．理学療法学，**21** (8)：532-536，1994．
19) 浦辺幸夫：スポーツ動作からみたアライメントコントロール．整・災外 **41** (10)：1237-1247，1998．
20) 三木英之，増島　篤，成田哲也，石毛勇介，吉久武志：非接触型ACL損傷受傷場面の3次元動作解析．日本整形外科スポーツ医学会雑誌，**21** (3)：104，2001．
21) 金森章浩，福林　徹，落合直之，Woo LY：膝関節に与えられる外力とACL損傷．日本整形外科スポーツ医学会雑誌，**21** (3)：103，2001．

22) 川野哲英：スポーツ外傷のリハビリテーションにおけるウォーキングの考え方．臨床スポーツ医学，**9**（2）：167-172, 1992.
23) Woo SL-Y, et al：Tensile properties of the human femur-anterior cruciate ligament-tibia complex. *Am J Sports Med*, **19**：217-225, 1991.
24) Shino K, et al：Surface blood flow and histology of human anterior cruciate ligament allografts. *Arthroscopy*, **7**：171-176, 1991.
25) Shelbourne KD, et al：Accelerated rehabilitation after anterior cruciate ligament surgery. *Am J Sports Med*, **18**：292-299, 1990.
26) 蒲田和芳，三木英之，石井芽久美：Dr. ShelbourneによるACL再建術とaccelerated rehabilitation―そのリハビリテーションと臨床成績の実態報告―．*Sports medicine*, **11**（2）：86-94, 1999.
27) 浦辺幸夫，川野哲英：膝関節損傷における筋力増強訓練．理・作・療法，**20**（7）：459-467, 1986.
28) 川野哲英，浦辺幸夫ほか：スポーツ外傷に対する理学療法，スポーツ復帰を考慮して．理・作・療法，**20**（9）：595-604, 1986.
29) 星川吉光，浦辺幸夫：スポーツ・リハビリテーション，ACL再建術後療法を中心に．日本整形外科スポーツ医学会雑誌，**8**：1-4, 1989.
30) Deie M, Urabe Y, et al：Anterior knee laxity in young women varies with their menstrual cycle. *SICOT*, **26**：154-156, 2002.
31) 小林寛和，浦辺幸夫ほか：膝前十字靱帯再建術後の筋力と運動機能の関係について．第11回西日本臨床スポーツ医学研究会報告集, 1990, p. 49-53.
32) 浦辺幸夫：電気刺激による大腿四頭筋強化．理・作・療法，**18**（12）：877-883, 1984.
33) 浦辺幸夫ほか：ACL損傷術後のリハビリテーション経過．東海スポーツ傷害研究会記録集，**10**：21-26, 1992.
34) Mirzabeigi E, et al：Isolation of the vastus medialis oblique muscle during exercise. *Am J Sports Med*, **27**（1）：50-53, 1999.
35) 山賀 寛，浦辺幸夫ほか：膝前十字靱帯再建術後のリハビリテーション．スポーツ医・科学，**4**（1）：7-13, 1990.
36) Beynnon BD, et al：The strain behavior of the anterior cruciate ligament during squatting and active flexion-extension. *Am J Sports Med*, **25**（6）：823-829, 1997.
37) 浦辺幸夫：アイシングの理論と方法．水泳コーチ教本，大修館書店，東京, 1993, p.158-160.
38) Solomonow M, et al：The synergistic action of the anterior cruciate ligament and thigh muscles in maintaining joint stability. *Am J Sports Med*, **15**（3）：207-213, 1987.
39) 浦辺幸夫：膝痛．臨床スポーツ医学，**10**（臨時増刊号）：308-313, 1993.
40) 浦辺幸夫：スポーツ動作における下肢アライメントの意義に関する研究．理学療法学，**24**（3）：164-168, 1997.
41) 浦辺幸夫：ジャンプ動作とスポーツ外傷．コーチングクリニック, 1992, p. 55-59.
42) Wojtys EM, et al：Anterior cruciate ligament functional brace use in sports. *Am J Sports Med*, **24**（4）：539-546, 1996.
43) Thompson WO, et al：The meniscus in the cruciate-deficient knee.

●引用・参考文献

1) Fu FH, et al：Current trends in anterior cruciate ligament reconstruction. *Am J Sports Med*, **27**（6）：821-830, 1999.
2) Sakane M, et al：In situ forces in the anterior cruciate ligament and its bundles in response to anterior tibial loads. *J Orthop Res*, **15**：285-293, 1997.
3) 浦辺幸夫：下肢の各関節の連関を考慮した外傷の発生機序についての運動学的分析．理学療法学，**21**（8）：532-536, 1994.
4) Seto JL, et al：Assessment of quadriceps/hamstring strength, knee ligament stability, functional and sports activity levels five years after anterior cruciate ligament reconstruction. *Am J Sports Med*, **16**（2）：170-180, 1988.
5) Urabe Y, et al：Electromyographic analysis of the knee during jump landing in male and female athletes. *THE KNEE*, **12**：129-134, 2005.
6) 浦辺幸夫ほか：高校女子バスケットボール選手の膝関節筋力と膝前方動揺性に関する考察．中四整会誌，**8**（2）：337-342, 1996.
7) Urabe Y, et al：Anterior cruciate ligament injury in recreational alpine skiers：analysis of mechanisms and strategy for prevention. *J Orthop Sci*, **7**：1-5, 2002.
8) Johnson RJ, et al：Ski injuries and equipment function. *Am J Sports Med*, **2**（6）：299-307, 1974.
9) McConkey JP, et al：Anterior cruciate ligament rupture in skiing. A new mechanism of injury. *Am J Sports Med*, **14**（2）：160-164, 1986.

4．肩関節疾患の評価とリハビリテーション

1）肩関節の構造

上腕骨の大結節から小結節にかけて，骨頭を取り巻くように付着する腱板を構成する筋とその作用は重要である．棘上筋，棘下筋，小円筋，肩甲下筋の起始と付着，それぞれの支配神経を確認しておく．

腱板の機能としては，以前は肩関節の内旋，外旋という回旋筋の作用が重要視されていたが，骨頭の安定化，運動時（各方向）の骨頭の取り込みが重要である．腱板筋が正しく機能すれば上腕骨頭は肩関節屈曲や外転で下方に押し下げられる（引き下げられる）ように運動するが，三角筋などの大筋群がより活動的であれば，骨頭を上方に引き上げるような動きが起こる．肩関節ではとくに近位筋（回旋筋腱板を構成する棘上筋，棘下筋，小円筋，肩甲下筋のことでインナーマッスル inner muscle とする者もいる）が安定性に寄与しつつ遠位筋（三角筋ほか，これをア

ウターマッスル outer muscle とする者もいる）によって運動が起こることが知られている．上肢の挙上に伴う近位筋と遠位筋の滑動のバランスはたいへん重要である．とくに肩甲骨の上方回旋や外転に上腕骨の外転や屈曲が連動することが必要で，このタイミングやリズムの乱れが肩関節の機能障害の本態かもしれない．

肩甲上腕リズム

　180°の肩関節外転は，肩甲上腕関節の120°の外転と肩甲骨の60°の上方回旋によって行われる．これは肩甲上腕リズム（scapulohumeral rhythm）と呼ばれ Codman が提唱した．肩甲上腕関節に問題があると，このリズムが乱れ，肩すくめ現象（slag）で代償しようとする．肩甲上腕関節の可動性が少ない状態でオーバーヘッドスポーツを続けると，肩甲骨が過剰に上方回旋を強いられ障害が発生する．

肩すくめ現象

　この回旋筋腱板に興味が集中するきらいもあるが，やはり肩甲帯，肩関節，肘関節，手関節など個々の関節の連関と筋機能を正しくとらえつつ運動療法を企画する．

2）オーバーヘッドスポーツで発生する疾患

　オーバーヘッドスポーツというと野球を思い浮かべることが圧倒的に多いが，テニスのサーブやスマッシュ，槍投げをはじめとした投擲種目，そしてバレーボールのアタック動作などもこの動きに入ると考えればよい．また，オーバーヘッド以外の上肢動作はたくさんあり，それぞれに動作分析が必要である．

　投球肩といわれるものの本態として，動揺性肩関節，肩峰下滑液包炎，関節唇損傷，上腕二頭筋長頭腱炎などさまざまな疾患が含まれる．

3）理学療法評価

　患者の主訴を捉えることは重要である．疼痛のある動作の確認，病態の把握・推察，選手の目標の確認などを行う．投球のどのフェーズで問題が生じるのかを整理するとよい．投球障害は，一般的にはワインドアップからコッキング期，加速期，ボールリリース，フォロースルー期（減速期）というような分類があり，加速期には肩関節前面，減速期には肩関節後面を故障することが多い．コッキング期でインピンジメント（impingement）が起こったまま，肩関節の回旋運動，肘関節の外反・伸展運動が強いられる．この場合，肩の前面や外側に疼痛が起こることが多い．フォロースルー期では，肩関節後面・体幹背面の筋に遠心性収縮が起こる．この場合，肩の後面に疼痛が起こることが多いが，上腕二頭筋腱も伸張されていることに注意する．上腕二頭筋腱は関節窩上方と烏口突起に付着する．

投球障害

インピンジメント

表 4-29　肩関節の評価

1. ROM：通常投球側の肩関節外旋は大きく，内旋は小さい．
2. 不安定性検査：脱臼不安感テスト，ルーズネステスト (Salcus 徴候)．
3. 腱板機能検査：ドロップアームテスト．
4. 疼痛誘発検査：Speed テスト，Yergason テストで上腕骨二頭筋腱溝（結節間溝）の疼痛をみる．インピンジメントテストは肩峰と大結節の障害をみる．
5. 神経徴候を検査する．

次に姿勢の確認をする．視診で異常がないかどうかをみると同時に，身体的な特徴を確認しておく．一般に上肢が右利きの場合，立位時に右肩関節は下降し，上腕骨頭は前方に出る．そのぶん，左肩関節が高くなっているようにみえる．背部からは，右肩甲骨が外転しているようにみえ，胸椎からの距離は大きくなる．競技期間が長くなるほど，この傾向は著しいようである．また，顎は正中線から左側により，頸椎は左回旋が大きくなっている可能性がある．

自動運動
抵抗運動

　自動運動での異常（疼痛）をみる．クリック音や滑りを感じることがある．抵抗運動での異常をみる．肩の不安定性検査，肘の不安定性検査，上肢の疼痛誘発テスト，上肢の神経徴候などを検査できるようにしておく（表4-29）．

肩甲上腕関節

第 2 肩関節

　背臥位にて ROM を確認する．この際，肩甲骨が胸郭とベッドの間に挟まれてよくないと考える場合は，座位や立位でも確認しておく．肩関節の屈曲や外転では肩甲上腕リズムによって肩甲骨の上方回旋が伴うので，これを評価する工夫が必要である．肩甲上腕関節は，上腕骨骨頭と肩甲骨関節窩の間の関節である．上腕骨骨頭は肩関節外転で下方に変位しなければならない．これは腱板筋の重要な機能である．ローターカフなどインナーマッスルを構成する筋による上腕骨頭の安定化と，三角筋などの大筋群アウターマッスルの筋のバランスが重要となる．腱板損傷が起こると，上腕骨頭は上方に変位し，インピンジメントの原因となる．この肩峰の下方にある機能的な関節が第 2 肩関節である．

　基本的な肩関節の運動は屈曲，伸展，外転，内転，外旋，内旋，そして水平外転（伸展），水平内転（屈曲）である．これらの ROM はそれぞれ，屈曲 180°，伸展 50°，外転 180°，水平内転（屈曲）135°，水平外転（伸展）30°である．ただし，肩関節第 1 肢位，第 2 肢位，第 3 肢位，肩甲骨刻面などで，筋の伸張度や関節包の緊張が変化することで ROM が変化することはよく知られているため注意が必要である．第 2 肢位での

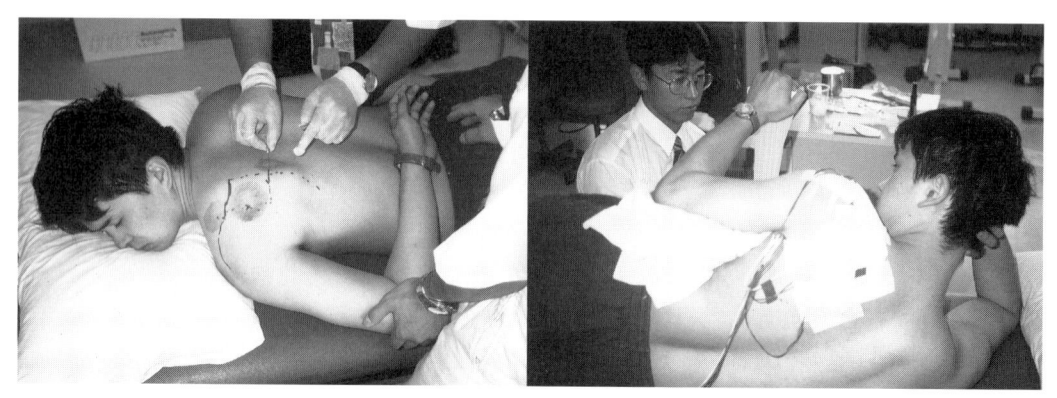

図 4-61 棘下筋の筋電図

測定は投球動作の加速期の肢位と類似する点で評価によく用いられるが，一般の投球肩では投球側の外旋 ROM は増加し，非投球側の外旋 ROM は小さい．逆に，投球側の内旋 ROM は非投球側より減少する．もし，投球障害を有する右投げの選手の右肩関節外旋 ROM が左側と同じか小さいとすれば，相応に問題が生じていると考えてよいかもしれない．

各関節のモビリティを確認しながら，胸鎖関節，肩甲上腕関節の関節包内運動の特徴を捉えておく．胸郭の硬さの確認も行う．

肩関節外旋運動　　図 4-61 に棘下筋の筋電図をとりながら，肩関節外旋運動を行わせている場面を示す．肩甲上神経のエントラップメントやガングリオンによる萎縮の程度と筋力の関係についての確認が必要なケースであり，左肩甲上神経麻痺による筋萎縮と筋力低下が著明な例である（図 4-62）．有痛弧テスト　　痛弧テスト（painful arc test），下垂腕テスト（drop arm test），脱臼不下垂腕テスト　　安感テスト（apprehension test），ルーズネステスト（looseness test）な脱臼不安感テスト　どを適宜使用する．
ルーズネステスト

肩甲骨の動きとして，外転・内転，上方回旋・下方回旋，挙上・下制，前傾・後傾についても確認しておく．

その他，骨触診，圧痛，エルブ麻痺（Erb's palsy），脱臼，側彎症，胸椎後彎，胸鎖関節の機能検査，烏口突起，大結節，小結節，結節間溝，筋の触診，長胸神経麻痺，Yergason テスト，Speed テスト，下方への不安定性（知覚エリア，ROM，筋機能），肩甲骨の可動性テストなどが
肩関節の検査　　肩関節の代表的検査である．

4）肩関節疾患のリハビリテーション

温熱療法　　物理療法を症状に応じて使い分ける．温熱療法（ホットパック，超音寒冷療法　波），寒冷療法（アイスパック，氷嚢，クリッカー，アイスマッサージ），

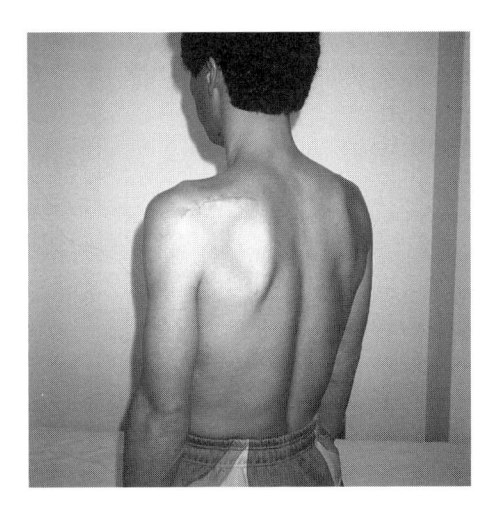

図 4-62 左肩甲上神経麻痺症例

電気療法

電気療法(低周波治療,筋電気刺激)など,鎮痛作用や鎮静作用,筋収縮,循環の促進などを目的にしながら効果をねらう.

アスレティック・リハビリテーション

上肢のアスレティック・リハビリテーションは,下肢とは異なる難しさがある.下肢の場合は重力や体重および地面と身体との接触を通じて,ストレスとそのひずみを考えながらリハビリテーションが進められた.しかしながら上肢の場合,それ自身が可動性を有する肩甲骨を含めた上肢帯全体の連関を考えながら,投球動作などの改善に通じる治療のカギを見つけていく必要があるからである(表4-30).すなわち,リハビリテーションの骨格となる場面である.損傷した組織の治癒過程にみあった運動負荷を漸増的に与える.医療機関における絶対的なリスク項目を確認し,評価のなかで発見した相対的なリスクも確認する.評価で問題としてあげられた検査・測定項目が,治療で改善するようなわかりやすいリハビリテーションが大切であろう.

効果的にリハビリテーションを行うためには選手の協力が不可欠である.そのためには評価から考えられる問題点をあげ,どのような方法でそれが解決されうるかを油断なく観察する.選手の希望の内容を治療者が正しくとらえることが大切である.治療に選手がどの程度時間を使えるかは,効果に直接影響する因子であろう.治療者はよいリハビリテーション・プログラムを提供し,選手は「絵に描いた餅」にならないように実践することが肝心である.

患部の治療

患部の治療は初期は保護的に考えられるが,患部外のトレーニングは積極的に行っていく.患部と患部外トレーニングの時間的比率,種目数,セット数,頻度などを計算し,運動の強度をイメージしながらプログラムを計画する(表4-31).

漸増抵抗運動
PRE (progressive resistance exercise)

負荷は軽いものから重いものへ,すなわちPRE(漸増抵抗運動

表4-30　肩関節のリハビリテーション

1. 重力下でいかに安定性を得るか.
2. 腱板筋の機能の重要性.
3. 疼痛，過剰な筋緊張を出さない.
4. 重力下でのROMの確保が重要.
5. 関節面への剪断力に注意.
6. ゼロポジションの有効利用.

表4-31　肩関節のトレーニング

1. 関節柔軟性は肩甲骨との連動（肩甲上腕リズム，肩関節外転180°は肩甲上腕関節の120°の外転と肩甲骨の60°の上方回旋で行われる）に注意して行う.
2. ロテーターカフのエクササイズは重要.
3. 筋力トレーニングは近位筋と遠位筋の両者に対する効果を考えながら行う.
4. 上腕二頭筋を引き伸ばすようなフォームやトレーニングには注意する.
5. クーリングダウンでのアイシングの励行.

progressive resistance exercise）の考えを利用するとよい．段階的に負荷を上げる際には，いたずらに急ぎ過ぎないことも治療者としての配慮の範囲である．また，トレーニングの質的変化も大切で，徐々に内容の濃いトレーニングを課していく．単関節運動から多関節同時運動に進めたり，運動速度を変化させたりすることなどがこの例である.

運動療法の流れ　症例によって異なるが，運動療法の流れはROMの獲得，さまざまな方向への自動運動の獲得，抵抗運動，スポーツ動作へと進めていく．マニュアルセラピー，物理療法，テーピングなどが必要に応じて加えられる.

リスク管理　またリスク管理についての知識も必要である．とくに外傷後や手術後のリスクについて知っておく．たとえば肩関節脱臼に対して行われたBristow法による手術では，いったん烏口突起を切り離しているので，術後早期の上腕二頭筋の強い収縮（肘関節屈曲）は禁止される.

棘上筋，棘下筋，小円筋，肩甲下筋などいわゆる近位筋をエクササイズするためには，近位抵抗を用いるとよい．それに慣れたら，徐々に遠位抵抗とし，大筋群を同時に鍛えていく.

肩甲骨安定化のためのトレーニングは重要である．肩関節145°屈曲位ではいわゆるゼロポジションという安定肢位をとるが，この際は肩甲骨を前鋸筋収縮で安定させている．長胸神経麻痺の症状がでると，いわゆる**翼状肩甲**（winging scapula）の症状が出現し，肩甲骨の内側縁が浮き上がってくる.

肩鎖関節脱臼　肩鎖関節は，肩甲上腕関節の動きを肩甲骨を通じて鎖骨の動きと連動させる．肩鎖靱帯，烏口鎖骨靱帯で補強され，可動性は小さい．肩鎖関節脱臼は典型的なスポーツ外傷である．初期にはテーピングなどにより，関節面の適合性を維持する．固定期間が長くなると皮膚の炎症の対策も必要になる．胸鎖関節では，上肢挙上で鎖骨の外転約30°，回旋約

胸鎖関節障害	50°が起こる．この胸鎖関節の機能も障害されることが多いため，注意が必要である．
肩関節脱臼	肩関節脱臼では，保存的治療と観血的治療によってリハビリテーションに差が生じる．観血的治療の場合は手術方法によってもプログラムやリスクが変わるので注意する．基本的には前方脱臼しないように内転筋や内旋筋を鍛え，肩関節外旋・外転・屈曲，伸展，屈曲・外転などの複合的な動作が不安感なく行えるようにする．
鎖骨骨折	鎖骨骨折では，骨癒合に対するリスクに配慮しながら，上肢機能を再獲得させていく．肩鎖関節，胸鎖関節への影響を考慮しながら行う．
肩関節周囲炎	肩関節周囲炎では正確なROM測定を行う．その際，筋緊張がどのように現れるか，また疼痛がどうなっているかを記録する．症状が激しいときには疼痛を起こさないように穏やかなエクササイズを行う．

　肩関節屈曲，外転，水平内転などのROMがほとんどのケースで制限されている．また，正常では肩関節外旋は健側が大きいが，これが低下すると内旋ROMも低下する．大胸筋の胸骨線維の緊張がとくに強い．また肩甲骨外縁から上腕骨につく筋も緊張が高い．したがって，正常な肩甲上腕リズムが阻害されていることが多い．

5）関節可動域の確保

　狭義の肩（甲上腕）関節以外に，胸鎖関節，肩鎖関節，肩甲胸郭関節などの動きを確認し，正常な動きを獲得する．挙上動作については構成要素が大きい肩関節に興味が向くが，その他の関節が正常に機能してはじめて問題なく行われると考える．

肩関節のROM制限	肩関節のROM制限は挙上運動に強く現れる．一例が屈曲，外転，水平内転などで，他に外旋（内旋）なども制限を受ける．この場合，関節包内で上腕骨頭が下方や後方にスムーズに滑動するかを確認する．問題があればモビライゼーションを行い動きの変化を再度確認する．ポジションの選び方，運動刺激の範囲と速度，終末感などがポイントである．図4-63はROM改善のマニュアルセラピーを実施しているところである．
筋の延長（術）	関節構造に問題がないようであれば，筋のスパズムや短縮がないか，あればどの筋なのかを予測していく．筋の延長（術）（elongation）はゆっくり行い，疼痛が起こったり，筋のスパズムが急に上昇しないかを確認する．大胸筋や円筋群，上腕三頭筋などの緊張が高いことが多い．伸張の方向，リズム，速度などを変化させながらエクササイズを行う．筋収縮も交えたマニュアルセラピーも効果的である．

　ROMが1st（内・外旋），2nd（内・外旋），3rd（内・外旋），肩甲

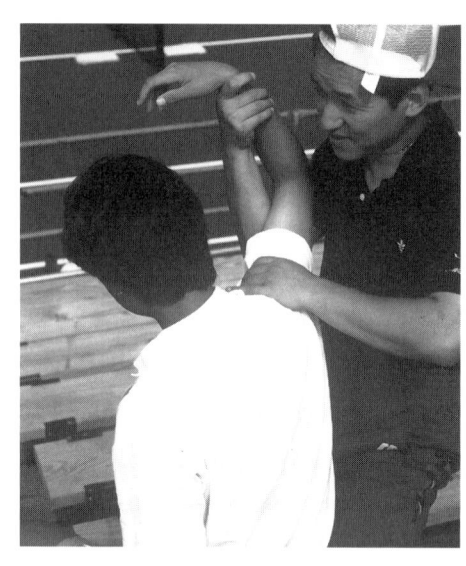

図 4-63 ROM 改善のマニュアルセラピー

骨（挙上）などの各面，さらに矢状面（挙上），前額面（挙上），水平面（水平内・外転）などで問題なく行われるようにする．

筋力強化

6）筋力強化

どの筋を収縮させるか，その筋が正しく収縮しているかを見極める．ゴムチューブを使用したエクササイズは多用されるが，近位筋，遠位筋に対する影響を観察しながら行う．負荷の強さ，回数，速度，方向，運動範囲，ポジションなどを正確に選手に伝え実践する．

ゴムチューブ

マニュアルレジスタンス

マニュアルレジスタンスではどの筋をトレーニングするかはっきりさせる．ROM に制限がある場合は，制限を緩和することを前提として限られた arc について強化することも多い．基本的には全 ROM にわたって，十分な筋力が発揮できることが目的である．近位筋の収縮が十分起こっていることを触知しながら抵抗をかける．肩関節脱臼などの不安定性がある場合，抵抗の位置や運動方向，可動範囲に気をつける．

肩関節に機能異常があり筋力発揮が不十分な場合，数回の収縮では問題ないが，耐久力が少なく疲労しやすいことが多い．トレーニングによる改善が認められるのかを把握する手段が求められる．いたずらに時間を失わないようにトレーニング方法を工夫する．トレーニング段階を落として筋電気刺激を行ったり，バイオフィードバックを試みたりする．

筋電気刺激
バイオフィードバック

運動時の身体ポジションの選び方と肩関節位置の選択に注意する．座位で 1st position から始めることが多い．仰臥位，側臥位で肩甲骨と挙上動作の連動ならびに，そのときの肩関節の安定性の確保が行われる．座位や立位で肩甲骨面にて回旋要素を除外しつつ挙上動作を行い，いわゆるゼロポジションにもっていく．

ゼロポジション

外転運動や屈曲運動で疼痛が起こりやすい．このとき，正常な筋緊張が保てないためにクリック様の異音を触れることがある．全ROMにわたって挙上が可能になっても，復位動作（腕を下ろす）で不安感やクリックに伴う激痛を訴えることも多い．これは有痛孤に類似した症状である．

正常な筋緊張を保つために，チューブやマニュアルレジスタンスで運動させる．肩甲骨の動きが阻害されていないかチェックしておく．

筋に力が入る場合は，側臥位などで肩関節があらゆる位置で固定できるように筋収縮を行わせる．全ROMにわたり問題がなくなれば，座位で重力をかけて挙上に対して抵抗運動を行わせ，筋収縮をさらに強化していく．

7）テーピング

肩鎖関節脱臼，不安定性の制御を中心として肩関節などに行われる．目的を明確にし，問題のない運動機能を阻害しないことが大切である．

肩関節にテーピングを使用する際には，挙上角度によってテープの張力方向が変化することがあることを念頭に置き，スポーツ種目や目的に応じた方法を工夫する．

8）スポーツ復帰

疼痛がなくなったからといって，急にスポーツ活動を行わせると再発の危険がたいへん大きい．スポーツに必要な動作をまねて，あるいは類似した負荷をかけながら，必要回数反復させ異常がないかを確かめる．それを何回か試みる．スポーツ復帰のための評価では，ROMが正常であるか，またその経過を通じ有痛孤様の違和感が生じないか確認する．筋力発揮時には筋腹の膨隆の具合や硬さをチェックする．関節の近位から遠位にわたってさまざまの量の抵抗を与え，筋収縮の状態を確認する．求心性，等尺性，遠心性に収縮させてみる．

● 文　献

1) Jobe FW, et al：An EMG analysis of shoulder in throwing and pitching. A preliminary report. *Am J Sports Med*, **11**：3-5, 1983.
2) Jobe FW：The shoulder in sports. WB Saunders, 1990, pp. 965.

5．腰痛の評価とリハビリテーション

1）腰痛の概念

椎間板ヘルニア

　まず腰痛の原因について明らかにすべきである．椎間板ヘルニアで明らかな神経徴候（知覚低下，深部反射の低下，筋力低下）がある場合は，専門医の受診・治療が優先される．椎間板ヘルニアに対する誤解をなくすことは重要である．ヘルニアの脱出部位によって，上記のような症状

放散痛

に加え，下肢への放散痛の部位が明確であることなども特徴である．これに対して関節・靱帯起因のものは，ぼんやりした全体の疼痛，うずき，放散部位の境界が不明確などというような特徴がある．本来の腰痛は抗重力姿勢で発生するが（水中運動はむしろ治療的要素が大きいのだが），明らかに使い過ぎ，誤用が原因と思われる．体幹筋力の向上，正しい体幹運動の（再）学習が必要になる．

腰椎分離症

　腰椎分離症は成長期に発見されると疲労骨折が疑われるが，成長期以降であれば分離部自体が癒合することはなく，症状に対応しながらスポーツ活動を許可していくのが一般的である．体幹伸展運動は禁忌とされるが，それは急性期の症状が強い場合と考えればよい．ときに側彎症がみられるが，特発性か何らかの代償によるものかを見極める．

　腰部にどのようなスポーツ外傷がみられるのかを表4-32に示すので，疾患の内容を把握しておく．

　また腰痛を考える際には以下のことに配慮するとよい．

① なぜ腰痛が発生するのか．
② 腰痛の発生する意味は．
③ 腰痛発生のメカニズムを考える．
④ 代表的な腰痛のタイプと発生原因．
⑤ 代表的な腰痛の基本的治療の考え方．
⑥ 腰痛の評価法．
⑦ 腰痛のためのエクササイズ．
⑧ 治療効果の判定．

腰痛発生要因

　腰痛発生要因には，①構造的問題，②機能的問題，③社会・心理的問題がある．腰痛に共通しているのは重力下で身体運動をコントロールするなかで発生していることである．また器質的な変化の明らかでない腰痛が圧倒的に多い．それぞれの腰痛には，心身の反応としての意味があると考えればよい．スポーツ選手では，練習に集中できない心理的な葛藤が身体面に現れたと考えると理解しやすい場面も多い．

　このように腰痛には必ず原因がある．とくに身体の核に近い部位が痛

表4-32 腰部のスポーツ外傷

急性スポーツ外傷	慢性スポーツ外傷
・腰椎椎間板ヘルニア ・腰椎捻挫 ・腰椎横突起骨折 ・棘間靱帯断裂 ・腰椎圧迫骨折 ・仙腸関節捻挫 ・その他	・腰椎椎間板ヘルニア ・坐骨神経痛 ・腰椎分離症 ・腰椎すべり症 ・腰椎圧迫骨折 ・いわゆる腰痛症 ・筋・筋膜性腰痛症 ・仙腸関節炎 ・その他

表4-33 伸展型腰痛と屈曲型腰痛

1. 伸展型：腸腰筋，大腿筋膜張筋の短縮や過緊張．体幹伸展で骨盤前傾や腰椎前彎が増強．
2. 屈曲型：殿筋，ハムストリングの短縮で骨盤前傾が制限される．疲労し短縮した背筋群が伸張性収縮を強いられて増悪．

(川野，1990)

表4-34 椎間板に加わる圧

立位を100%とすると	
安静背臥位は	25%
セミファーラー位は	35%
側臥位は	75%
椅座位は	140%
前屈(立位)は	150%
椅座位の前屈は	185%
背筋運動は	180%
腹筋運動は	210%

(Nachemson, 1976)

表4-35 第3腰椎椎間板に加わる力

背臥位	300 N
立位	700 N
歩行	850 N
側方屈曲	950 N
椅子座位	1,000 N
腹筋等尺性	1,100 N
ジャンプ	1,100 N
笑う	1,200 N
体幹前屈20°	1,200 N
背筋	1,500 N
腹筋（膝伸展）	1,750 N
腹筋（膝屈曲）	1,800 N
20kgの引き上げ(背部垂直)	2,100 N
20kgの引き上げ(背部屈曲)	3,400 N

(Nachemson, 1976)

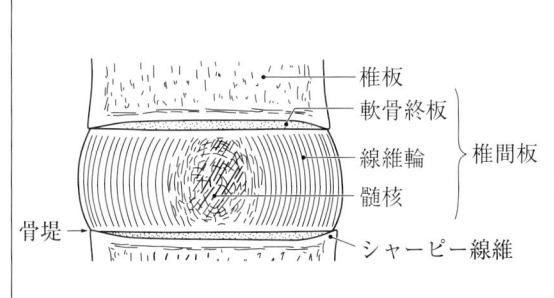

1. 椎間板(intervertebral disc)の線維輪(annular fiber)の走行．
2. 最外層は水平方向に対し30°ないし45°の方向に走り引っ張りや圧縮の強度に抵抗．
3. 線維輪は約3〜5層からなる．
4. 体幹の運動と髄核(nucleus)の動き：屈曲は髄核を前方移動させ，前方線維輪を断裂させたり，脊髄洞神経を刺激して腰痛の原因になる．

(McKenzie, 1981)

図4-64 椎間板の構造と機能

むということは相当に重大である．疼痛はスポーツと関連したものなのか，どういう動作で問題が出るのか（安静，前屈，伸展，捻り，ランニング，空中動作，ストップ，着地），動作からみた腰痛のメカニズムの分析も重要である．そして原因を明らかにして対策を立てる．急性の疼痛は長くは続かない．慢性の疼痛をどのように治療していくかがポイン

表4-36 問診の内容

1. 氏名,年齢,性別,受診日,診断名,注意点,主訴,利き手,受傷前の状況.
2. 職業(種目,レベル).
3. 疼痛の部位,タイプ,急性・慢性,強さ,動作との関係,持続的・間欠的,周期性,安静時痛,誘発因子,24時間の状態,過敏性.
4. 疼痛は良くなっているか悪化しているか,原因の有無.
5. 部位,性状.
6. 感覚障害,しびれ感,筋緊張.
7. できない動作.
8. X線,MRI,内服薬.
9. 治療経過.
10. 目標,復帰時期.

トとなる.

屈曲型腰痛
伸展型腰痛
椎間板の構造・役割

　腰痛の分類には,屈曲型腰痛と伸展型腰痛,あるいはその複合型という分類があるが,的を射ていてたいへんわかりやすい(表4-33).衝撃緩和のための椎間板の構造・役割(図4-64),腹筋,背筋の機能についても考えておきたい.上部,下部腹筋は腹圧上昇に働き,それと殿部および上背部は独立して運動できることがスポーツでは必要になる.椎間板に加わる圧についてはさまざまな分析があるが,表4-34,35に示す.

2) 腰痛の評価

(1) 問　診

問　診

　問診で確認すべき情報は表4-36のとおりである.問診により捉えておきたいポイントは,①受傷機転があるか,②どうしたら痛むか,③神経症状を表現しているか(その場合は検査を行う),④疼痛の消長・増減(疼痛のタイプ,強さ),⑤発生からどのくらい経ったか,⑥安静時の疼痛はあるのか,⑦どんな運動で痛むのか,⑧楽な姿勢は,⑨希望や試合の日程などである.

理学的所見

(2) 理学的所見

　X線,MRIの斜位撮影は後方椎間関節(facet joint)の診断に都合がよい.全体のカーブをみる,圧迫骨折によるアライメントの変化の有無,すべり症の有無,横突起骨折・棘突起骨折の有無,椎間腔の狭小化・骨棘形成,椎間孔の狭小化・椎間板の扁平化の有無などを確認しておく.

表4-37 ROMの表示法

屈曲（参考可動域45度）	＿＿＿＿＿度
・C7－S1間距離　安静	＿＿＿＿＿cm → ＿＿＿＿＿cm
・FFD	＿＿＿＿＿cm
伸展（参考可動域30度）	＿＿＿＿＿度
回旋（参考可動域40度）	
右	＿＿＿＿＿度
左	＿＿＿＿＿度
側屈（参考可動域50度）	
右	＿＿＿＿＿度
左	＿＿＿＿＿度
股関節屈曲（参考可動域125度，SLR90度）	
右	＿＿＿＿＿度　SLR ＿＿＿＿＿度
左	＿＿＿＿＿度　SLR ＿＿＿＿＿度
股関節伸展（参考可動域15度）	
右	＿＿＿＿＿度
左	＿＿＿＿＿度

(3) 機能評価
① 姿勢

姿勢

姿勢については腰椎前彎の大きさ，円背，代償的あるいは機能的な側彎がないか確認しておく．アライメントと姿勢のみかたとしては矢状面，前額面で問題がないかみておく．重心線の位置と動作変化時の移動について確認する．具体的には移動時における頭部や体幹位置保持のためのバランス反応に異常がないか観察する．骨盤の前傾，後傾と腰椎の連動について観察する．

矢状面では脊椎前屈・後屈，骨盤前傾・後傾，腰椎前彎，前額面では脊椎側屈，骨盤の傾き，水平面では脊椎回旋，骨盤回旋などをチェックしておく．

脊柱の柔軟性

② 脊柱の柔軟性

ROMを表4-37のように表示することも必要である．場合によっては距離などの数値で示すのがわかりやすい場合もある．

他動的屈曲

背臥位で下肢伸展位での股関節の他動的屈曲（SLR）の角度をみる．女性選手では90°以上のROMがあるが，男性はやや少ない．もし，50～60°で下肢への放散痛があるときは腰椎椎間板ヘルニアによる坐骨神経痛を疑う．下肢を屈曲して股関節の他動的屈曲のROMをみる．

通常 120°程度であるが，大腿前面が腹部や胸郭前面に接触するのが望ましい．下肢を屈曲し固定はしない状態で，腹筋の筋力を確認する．腕を両膝の横に伸ばして起き上がれる者，腕を胸の前で組んで起き上がれる者，腕を頭の後ろで組んで起き上がれる者に分かれる．股関節屈曲にROM制限のある者は完全に起き上がりにくいことがある．

他動的伸展　　　腹臥位ではハムストリングスの筋力を確認したあと，股関節の他動的伸展の角度をみる．10°以上あることが望ましいが，骨盤が浮かないようにしっかり固定してストレッチする．このときに疼痛の訴えがあれば，体幹過伸展時の疼痛の訴えと一致することが多い．何回かストレッチして疼痛が和らげばストレッチングの適応がある．

　　　次に股関節の自動的または抵抗を与えて伸展運動を行う．このときにも疼痛の訴えが多く，筋温が徐々に高まりROMも増加することで腰痛の緩和をみることも多い．疼痛の訴えのある側の反対側の下肢について同様に股関節伸展を確認する．こちらのほうが疼痛を訴えるまでのROMは大きく，筋力も大きいことが多いので，治療に十分応用できる．

　　　脊柱の動きとしては腕立て伏せの状態から上半身を反らした際に，L3～5と下方にいくに従って過伸展が大きくできることがポイントである．具体的には，立位での体幹前屈・後屈（伸展），腰椎の可動性と制限因子を探る．FFD（finger to floor distance），尻上がり現象などをみておく．股関節周囲筋の各動作に対する関与についても確認する．

頸　　椎　　　頸椎については，骨の触診，筋の触診，圧痛（知覚エリア，ROM，筋機能，反射），圧迫テスト（compression test），Adsonテスト，顎関節機能テストなどが代表的な検査である．

腰　　椎　　　腰椎については，骨の触診，筋の触診，圧痛，疼痛の再現の確認，姿勢，可動性，変形，反射テスト，感覚テスト，SLR，pelvic rock test，Patricテスト，Beevor徴候などを確認する．

③　脊椎の他動的運動と副運動の確認

椎間関節　　　前後方向ならびに回旋における椎間関節の動きを確認する．すなわち，頸椎では前方45°の傾き，胸椎では前方60°，内向き20°の傾き，腰椎では垂直で外向き45°の傾きとそれぞれの関節部位の構造によって許容される運動が決まっている．したがって，頸椎，胸椎，腰椎それぞれに運動の特徴があって，これが評価に応用できる．頸椎は環椎，軸椎

Luschka関節　　という特殊な椎体からなりLuschka関節を有する．屈曲・伸展のROMが大きく，C2～6で側屈しC3～4で最大となる．C1の回旋が大きい．胸椎はTh10以降で屈曲・伸展が大きくなる．Th11～12でやや大きな側屈となるが，側屈は比較的小さい．回旋は上位胸椎で大きいがTh10以降ではほとんどない．腰椎は腰痛の原因の主体となるところである．

下位にいくほど屈曲・伸展は大きくなる．側方屈曲は比較的少なく，回旋もほとんどない．L4～5，L5～S1 での問題が多い．

腹臥位での体幹伸展を行い，顎部とベッド面の距離を測定する．仙腸関節の機能についても理解しておく必要がある．

体幹の側屈運動で，棘突起が特徴的な運動をすることを知っておく必要がある（表 4-38）．

④　運動の評価と疼痛

可動範囲
疼痛の部位

体幹の屈曲，伸展，側屈，回旋に加え，股関節屈曲，伸展でどの部位に疼痛が生じるか，可動範囲と疼痛の部位を確認する．腰痛が椎体を挟んで左右対称性に現れることは少ない．一側性でどの部位に疼痛を感じるかを明らかにする．指 1 本で疼痛のある部位を指してもらうのがよい（表 4-39）．疼痛が出現する動作を体幹屈曲時か過伸展時か，屈曲から伸展に戻していくときか，おおよそこの 3 つのどれに属するのかを区別する．

腰椎前彎

上肢挙上時の腰椎前彎，スクワット動作における腰椎前彎の増強などの際に疼痛の変化を見逃さない．上肢と下肢の連結としての腰部の役割を考慮すると，腰痛発生のメカニズムが想像できる．また，ストップ動作では骨盤後傾と下肢の重心線移動が観察される．上肢・下肢の動作に

腰骨盤リズム

関した腰部の機能について考えておく．腰骨盤リズム（lumbo-pelvic rhythm）が阻害されている選手も多い．

⑤　筋　力

体幹筋力

MMT を含め，体幹筋力を確認する（表 4-40）．

3）腰痛のリハビリテーション

治療に先立ち，腰痛の問題がどこにあり，何を解決すれば効果が出るのかを予測しておくことが必要である．すなわち，①筋緊張，②筋短縮，③椎体や椎間関節の動き，④アライメント，⑤筋力低下，⑥神経刺激などのどれが問題なのかを明らかにしなければならない．いずれにしても，疼痛の原因や理由に接近しないかぎり治療効果は出ない．

骨盤の前傾と腰椎前彎が腰痛の主因であると考え，伝統的な運動療法

Williams 体操

である Williams 体操などでストレッチングと筋力強化運動を行い，腰骨盤リズムを獲得しておくことが必要である（表 4-41）．

腹式呼吸

まず腹式呼吸練習であるが，利き手を腹部に置き，もう一方の手を胸郭前面に置き，吸気で腹部を大きく膨らませ，呼気で凹ませる．利き手のみで動きを感じさせることがポイントである．女性選手では胸式呼吸

胸式呼吸

はできるが腹式呼吸に習熟が必要な場合も多い．これは腹筋（や横隔膜）の収縮を学習するためにたいへんよいトレーニングであるが，リラク

表4-38 側方屈曲に伴う棘突起の運動

1. 頸椎中～下位は反対側に動く.
2. 胸椎は上・中・下位ともに反対側に動く（というものと中・下位は同側に動くという説あり）.
3. 腰椎は上・下位ともに同側に動く.
4. 腰椎と仙椎の接合では反対側に動く（というものと同側に動くというものあり）.
5. 側彎症になるとcoupling patternが反対になるといわれている.

表4-39 腰痛の評価

1. 椎体の動き，椎間関節の滑動性の観察.
2. 背部筋の発達，膨隆.
3. 筋性防御の有無（過緊張がある場合，ストレッチングや筋の収縮・弛緩を行うことで筋緊張が明らかに緩むなら，動きの変化と疼痛の変化を観察する意味は大きい）.
4. MMTとそのときの疼痛の出現.
5. 疼痛の部位が指1本で示せるようなものか，そうでないか．部位がいつも同じか，不定か，変化するか.

表4-40 体幹筋力の確認

体幹屈曲		
体幹伸展		
体幹回旋	右	左
股関節屈曲	右	左
股関節伸展	右	左

表4-41 腰痛の運動療法

1. 伝統的な運動療法（Williams, 1955）.
2. ストレッチングと筋力強化運動.
3. 骨盤の前傾と腰椎前彎が腰痛の主因であると考える.
4. 骨盤後傾の減少：骨盤回旋運動，股関節伸展運動，股関節伸展筋強化.
5. 腰椎前彎の減少：腰背部のストレッチング，大殿筋の強化運動.

セーションの手段としても重要である（図4-65）.

　図4-66は背臥位で膝を立て，腸腰筋の緊張を減らした状態で腹筋群を収縮させ腰椎前彎を減少させているところである．安静状態で腰椎部に差し込んだ手をしっかり押せることで学習する．図4-67は腰椎前彎がとれたところである．骨盤は後傾し腹部は凹む．女性選手でこの運動が理解しにくい人も多いが，その場合，少し殿部を浮かすことを教えるとうまくいくことも多い．図4-68は下肢を屈曲位で抱え込んでいるが，背部筋のストレッチングができるし，ここから起き上がるには腹筋群にも相応の収縮力が必要である．起き上がるタイミングを覚えることも意味がある（図4-69）.

　体幹の運動療法として腹筋・背筋のトレーニング（腰痛への対策を中心に）はあまりにも有名である．しかしながらきちんと行わないと効果が出ないばかりか，かえって腰痛を悪化させる場合もある．図4-70はいわゆる臍のぞき運動であり，頭部を持ち上げるだけでも腹部の筋緊張が高まることを意識して練習している．図4-71は頭部の後方で手を組んで腹筋運動を行っているところであるが，腹筋群が収縮すると腹部が凹んでいるのがわかる．この位置で完全に腹筋群の収縮を止めると，反

臍のぞき運動

腹筋運動

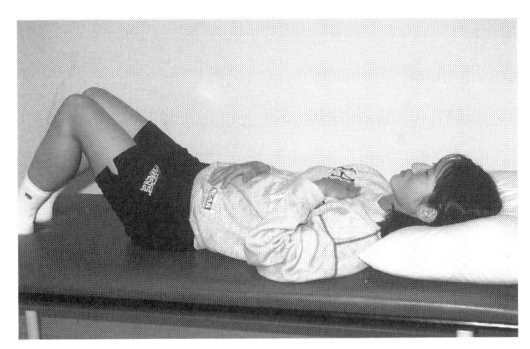

5. 腰痛の評価とリハビリテーション　　223

図 4-65　複式呼吸練習

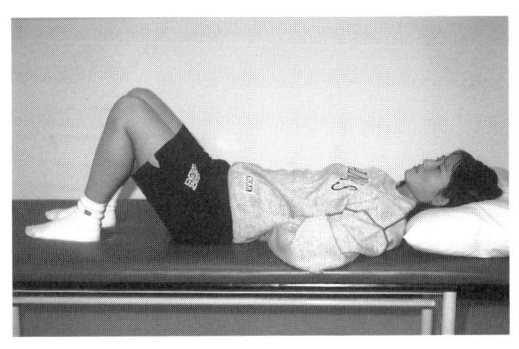

図 4-66　腰椎前彎の減少

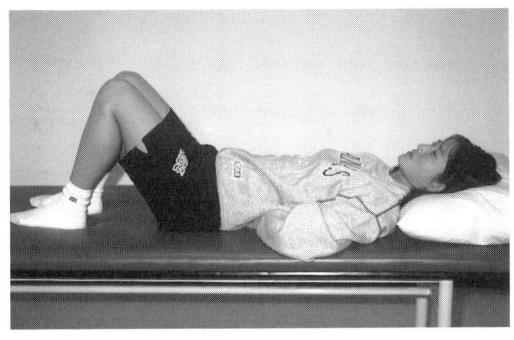

図 4-67　腰椎前彎の消失

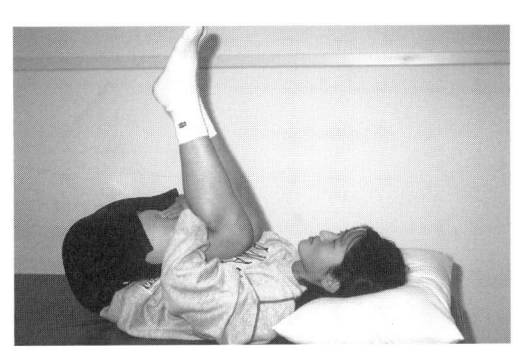

図 4-68　下肢の屈曲位での抱え込み

図 4-69　起き上がりのタイミング

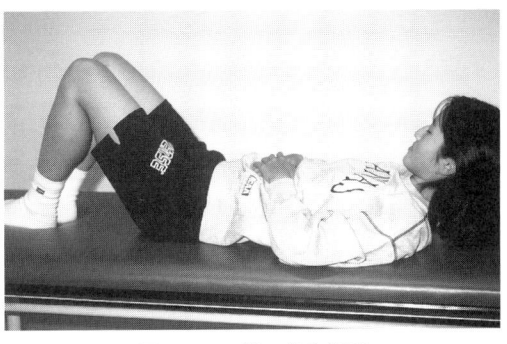

図 4-70　臍のぞき運動

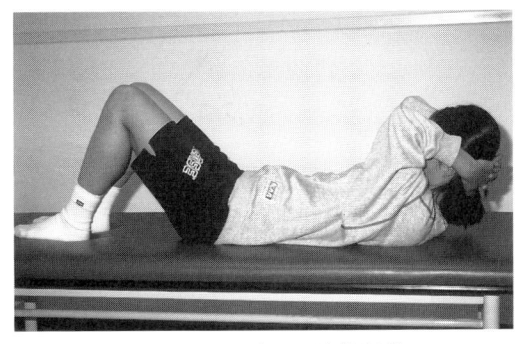

図 4-71　間違った腹筋運動

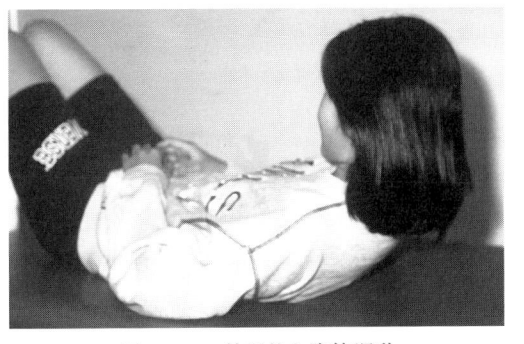

図 4-72　効果的な腹筋運動

動を使った方法で起き上がることになり，これが間違った腹筋運動の典型である．図 4-72 のようにある程度，腹筋群を意識した状態で肩甲骨下角をベッドから離した位置から運動を開始すると，効果も大きく安全に行える．図 4-73 のように背部全体を丸めながら起き上がれるとよい．自力で起き上がれない場合は，完全に起き上がった位置から少し後方に倒してまた起き上がった位置までいくというようにエクササイズを行い，徐々に可動範囲を拡げるとよい．図 4-74 は起き上がった位置から徐々に後方に倒し，腹筋の遠心性収縮を行っているところであるが，このように求心性収縮だけでなく，他の収縮形態もエクササイズしておく．

遠心性収縮

腹筋群を上下に分け，上部腹筋を鍛える方法を図 4-75 に示す．通常の起き上がり動作ができるのに，このように胸郭に近い部位の腹筋群の収縮と，下部腹筋群の固定が不十分な場合，うまく行えないことも多い．腹筋運動が上手に行えるようになれば図 4-76 に示す V シットのように体幹と下肢を連動させたような運動などもたいへん有効である．

屈曲型腰痛

屈曲型腰痛では，たいへん穏やかな運動であるが，図 4-77 のような自動的な SLR も効果的である．緊張した下肢後面や背筋群の伸張に効果がある．反対側の下肢を屈曲しておくことで骨盤が安定する．図 4-78 のような方法では疼痛が発生することがある．

さらに FFD，SLR，HHD（heel to hip distance），上背部固定時の腰部回旋（腰部，股関節周囲）の検査とストレッチなどを行う（図 4-79）．

伸展型腰痛

伸展型腰痛では，まず腹臥位をとれるようになることが重要である．それから徐々に股関節を伸展していく（図 4-80）．疼痛のある側の下肢伸展が辛く感じられるのが一般的であるが，疼痛と反対側の下肢を伸展して疼痛がある場合はかなり重症と考えてよい．

図 4-81 は立位で体幹伸展しているところであるが，まず手を殿部の下方に置いて股関節伸展を意識する．この際，腹筋群の収縮を意識させる．顎を引いておくと腹筋の収縮がしやすい．この場合，腰椎部の伸展はまだ不十分である．慣れてきたら，手を腰部後面に置いて腰部の伸展を試みる（図 4-82）．これで疼痛がなくなれば，今度は顎を出して腹筋群の緊張を抜いた状態でも可能かどうか確認する．

伸展運動

伸展運動として McKenzie の一連のエクササイズも取り入れられている（表 4-42）．

体幹固定を要する競技への復帰のための運動療法を考慮しておく．この場合，腹圧上昇のメカニズムと役割を考えた腹筋運動を行う．上部腹筋（胸椎の可動性のだし方），腰部の可動性を伴う腹筋運動，腰部固定を意図する腹圧を上昇させる方法などを修得する．

図4-73 効果的な腹筋運動

図4-74 腹筋の遠心性収縮

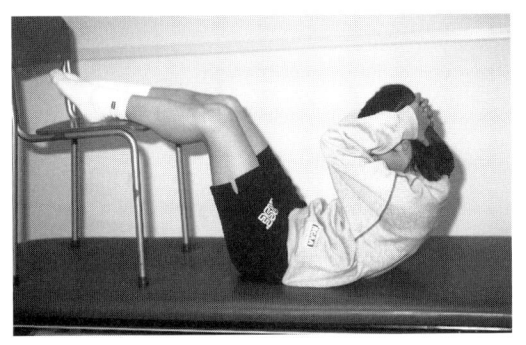

図4-75 上部腹筋を鍛える方法

図4-76 Vシット

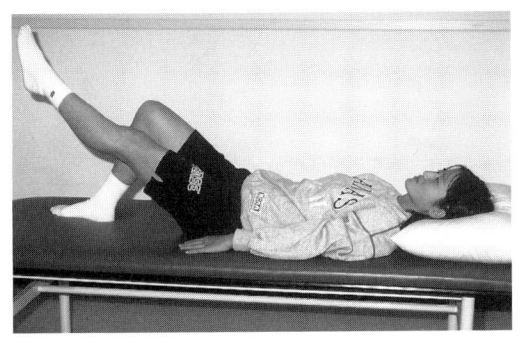

図4-77 自動的SLR

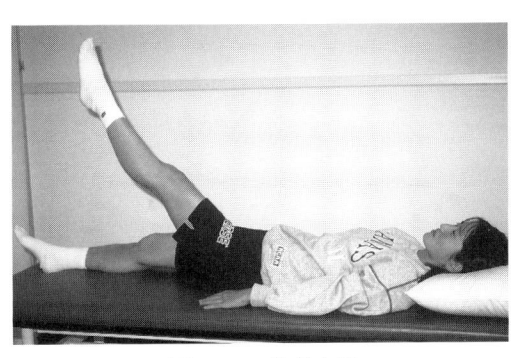

図4-78 片足上げ

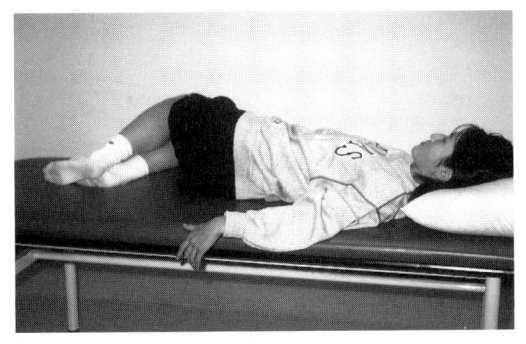

図4-79 腰部回旋検査とストレッチ

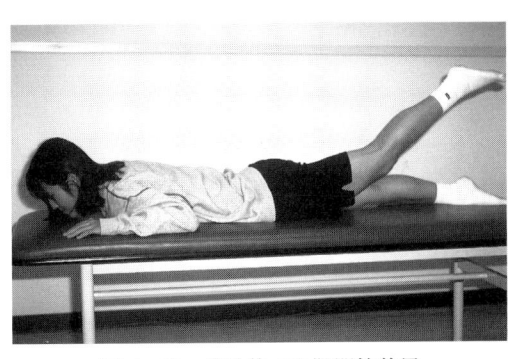

図4-80 腹臥位での股関節伸展

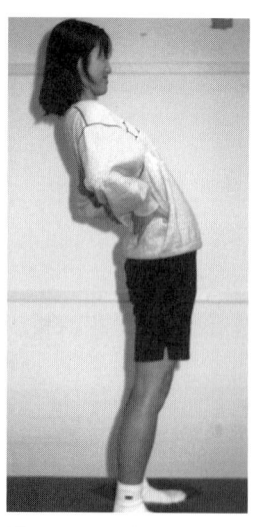

図4-81 立位での体幹伸展　　図4-82 立位での腰部伸展

表4-42　腰痛の運動療法

1. 伸展運動（McKenzie, 1981）．
2. 腰椎屈曲が髄核を後方移動させる．
3. 身体には生理的前彎が必要．
4. 腰椎を過伸展位におく：他動的過伸展運動，背筋群強化．
5. 骨盤前傾の増加：股関節伸展筋のストレッチング，背筋群強化．

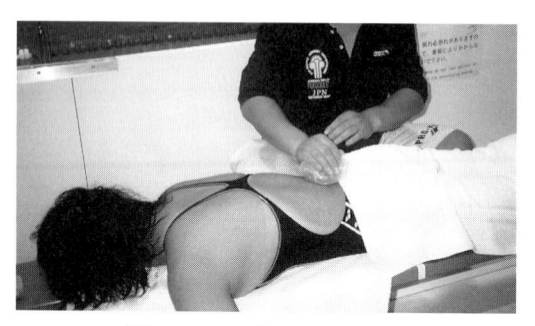

図4-83　アイスマッサージ

背筋運動　　体幹の柔軟性を要する競技への復帰のための運動療法では，腰椎可動性の制限因子と股関節の代償運動に配慮する．背筋運動（上肢の運動療法との関連）をしっかり行う．

物理療法　　腰痛に対してはさまざまな物理療法が行われる．腰部に対する寒冷療法は嫌われることも多いが，急性腰痛やスポーツ活動後の疲労回復では，アイスマッサージなどが効果を発揮することも多い（図4-83）．

アイスマッサージ

索 引

和文索引

■あ
アイシング　4, 148, 181
アイスマッサージ　226
アキレス腱断裂　150, 153
足関節
　——内がえし　145
　——装具　150
　——外がえし　145
　——底屈　111
　——底屈位　147
　——内転位　147
　——内反捻挫　34, 61, 145, 150
　——捻挫　128, 145
　——の構造　144
　——背屈ROM　153
　——背屈制限　128
　——背屈のストレッチング　40
　——不安定性　128, 146
足の内がえし　111
足の背屈・内がえし　111
足の背屈・外がえし　112
アジリティードリル　182
アスレティック
　——トレーナー　14
　——トレーニング　14
　——リハビリテーション　211
亜脱臼　143
アーチ　149
　——高率　62, 149
圧縮ストレス　27, 28
圧(迫)痛　55, 158
圧迫法　136
アライメント
　——異常　158
　——コントロール　75, 186

アンカー　123
安静時痛　54
安静立位　81
アンダーラップ　122

■い
閾上刺激　98
意識性の原則　115
1回最大挙上量　117
インピンジメント　208
インフォームドコンセント　103

■う
ウインドラス機構　61, 145
ウエイトマシーン　100
ウェルネス　24
運動
　——感覚の低下　34
　——機能の評価　164
　——効果の特異性の原則　118
　——処方　115
　——制限　128
　——中にACLに加わる力　176
運動時痛　55, 159
運動療法　212
　——の原則　165
　——の処方　43
運動連鎖　62, 200

■え
鋭痛　56
エクステンションラグ　161
遠位筋　207
炎症　144
炎症の5大徴候　17, 53, 142
遠心性収縮　24, 94, 112, 224
円背　81

■お
オスグッド・シュラッター病　31, 38
温熱療法　144, 210

■か
介護予防　9
外傷性ショック　143
回旋筋腱板　207
回旋ストレス　28
回旋不安定性　131
外側側副靱帯　168
　——損傷　168
外側ハムストリング　110
外側半月板　193
外転運動　215
外反
　——強制　166, 194
　——ストレステスト　161, 166, 168
　——不安定性　131
　——母趾　63, 149
開放運動連鎖系　3, 21, 56, 95
解剖学的肢位　82
外来的因子　31
可逆性の原則　115
角度計　83
下肢
　——アライメント　31, 57, 164, 175, 189, 201
　——伸展挙上テスト(SLR)　84
　——の運動連鎖　67
　——の支持機構　24
　——のスポーツ外傷・障害　24
下肢関節の構造と機能　59
下垂腕テスト　210
画像診断　147

228　索引

肩関節
　──外旋　108
　──外旋運動　210
　──屈曲　108
　──周囲炎　213
　──脱臼　213
　──のROM制限　213
　──の検査　210
　──の構造　207
　──のスポーツ外傷・障害　26
　──のテーピング　131
肩関節疾患のリハビリテーション　210
肩すくめ現象　208
カッティング（動作）　25, 80, 170
可動範囲　221
過負荷の原則　32, 98, 115
カーフレイズ　155
構えの姿勢　190
環境要因　30
間欠的圧迫法　136
観血的治療　150
観察　50
乾性のマッサージ　134
関節
　──運動速度　97
　──可動域（ROM）制限　33
　──可動域（ROM）テスト　47
　──弛緩（緩み）　85, 161
　──トルク　103
　──不安定性　150, 161
　──包内運動　87
　──ルーズネステスト　86
関節窩　144
関節鏡　35
　──検査　171
　──手術　194
患側／健側比　114
患部外トレーニング　13
寒冷療法　176, 210

■き
キネティック分析　48
キネマティクス分析　48
機能評価の重要性　41
ギプス固定　150, 167
急性炎症　142
急性スポーツ外傷　17, 142
救命救急処置　141
競技
　──スポーツ　23
　──特性　19
　──復帰　44
胸鎖関節障害　213
強擦法　135
胸式呼吸　221
棘下筋　108
距骨　144
　──下関節　61, 145
　──疲労骨折　153
距踵関節　145
距腿関節　61, 144
キログラムメータ　92
近位筋　207
筋
　──萎縮　32, 98
　──機能検査　150
　──持久力　94
　──収縮　180
　──収縮形態　92
　──断面積　97
　──電気刺激　176, 203, 214
　──トルク　112
　──の延長（術）　213
　──肥大　91, 100
　──疲労　180
筋線維　90
　──数　91
　──断面積　91
筋電図　96, 97
筋力　89
　──強化　214
　──増強エクササイズ　3, 91, 114
　──低下　31, 89, 98

　──トレーニング　36, 176
　──の回復　177
　──評価　89, 162

■く
空気椅子　179
屈曲運動　215
屈曲型腰痛　218, 224
クリック音　194
クーリングダウン　89
クレアチンホスホキナーゼ　32
グレード　106
クローズドバスケットウィーブ法　120, 124

■け
脛骨
　──過労性骨膜炎　40
　──前方変位（ATT）　170, 171, 175
　──大腿関節　157
軽擦法　134, 135
形態測定　50
頸椎　220
結合織マッサージ　133
決定　41
ケーブル・テンシオメーター　98
肩甲骨
　──外転　108
　──上方回旋　108
　──内転　108
健康寿命　8
肩甲上腕関節　209
肩甲上腕リズム　108, 208
健康増進　7
　高齢者の──　9
　子どもの──　8
肩鎖関節脱臼　212
腱板の機能　207

■こ
後外側回旋不安定性　192

後外側角損傷　192
後脛骨筋　111
後十字靱帯　191
　　――損傷　191
抗重力位での筋力トレーニング　33
叩打痛　55
叩打法　136
行動変容　11
公認AT　14
　　――養成講習会　15
後方落ち込み　161
後方引き出し徴候　161
股関節
　　――伸展　109
　　――のスポーツ外傷・障害　25
個人スポーツ　21
個体要因　30
骨性支持　25
骨折　143
骨粗鬆症　11
固定　106, 147
　　――自転車　34, 102, 181
　　――性　128
ゴニオメータ　83
個別性の原則　115
ゴムチューブ　118, 155, 178, 214
固有受容感覚　54, 156, 175, 181
誤用性（マルユース）症候群　17
コンタクト（接触型）スポーツ　19
コンタクト（接触型）損傷　20
コンディショニング　3
　　――効果　133

■さ
再現性　50
最大挙上重量　99
最大骨量値　12
最大収縮力　98

再発防止　3
再評価　45
サイベックス　112
サーキュラーテープ　126
鎖骨骨折　213
殺菌包帯剤　122
詐病　103
サプリメント　5
サポートテープ　125
三角筋前部線維　108
三果骨折　146
参考可動域　82

■し
持久力低下　34
視診　158
姿勢　219
　　――の評価　81
持続的他動運動　176
膝蓋滑動テスト　162, 200
膝蓋腱　193, 199
　　――（靱帯）炎　197
　　――損傷　193
　　――断裂　198
膝蓋溝　199
膝蓋骨　199
　　――（亜）脱臼　198, 200
　　――高位　31
　　――骨折　198
　　――跳動　158, 160
　　――疲労骨折　198
膝蓋大腿関節　157, 195, 200
　　――症　196
膝蓋軟骨軟化症　196
湿性のマッサージ　133
疾病予防　9
疾病利得　103
自動運動　209
シーネ　150
自発痛　159
ジャンパー膝　197
ジャンプ　25
　　――の着地　186
周径測定　159

収縮時間（反復回数）　115
収縮痛　55
舟状骨骨折　153
重錘　99
揉捻法　136
終末感　83, 161
手技療法　131
受傷機転　170
腫脹　158, 159, 177, 195
出血　142
主動作筋　105
ジョイントラキシティ　85
小円筋　108
踵骨骨折　153
上腕三頭筋　109
ジョギング　78
触診　158
　　――能力　107
尻上がり現象　84, 161
神経系のトレーニング効果　91
人工靱帯　173
シンスプリント　40
振戦法　136
伸張ストレス　27, 189
伸張性収縮（遠心性収縮）　94, 99, 112
伸張痛　55
伸展運動　224
伸展型腰痛　218, 224
伸展法　136
心肺蘇生法　142
信頼性　48
心理的限界　90

■す
随意最大筋力　89
水中運動　34
スクワット　95, 110, 165, 167, 187
スターアップ　125
ステップドリル　189, 190
ステップマシン　182
ストップ動作　25, 70

ストレインゲージ　100
ストレスX線（撮影）　147, 166
ストレッチング　86, 87, 136, 204
スポーツ
　　——外傷の性差　22
　　——サーフェイス　21
　　——障害　17
　　——パフォーマンス　112
　　——復帰　3, 44
　　——マッサージ　132
　　——理学療法　47
　　——理学療法士　1
　　——リハビリテーション　13, 46
スライドボード　182
ずり応力　28

■せ
生活習慣病の予防　10
成長曲線　36
静的アライメント　62, 69
静的ストレッチング法　87
精度　49
精密度　50
生理的限界　90
脊柱の柔軟性　219
接触型損傷　166
セルフストレッチング　88
ゼロポジション　214
前外側回旋不安定性　169
前鋸筋　108
前脛骨筋　111
　　——のエクササイズ　118
前十字靱帯　168
　　——損傷　168
戦術　41
漸進性の原則　115
漸増抵抗運動　117, 211
剪断ストレス　28
前方引き出し　169
　　——徴候　150, 161, 171
　　——テスト　147

前方不安定量　161
全面性の原則　115
戦略　41

■そ
早期リハビリテーション　173
装具　4, 156
僧帽筋中部線維　108
足趾の病変　63
測定条件　51
足部外転　149
足部内転　149

■た
第2肩関節　209
体幹筋力　221
体幹屈曲　107
体重比　112
体重負荷　178
代償運動　104, 105, 106
大腿四頭筋　169, 178, 192, 193, 195
　　——エクササイズ　116
　　——挫傷　196
大腿周径測定　50, 163, 178
大殿筋　109
ダイナミックアライメント　31
ダイナモメータ　105
体力の向上　3
タオルギャザー　154
多関節同時運動　95
脱臼　143
　　——不安感徴候　162
　　——不安感テスト　210
ダッシュ　78
妥当性　48
他動的屈曲　219
他動的伸展　220
ターン　80
単関節運動　56, 95
短期目標　44, 165
短縮性収縮（求心性収縮）　99
団体（チーム）スポーツ　21

短腓骨筋　112

■ち
力-速度曲線　93
遅発性筋痛　99, 112
着地（動作）　25, 70
チャーリーホース　196
中期目標　44, 165
長期目標　44, 166
腸脛靱帯炎　198
蝶番関節　28
長腓骨筋　112
張力　92
治療効果　45

■つ
椎間関節　220
椎間板
　　——の構造・役割　218
　　——ヘルニア　216
ツイスティング動作　80
使い過ぎ（オーバーユース）症候群　17, 193

■て
抵抗　106
　　——運動　115, 209
低周波治療　4
テーピング　4, 156, 215
　　——依存症候群　121, 130
　　——の効果　120
　　——の弊害　128
　　——の目的　119
電気療法　211
転倒　9

■と
投球
　　——骨折　18
　　——障害　208
　　——動作　26
動作分析　189
同時収縮　99
等尺性筋力測定法　98

等尺性収縮　92
等速性運動　112, 118
等速性収縮　93
到達目標　2
等張性収縮　93, 99
疼痛　90, 177
　　――の測定スケール　57
　　――の評価　53, 159
　　――の部位　221
　　――の診かた　54
　　――への対応　159
動的アライメント　62, 69
動的筋力測定　100
動揺性肩関節　86
特異性の原則　115
徒手筋力検査（MMT）　47, 94, 102, 150
トラス機構　59, 145
トルク　92
　　――カーブ　114
トレーニングの5大原則　115
トレーニング要因　29
鈍痛　56

■な
内在的因子　31
内出血　142
内側広筋　201
内側側副靱帯　166
　　――損傷　166
内側縦アーチ　61
内側ハムストリング　110
内側半月板　193
内反ストレス　126
　　――テスト　161, 168
内反捻挫の受傷機序　147
軟性装具　179, 192

■に
肉離れ　21
二重チューブ　179
ニュートン　92
　　――メータ　92

■ね
猫背　81
捻挫　144

■の
糊スプレー　122
ノンコンタクト（非接触型）スポーツ　19
ノンコンタクト（非接触型）損傷　20

■は
ハイアーチ　61
バイオデックス　112
バイオフィードバック　214
背筋運動　226
廃用症候群　10
バックターン　185
発生機序　47
発生要因　47
パフォーマンス　97
　　――テスト　100
ハーフスクワット　180
バーベル　101
ハムストリング　109, 169, 178, 192, 193
バランスボード　156
バランスマット　182
バルサルバ効果　98
パワー　93
パワーリフティング　117
半月板　193
　　――切除術　194
　　――損傷　193
　　――損傷の理学療法　194
　　――置換術　194
　　――縫合術　194
半腱様筋腱　173, 174
反射性交感性ジストロフィー　144
反射抑制　31
反応性　49
反復性の原則　115

■ひ
ピークトルク　112, 114
腓骨骨折　146
腓骨神経麻痺　148
膝関節　157
　　――亜脱臼症候群　86
　　――アライメント　64
　　――外反強制　170
　　――屈曲　109
　　――伸展位　166
　　――の構造　157
　　――のテーピング
膝くずれ　27, 168, 171
膝伸展機構　110, 157, 195
膝スコア　162
肘関節伸展　109
非ステロイド系消炎鎮痛剤　142
歪み量　98
腓腹筋　111
ピボット動作　182
肥満　11
評価
　　――の進め方　42
　　――の目的　48
平泳ぎ膝　197
ヒラメ筋　111
ヒールロック　126
疲労骨折　39, 143
ヒンジ付き軟性装具　176
ピンチメータ　100
頻度　115

■ふ
ファンクショナルテーピング　130
フィギュアエイト　126
フィットネス　24
フォワードランジ　76, 181
負荷量（強さ）　115
複合運動トレーニング　181
複合靱帯損傷　166
腹式呼吸　221
不幸の3徴候　166

腹筋（強化）運動　29, 222
腹筋群の評価　107
物理的ストレス　27
物理療法　4, 226
踏み返し　152
プライオメトリクス　3
フリーウエイト　3, 101, 182
　　──トレーニング　116
フルスクワット　110
フロントターン　185

■へ
平均寿命　7
閉鎖運動連鎖系　3, 21, 55, 95, 147
臍のぞき運動　222
片脚スクワット　110
変形性関節症　27
変形性膝関節症　12, 171
扁平足　61

■ほ
放散痛　55, 216
包帯固定　148
歩行時痛　55
歩行の獲得　13
ホースシュー　123
ボックスジャンプ　77, 190
骨付き膝蓋腱　172
ホワイトテープ　120, 122

■ま
マイクロFET　98
曲げ応力　63
曲げストレス　28
マシントレーニング　3
マッサージ　4
　　座位──　139
　　背臥位──　139
　　──の起源　131
　　──の禁忌　134
　　──の生理学的効果　132
　　──の定義　131

マッスルセッティング　32
マニュアルレジスタンス　214
マルアライメント　31, 57, 72
慢性再発性炎症性多発根ニューロパチー　144
慢性スポーツ外傷　17, 144

■み
ミニハードル　185

■め
メディカル・リハビリテーション　13
免荷歩行　147

■も
目標設定　44
モビリゼーション　3
揉み返し　134
問診　47, 158, 218
問題志向型診療システム　5

■や
野球肘　35
やぶにらみの膝蓋骨　31, 65, 201

■ゆ
有酸素運動　94
有痛孤　215
　　──テスト　210
有痛性外脛骨　38
有痛性分裂膝蓋骨　198

■よ
腰骨盤リズム　221
腰椎　220
　　──前彎　221
　　──分離症　38, 216
腰痛
　　──の概念　216
　　──の評価　218
　　──のリハビリテーション　221
　　──発生要因　216
腰背部のスポーツ外傷・障害　26
抑止テスト　94, 102, 103
翼状肩甲　108, 212
横倉法　63

■ら
ラダードリル　182, 185
ランドマーク　47
ランナー膝　193, 196
ランニング　78

■り
理学的所見　218
リコンディショニング　3
リスク管理　212
リスク要因　188
離断性骨軟骨炎　37, 147, 198
立脚期　67
リトルリーグエルボー　37

■る
ルーズネステスト　161, 210

■れ
レクリエーションスポーツ　23
レッグエクステンション　95, 167
レッグカール　95, 179
レッグプレス　95, 110, 182
裂離骨折　146
練習復帰　45

■ろ
ローイングマシン　182

■わ
若木骨折　40

欧文索引

A
ACL　168
　　——再建術後の理学療法　175
　　——損傷　34, 86
　　——損傷の診断　171
　　——損傷の発生要因　174
　　——断裂　171
AKPS　67, 196
allograft　173
AM bundle　173
ankle inversion sprain　145
anterior
　　—— cruciate ligament　168
　　—— drawer sign　150, 161
　　—— knee pain syndrome　196
　　—— tibial translation　161, 170, 171
apprehension test　210
arthroscopy　35
AT　14
ATT　161, 170, 171
avulsion fracture　146

B
balistic stretching　87
break test　94, 162

C
Carter test　86
charley-horse　196
chondromalacia patellae　196
CKC　3, 21, 55, 95, 147
　　——アタッチメント　163
closed kinetic chain　3
co-contraction　99
collision sports　19
concentric contraction　93
CPK　32
creatine phosphokinase　32

D
delayed onset muscular soreness　99, 112
DOMS　99, 112
drop arm sign　47
drop arm test　210
dynamic alignment　69

E
eccentric contraction　94, 112
electric muscle stimulation　176
elongation　213
EMG バイオフィードバック　118
EMS　176
extension lag　161

F
figure of eight 法　152
force-velocity curve　93
friction rotation test　162
full arc test　94, 102

G
general joint laxity　84, 161
giving way　168
GJL　84, 161

I
impingement　208
isokinetic contraction　93
isokinetic exercise　112
isometric contraction　92
isotonic contraction　93

J
Jerk テスト　162
joint looseness test　86
jumper's knee　197

K
KBW　75, 168, 182, 187, 189
kinetic linkage　62

knee bent walking　75, 182, 189
knee-in　69, 167, 170, 182, 201, 203, 204
Kneelax　161

L
Lachmann テスト　161, 171
lateral collateral ligament　168
lateral meniscus　193
LCL　168
LEER injury　171
loose shoulder　86
looseness test　210
lumbo-pelvic rhythm　221
Luschka 関節　220

M
magnetic resonance image　35
mal-alignment　31, 158
maximum voluntary contraction　98
maximum voluntary strength　90
McConnell テーピング　67
McConnell 法　121
MCL　166
　　——損傷の理学療法　167
medial collateral ligament　166
medial meniscus　193
meniscus　193
MMT　150
MRI　35, 166, 171, 194
muscle hypertrophy　91
muscle strengthening exercise　91, 114
MVC　98
MVS　90

N
N-テスト　162

NATA *14*
National Athletic Trainers
　Association *14*
NSAIDs *142*

■ O
O脚（内反膝） *12*, *64*
　——変形 *27*
OCD *37*
odd facet *199*
OKC *3*, *21*, *56*, *95*
open kinetic chain *3*
Osgood-Schlatter病 *31*, *197*
osteoarthritis of the knee *12*
osteochondritis dissecans *37*, *198*
outcome assessment *46*
Oxford technique *118*

■ P
painful arc test *210*
painful patella partita *198*
patella ballotment *158*
patellar tendon *193*
PCL *191*
　——再建術後の運動療法 *193*
　——損傷の理学療法 *192*
pivot shift test *162*, *171*
PL bundle *173*
PNF *87*
posterior
　—— cruciate ligament *191*
　—— drawer sign *161*
　—— sagging *161*
Power Track 2 *98*, *105*
PQRST *48*
PRE *117*, *211*
PRICE *142*
progressive resistance exercise *211*
proprioception *54*, *156*
pseud ADS sign *192*

■ Q
Q角 *31*, *64*, *164*, *201*

■ R
repetition maximum *99*
RICE（処置） *134*, *142*
RM *99*
ROM
　——エクササイズ *86*
　——制限 *87*
　——測定 *82*, *160*
roof impingement *169*
runner's knee *193*, *196*

■ S
sagging *192*
SAQトレーニング *186*
scapulohumeral rhythm *208*
shin splint *40*
Sinding-Larsen-Johansson病 *197*
Skinerの学習理論 *118*
slag *208*
SOAP *48*

sports therapist *14*
squatting test *69*
squinting patellae *65*, *201*
static alignment *69*
sticking point *110*
strain gauge *100*
stretch-shortening cycle *94*
stretching *87*, *136*
supra-threshold *98*

■ T
talar-tilt angle *150*
Thomasテスト *84*
Thompsonテスト *150*
time up and go test *100*
Tissue bank *173*
toe-in *149*, *156*
toe-out *69*, *149*, *156*, *182*, *204*
trick-motion *104*
truss *59*

■ V
valgus stress test *161*
varus stress test *161*
VAS *57*
visual analog scale *57*

■ W
Williams体操 *221*
windlass *61*
winging scapula *212*
Wolff's low *12*

【著者略歴】

浦辺　幸夫（うらべゆきお）

1959 年	石川県七尾市に生まれる
1982 年	高知リハビリテーション学院卒業
	理学療法士免許取得
	公立石川能登総合病院リハビリテーション部理学療法士
1983 年	札幌医科大学衛生短期大学部理学療法学科助手
1987 年	北海学園大学経済学部卒業
	財団法人日本体育協会スポーツ診療所理学療法士
1989 年	財団法人スポーツ医・科学研究所理学療法士
1992 年	名古屋市立大学大学院経済研究科修士課程修了，経済学修士
1993 年	広島大学医学部保健学科運動・代謝障害理学療法学講座講師
1997 年	同助教授
2002 年	広島大学大学院医学系研究科修了，医学博士（広島大学）
	広島大学医学部保健学科基礎理学療法学講座教授
2004 年	広島大学大学院保健学研究科心身機能生活制御科学講座教授
2012 年	広島大学大学院医歯薬保健学研究院
	統合健康科学部門スポーツリハビリテーション学専攻教授

PTマニュアル
スポーツ理学療法

ISBN978-4-263-21509-8

2006年 5月10日　第1版第1刷発行
2016年 1月10日　第1版第7刷発行

著　者　浦　辺　幸　夫
発行者　大　畑　秀　穂
発行所　医歯薬出版株式会社

〒113-8612　東京都文京区本駒込1-7-10
TEL. (03)5395-7628（編集）・7616（販売）
FAX. (03)5395-7609（編集）・8563（販売）
http://www.ishiyaku.co.jp/
郵便振替番号 00190-5-13816

乱丁，落丁の際はお取り替えいたします　　印刷・真興社／製本・明光社
Ⓒ Ishiyaku Publishers, Inc., 2006. Printed in Japan

本書の複製権・翻訳権・翻案権・上映権・譲渡権・貸与権・公衆送信権（送信可能化権を含む）・口述権は，医歯薬出版（株）が保有します．
本書を無断で複製する行為（コピー，スキャン，デジタルデータ化など）は，「私的使用のための複製」などの著作権法上の限られた例外を除き禁じられています．また私的使用に該当する場合であっても，請負業者等の第三者に依頼し上記の行為を行うことは違法となります．

JCOPY ＜（社）出版者著作権管理機構　委託出版物＞

本書をコピーやスキャン等により複製される場合は，そのつど事前に（社）出版者著作権管理機構（電話03-3513-6969, FAX 03-3513-6979, e-mail:info@jcopy.or.jp）の許諾を得てください．

● 外来で遭遇するスポーツ外傷・障害のリハや治療の実践技術書！

外来整形外科のための
スポーツ外傷・障害の理学療法

◆小関博久（東都リハビリテーション学院学院長）編著
◆B5判　474頁　定価（本体8,500円＋税）　ISBN978-4-263-21935-5

■**本書のおもな特徴**
- 外来におけるスポーツ外傷・障害の治療は，主に理学療法により運動器の身体環境をバランスの良い健康な状態に戻して維持し，競技の技術レベルが向上することを目的としている．機能解剖学を基礎として運動連鎖に注目し，全身の運動機能を向上させる運動療法の技術は，多くのスポーツ選手や愛好家の治療に寄与している．
- 本書は学生や経験の浅いセラピストを対象に，外来で遭遇するスポーツ外傷・障害のリハビリや治療に関する実践的な技術についてまとめられている．部位別に機能解剖を解説したうえで，具体的なリハ・治療法についてわかりやすく解説した技術書である．

■**おもな目次**

第1章　股関節・膝関節のスポーツ障害
1. 股関節・膝関節の機能解剖／2. 股関節・膝関節のスポーツ障害／3. 評価／4. 治療

第2章　下腿・足部のスポーツ障害
1. 足関節と足の機能解剖／2. 下腿・足部のスポーツ障害／3. 評価／4. 治療

第3章　肩関節のスポーツ障害
1. 肩関節の機能解剖／2. 肩関節のスポーツ障害
3. 病態／4. 評価／5. 治療

第4章　肘関節・前腕のスポーツ障害
1. 肘関節の機能解剖／2. 手と指の機能解剖
3. 肘関節・前腕のスポーツ障害／4. 病態／5. 評価
6. 治療

第5章　頸椎のスポーツ障害
1. 頸椎の機能解剖／2. 頸椎のスポーツ障害

3. 病態／4. 評価／5. 頸部機能評価／6. 治療

第6章　胸郭のスポーツ障害
1. 機能解剖／2. 病態とメカニカルストレス
3. 理学療法展開／4. 評価／5. 治療

第7章　腰仙部のスポーツ障害
1. 腰仙部の機能解剖／2. 腰仙部のスポーツ障害
3. 病態／4. 評価／5. 治療

第8章　野球における投球障害―投球障害肩
1. 投球動作／2. 肩関節の機能解剖／3. 病態
4. 評価／5. 治療

第9章　野球における投球障害―投球障害肘
1. 肘関節の解剖とスポーツ障害肘における特徴
2. 病態／3. 評価／4. 治療

第10章　サッカー障害
1. サッカー障害の病態／2. 評価／3. 治療

◆**好評姉妹編**◆

外来整形外科のための
退行変性疾患の理学療法

◆小関博久（東都リハビリテーション学院学院長）編著
◆B5判　224頁　定価（本体5,800円＋税）
ISBN978-4-263-21355-1

医歯薬出版株式会社　〒113-8612 東京都文京区本駒込1-7-10　TEL03-5395-7610　FAX03-5395-7611　http://www.ishiyaku.co.jp/

競技特有の外傷・障害の特徴，評価，治療方法，リハ処方，患者への指導や予防をわかりやすく解説！

種目別にみる スポーツ外傷・障害とリハビリテーション

編集　**渡會 公治**
（帝京平成大学大学院健康科学研究科教授）

　　　猪飼 哲夫
（東京女子医科大学リハビリテーション科教授）

◆ B5判　204頁　定価（本体3,600円＋税）
ISBN978-4-263-21872-3

- 月刊誌「臨床リハ」で好評を博した連載を主体に，新規種目や総論，コラム，用語解説を追加するなど大幅に内容を充実．
- スポーツ外傷・障害のリハ処方（評価，リハプログラム），選手への指導，予防を，理学療法士やスポーツトレーナーが知りたいポイントをまじえわかりやすく解説．豊富な写真とイラストが理解を助ける．
- 項末の「コラム」，本文中の「キーワード（用語解説）」には各競技特性の紹介や基本的障害の解説に加え，スポーツドクターの裏話や豆知識が満載．
- 「総論」ではスポーツに共通する基本動作とトレーニング等，知っておくべき基礎知識をまとめている．
- 総論を含めた20項目すべてを種目，項目別に掲載．読みたい競技，内容がすぐに見つかる，どこからでも読める構成．

■ おもな目次
1. 野球
2. サッカー
3. バスケットボール
4. バレーボール
5. ラグビー
6. テニス
7. バドミントン
8. 卓球
9. ゴルフ
10. 体操競技
11. 陸上競技
12. 水泳
13. トライアスロン
14. スキー
15. 柔道
16. 剣道
17. 相撲
18. レスリング
19. ボクシング
総論 共通するスポーツ障害の対策
　　　―基本動作の再学習

医歯薬出版株式会社
〒113-8612 東京都文京区本駒込1-7-10　TEL.03-5395-7610　FAX.03-5395-7611
http://www.ishiyaku.co.jp/